ALEXANDER DEMANDT

# Es hätte auch anders kommen können

ALEXANDER DEMANDT

# Es hätte auch anders kommen können

## Wendepunkte deutscher Geschichte

Propyläen

Propyläen ist ein Verlag der Ullstein Buchverlage GmbH
www.propylaeen-verlag.de

ISBN 978-3-549-07368-1


Lektorat: Rainer Wieland
Gesetzt aus der Sabon und Akzidenz Grotesk
bei LVD GmbH, Berlin
Druck und Bindearbeiten: Bercker, Kevelaer
Printed in Germany

# INHALT

*Für Hagen Schulze*
*in Berlin*

# VORWORT

Die Frage: »Was wäre geschehen, wenn ...?« läßt die Gemüter nicht schlafen. Immer schon gestellt und meistens auch beantwortet, verblieb sie doch im unverbindlichen Bereich bloßen Mutmaßens, ein Gesprächsthema unter- und außerhalb der akademischen Diskussion. Ernste Wissenschaftler haben sie entschieden abgelehnt, weil sie nicht zu gesicherten Erkenntnissen führe. Das hat mich bewogen, nach einem im Winter 1983/84 am Friedrich-Meinecke-Institut der Freien Universität Berlin mit Hagen Schulze durchgeführten Seminar über Handlungsspielräume in meinem Traktat »Ungeschehene Geschichte« (Kleine Vandenhoeck-Reihe Nr. 1501, 1984, 4., ergänzte Auflage 2005) das Problem zu behandeln. Dabei ging es mir vor allem um die Methodik. Da die Antworten auf jene Frage nicht allein unterschiedlich, sondern oft auch mehr oder weniger seriös auszufallen pflegen, sollte es möglich sein, sie nach Plausibilität zu differenzieren, naheliegende Annahmen gegen abwegige Vermutungen abzugrenzen. Stufen von Unvernunft beweisen Grade von Vernunft. Eine Treppe, die abwärts führt, läßt sich auch aufwärts begehen. Daher haben Erwägungen über kontrafaktische Geschichte in der Wissenschaft Daseinsrecht.

Mein Büchlein fand Anklang. Das Interesse der Leser richtete sich allerdings weniger auf die abstrakte Theorie als auf die konkrete Praxis, die Anwendung, auf die Beispiele. Aus diesem Grunde hat Christian Seeger, der Programmleiter des Propyläen-Verlages, eine erweiterte Fassung meines damaligen 4. Kapitels erbeten. Ich zögerte, weil es unumgänglich sein würde, Kerngedanken zu wiederholen, doch bot sich die Gelegenheit, den Stoff breiter, die Gedanken genauer auszuführen. Wäre es nicht vermessen, so beriefe ich mich auf den heiligen Augustinus, der im Jahre 427 als 73jähriger sich nochmals den Themen seiner frühen Schriften zuwandte und sie in seinen »Retractationes« einer erneuten, vertieften Behandlung unterzog. Im gleichen Alter mit dem Kirchenvater, bewegt mich eine ähnliche Absicht.

Eine systematische Behandlung des Stoffes war mir – und ist wohl überhaupt – nicht möglich. Es handelt sich um nicht mehr als um einen Großessay, um den Versuch, Punkte aufzuzeigen, die Ansätze zu einer anderen Entwicklung der Dinge erkennen lassen, und diese dann so weit wie möglich in eine imaginäre vergangene Zukunft zu verfolgen. Es geht darum, Geschichte um- und weiterzudenken, um eine Gedankenübung, die das historische Bewußtsein erweitert und von dem Wahn befreit, daß es nicht anders hätte kommen können. Dies, nichts anderes ist der Zweck meiner neuerlichen »rückwärts gekehrten Prophetien«. Sie sollen dazu beitragen, Meinungen zu bilden, die sich durchaus von den hier vorgetragenen unterscheiden mögen. Es kommt nicht darauf an, welche Alternative jemand favorisiert, sondern darauf, daß er sich überhaupt auf das Gedankenexperiment einläßt, den Freiraum der Ungeschichte wahrnimmt und ihn zu füllen bereit ist.

Die Ansichten über unverwirklichte Möglichkeiten, verscherzte Chancen und vermiedene Gefahren gehen gewöhnlich um so weiter auseinander, je näher wir unserer Gegenwart kommen, denn hier ist unser persönliches Weltbild betroffen. Hier kommen Wünsche und Befürchtungen ins Spiel, hier ist persönliche Entscheidung gefordert. Begründeten Widerspruch zu meinen Mutmaßungen quittiere ich mit Ludwig Wittgensteins Wort von 1948: »Ist ein falscher Gedanke nur einmal kühn und klar ausgedrückt, so ist damit schon viel gewonnen.«

*Lindheim, 18. März 2010* *Alexander Demandt*

*Mit dem Spiel erkennt*
*man den Geist.*
Huizinga

# I. EIN HISTORISCHES GEDANKENSPIEL

Von Paul Klee gibt es ein Bild aus dem Jahre 1929 mit dem Titel »Hauptweg und Nebenwege«: eine perspektivisch dargestellte Fläche, belegt mit vielfältig gerissenen Platten, die eine mittlere durchgehende Bahn erkennen lassen, beidseitig von weniger regelmäßig angeordneten Plattenreihen begleitet. Als ich es im Sommer 1953 in Luzern sah, erinnerte es mich an die Geschichte: Das wirklich Geschehene ist der Hauptweg, der aber nicht durch ein Niemandsland läuft, sondern flankiert wird durch mehrere kleinteilig gepflasterte, abbrechende, verwickelte Seitenpfade einstmals möglicher, aber nicht realisierter alternativer Ereignisfolgen, die zeigen, wie es auch hätte kommen können, gewissermaßen ungeschehene Geschichte.

## *Das Bild des Weges*

Der Weg ist das herrschende Denkbild für Geschichte. Dies beruht darauf, daß all unsere Zeitbegriffe ursprünglich Raumbegriffe sind: Denken wir an Substantive wie *Zeitraum* und *Zeitpunkt,* wie *Fortschritt* und *Stillstand;* an Präpositionen wie *vor, nach* und *in*; an Adjektive wie *lang* und *kurz*, *endlich* und *begrenzt*. Sie wurden aus der räumlichen Dimension auf die zeitliche übertragen. Sprachbilder aber haben ihre Tücken, auch die für Geschichte. Denn einen wirklichen Weg kann man in zwei Richtungen begehen; den Weg der Geschichte aber nur in einer.

Einen Weg kann man zweimal, zwanzigmal gehen, den Weg der Geschichte nur einmal. Einen Weg kann man auch verlassen, den Weg der Geschichte nicht. Ein Weg ist Mittel zum Zweck, er erweckt die Erwartung einer zielführenden Gradlinigkeit. Die Geschichte aber ist kein klar gerichteter Prozeß, sondern ein unendlich komplexes Konglomerat von Vorgängen, kein Faden, sondern ein Knäuel, ein Geflecht von Ereignisfolgen.

Ein Weg dient dazu, ein Ziel zu erreichen. Der Gang der Geschichte hingegen hat keinen Zweck, hat nicht den Sinn, uns am Ende der Zeiten ins irdische oder himmlische Paradies zu führen. Gleichwohl war eine solche Teleologie außerordentlich verbreitet. Die Römer betrachteten als Ziel der Geschichte ihr *imperium sine fine*, die Christen und Moslems das Jüngste Gericht, die Juden das Erscheinen des Messias. Der Fortschrittsglaube der Aufklärung sodann bietet ein breites Spektrum an Endzeitvisionen. Bei Herder ist es die Verwirklichung der Humanität, bei Lessing die »Zeit eines neuen ewigen Evangeliums«, bei Kant die »allgemein das Recht verwaltende bürgerliche Gesellschaft«, bei Hegel das »Bewußtsein des Geistes von seiner Freiheit«, bei Marx die »klassenlose Gesellschaft«, bei Darwin die »Vollkommenheit aller körperlichen und geistigen Begabungen«, bei Nietzsche der »Übermensch als der Sinn der Erde«, bei Toynbee die Gemeinschaft der Heiligen im *Kingdom of God*, bei Konrad Lorenz der durch die »Weltvernunft des Logos«, sprich: durch die Evolution zu erwartende »wahrhaft humane Mensch«. Alle diese Konzeptionen beruhen auf der Vorstellung von der Geschichte als Weg, der auch über Ab- und Umwege seinen Sinn durch das angenommene Ziel findet. Dieses aber ist ein Kind der Hoffnung.

Verzichten wir auf eine solche Endzeitidee, so kommen wir doch nicht umhin, die Gegenwart als Ergebnis der Vergangenheit zu betrachten, ja als Ende der Geschichte anzusehen, da die Zukunft zwar Geschichte haben wird, aber einstweilen keine Geschichte hat, vielmehr sich erst noch mit Geschichte füllen muß. Töricht wäre es, wenn wir uns selbst nicht nur als Resultat, sondern geradezu als das von Gott, dem Schicksal oder der Natur geplante Ziel der Geschichte betrachteten, so wie dies einst Hegel von sich getan oder doch suggeriert hat. Das forderte den Spott Nietzsches heraus, wenn er 1874 schreibt, »daß für Hegel der Höhepunkt und der Endpunkt des Weltprozesses in seiner eignen Berliner Existenz zusammenfielen«. Aber auch wir nehmen unsere Gegenwart nicht nur als gegeben hin, sondern sind stolz darauf, daß wir's so herrlich weit gebracht haben. Der Weg der Geschichte hat, so scheint es uns, bergauf und bergab, gradlinig oder verschlungen dahin geführt, wo wir uns heute befinden. Jeder Schritt auf unser Hier und Heute scheint uns richtig und begrüßenswert, jeder in eine andere Richtung, jeder Rückschritt, jeder Stillstand dünkt uns falsch und bedauerlich. So trifft uns der Hohn von Jacob Burckhardt über die hier zugrunde liegende »fortschrittliche Betrachtungsweise: Dieser oder jener Gang im Hause müßte schon deshalb der schönste sein, weil er zu unserm Zimmer führt.«

## *Vermeidbare Untaten*

Burckhardt rechnet hier mit mehreren »Gängen«, auch solchen, die nicht zu »unserem Zimmer« geführt haben, darum von uns als »Irrwege« betrachtet werden. Das Bild findet sich in unserem Zusammenhang schon bei Lessing 1777, es drängt sich auf, betrachten wir die zahllosen Mißgeschicke im Verlauf, den die Geschichte genommen hat. Wir beklagen die Kulturverluste der Völkerwanderungszeit, die Toten der Kreuzzüge und der Fehden, die Judenpogrome und Ketzerprozesse im Mittelalter; wir bedauern die Hexenverfolgung und die Glaubenskämpfe der Neuzeit, die periodischen Phasen der Stagnation und der Restauration, weiterhin die hinter uns liegenden Bürgerkriege, die beiden deutschen Diktaturen und vor allem die Weltkriege mit ihren gräßlichen Begleiterscheinungen. Wir empfinden diese Vorgänge als Abwege vom erwünschten Verlauf der Dinge: teils als inakzeptable Verstöße gegen Grundgebote der Moral und der Humanität, kurz: als Werke des Bösen; teils als unnötige und betrübliche Hemmnisse auf dem Wege zu unserer heutigen Situation, dem friedlichen sozial-, liberal-, christdemokratischen Föderalismus, kurz: zu »unserem Zimmer«.

Im Hinblick auf die Vermeidbarkeit ist zu unterscheiden zwischen inhumanen, moralisch verwerflichen und politisch unerwünschten Geschehnissen der Vergangenheit. Angesichts der Verstöße gegen die Humanität sollten wir bedenken, daß Wertvorstellungen gewissen Wandlungen unterworfen waren. Gewalt gegen Menschen galt unter bestimmten Umständen immer als legitim; und wenn zugleich jene, die sie ausübten, bereit waren, sie im umgekehrten Fall auch selbst zu erleiden, dann mag wie im Fall der antiken Sklaverei oder der Todesstrafe ein Mangel an Humanität zu beklagen sein, doch ist eine moralische Verurteilung nicht berechtigt. Denken wir an das Duell! Böse ist eine Handlung nur, wo der skizzierte Basiskonsens zwischen Täter und Opfer nicht vorliegt, wo rücksichtsloser Eigennutz oder gar die pure Lust, Überlegenheit auszuspielen, Schaden und Schmerz zuzufügen, obwaltet.

Aus dem ethischen Gebot, das Böse zu meiden, und der praktischen Erfahrung verhinderter Untaten ergibt sich mit logischer Notwendigkeit, die historische Notwendigkeit des Bösen zu bestreiten. Wer mit Jacob Burckhardt das Böse auf Erden für ein Element der »weltgeschichtlichen Ökonomie« hält, wird doch nicht leugnen, daß jede einzelne böse Tat hätte unterbleiben können, unterbleiben sollen. Auch Burckhardt erklärte sie zu einem »Skandal«, einem Stein des Anstoßes. Gäbe es keine Wahlmöglichkeit, wären moralische Urteile überhaupt sinnlos, sind sie doch stets zugleich Appelle für künftiges Handeln! Zwar ist der Historiker nicht genötigt zu moralisieren, und Große im Fach wie Ranke haben im Gefolge von Thukydides bewußt darauf verzichtet, doch muß um der Menschlichkeit willen das Recht dazu eingeräumt werden. Demgemäß dürfen wir wünschen, daß die wiederholt aufgetretenen Untaten der Vergangenheit hätten unterbleiben sollen und hätten vermieden werden können. Wäre dies nicht möglich gewesen, wären vielmehr die hinter uns liegenden Brutalitäten als gottgegeben, schicksalhaft und geschichtsnotwendig zu betrachten, dann dürften wir sie nicht beklagen, ja dann müßten wir dafür dankbar sein, weil sie ja faktisch beigetragen haben zu dem, was, wer und wo wir heute sind. Unsere noble Existenz aber entschuldigt keine einzige Untat, die ihr zugute gekommen ist.

Wer die Missetaten der Vergangenheit im Sinne Hegels durch die fatalistische Behauptung ihrer Geschichtsnotwendigkeit rechtfertigt, der legitimiert zugleich gegenwärtige und künftige Missetaten als angeblich unvermeidbar. *Quod absit.* Wenn es der Weltgeist war, der die früheren Brutalitäten verursacht hat, dann ist er ebenso an unserer Stelle für die gegenwärtigen verantwortlich, und wir dürfen tun, was wir können. *Quod absit.* Wer hingegen meint, daß die Verbrechen der Vergangenheit unnötig waren, schafft gedankliche Leerstellen, Raum für kontrafaktische Alternativen. *Quod prosit.*

Anders als die moralischen Verfehlungen sind die politischen Mißgriffe, wie sie uns erscheinen, nicht voreilig zu verurteilen. Hier ist Vorsicht geboten, ehe wir vom Irrweg sprechen. So wie wir heute wähnen, auf dem rechten Weg zu sein, schien auch der Weg von gestern, den wir heute für den falschen halten, jenen, die ihn vorgestern wählten, der richtige. Den Umweg erkennen wir erst am Ziel beim Blick zurück; die Sackgasse zeigt sich erst am Ende, beim Blick nach vorn, wenn nichts mehr weitergeht. *Germani sapiunt post factum.* Hinterher sind wir klüger.

Zudem gab und gibt es stets mehr als einen einzigen Irrweg. Die Politiker beliebiger Couleur haben immer unser Bestes gewollt. Aber es genügt nicht, das Beste gewollt zu haben, wenn man dafür das Schlimmste in Kauf nimmt. Die Staatsmänner glaubten stets, auf dem richtigen Wege zu sein, indem sie angebliche oder wirkliche Irrwege verließen oder vermieden. Das Bild vom deutschen Sonderweg moniert die Abweichung vom normalen Weg, den es doch nicht gibt, da jedes Volk seinen eigenen Weg geht. Die Rede vom Irrweg unterstellt, daß es den richtigen Weg gegeben habe, daß man ihn hätte erkennen können und einschlagen müssen. Ein frommer Wunsch! Zwar sind wir unfähig, zu erkennen, was morgen passiert, aber wir meinen, was gestern passiert ist, das hätte man vorgestern erkennen können und gegebenenfalls verhindern müssen.

Wo unser heutiger Weg endet, ist im voraus schwer zu beurteilen. Daher wissen wir nicht, ob der Irrweg bereits hinter uns oder am Ende noch vor uns liegt. Es ist durchaus zweifelhaft, ob der Weg, den wir heute für den richtigen halten, auch morgen noch als der richtige erscheinen wird. Ist es nicht denkbar, daß unsere Urenkel uns die horrende Staatsverschuldung, die hemmungslose Ausbeutung der Bodenschätze und Naturgüter, den Produktionszwang, die Verschwendung und den auf manipuliertem Bedarf beruhenden Konsumrausch mit seinen vorhersehbaren Folgen verübeln werden, ein Wahn, der unser Tun und Denken tatsächlich beherrscht?

Die Klage über die bösen Taten der Vergangenheit ist für jeden, der auch nur eine Spur von Mitleid empfindet, unabweisbar, das Bedauern über die politischen Fehlleistungen immerhin verständlich. Dennoch ergibt beides keinen hinreichenden Grund, mit der Geschichte überhaupt zu hadern. Es sollte nicht vergessen werden, daß zu jedem eingetretenen, aber wegzudenkenden Unheil ein größeres hinzugedacht werden kann, das unterblieben ist. Ein größtes gibt es nicht. Am 31. Dezember 1918 schrieb Harry Graf Kessler, dieses Jahr werde »wohl ewig die schrecklichste Jahreszahl der deutschen Geschichte bleiben«. Er konnte sich 1945 nicht vorstellen. Der schwache, dennoch altbewährte Trost mit der Formel »Es hätte ja noch viel schlimmer kommen können« läßt sich auch mit dem Blick auf die Geschichte gewinnen. Jeder Krieg hätte noch länger dauern, noch größere Opfer fordern können; jeder Verlust, jedes Unglück wäre steigerbar gewesen. Die Vorstellung vom GAU, vom größten anzunehmenden Unfall, beweist einen Mangel an schwarzer Phantasie. Trösten wir uns mit den endlich abgewehrten Gefahren, die in kritischen Zeiten unter angebbaren Bedingungen durchaus hätten eintreten können. Es lohnt, sich das klarzumachen.

## *Entscheidungssituationen*

Wer vom falschen Weg spricht, muß den richtigen Weg kennen, der hätte gewählt werden sollen. Das aber wäre nur möglich gewesen, wenn es den Weg in die Zukunft schon gegeben hätte, bevor er eingeschlagen wurde. Ein wirklicher Weg liegt immer bereits vor uns, andere haben ihn früher schon begangen; den Weg der Geschichte jedoch müssen wir uns selbst ins unbetretene Reich der Möglichkeiten bahnen. Menschen sind zum Handeln gezwungen, aber frei in ihrer Entscheidung. Wenn wir darauf verzichten, eine solche zu treffen, haben wir uns eben dafür entschieden. Selbst in Ketten können wir die Nahrungsaufnahme verweigern. Menschen haben – anders als die Tiere und die Götter – die Freiheit zum Tode. Wem sie durch Zwangsernährung genommen wird, der wird aus einem Menschen zu einem bloßen Organismus entwürdigt.

Im historischen Rückblick wie auf die eigene so auf die allgemeine Vergangenheit zeigen sich Wendepunkte, an denen eine Entwicklung ihre Richtung geändert hat oder hätte ändern können, sozusagen Wegscheiden, wo eine von mehreren Möglichkeiten wirklich wurde. Die gesamte Geschichte ist gegliedert durch eine Folge von Entscheidungssituationen, die jeweils bis zur nächsten Weichenstellung die Richtung, das Tempo und die Art der Entwicklung festgelegt haben. Als Knotenpunkte erweisen sich vornehmlich bestimmte Ereignistypen: Kriegsausbrüche und Friedensschlüsse, Verhandlungen und Verträge, Regierungswechsel und Maßnahmen von Machthabern; weiterhin Erfindungen und Entdeckungen, das Erscheinen und Verschwinden bedeutender Persönlichkeiten sowie immer wieder Notlagen und Krisen. Das Wort *krisis* bedeutet in der griechischen Medizin jenen Zeitpunkt, an dem sich *entscheidet*, ob die Agonie eintritt oder die Genesung. Eine Krise ohne Alternative wäre keine solche.

Geschichte bedeutet allemal Veränderung. Wer will, daß alles bleibt, wie es ist, will nicht, daß es bleibt. Allerdings vollzieht sich der Wandel nicht stetig, sondern ruckartig. Immer wieder kommt es im Strom des Geschehens zu Katarakten und Flußschleifen, wo es anders weitergeht als bisher. Solche Wendepunkte sind die Frühphasen von Prozessen, die Steuerungsmöglichkeiten bieten, wie sie später nicht mehr bestehen. »Das erste steht uns frei, beim zweiten sind wir Knechte.« Wer imstande ist, einen Krieg zu beginnen, ist deswegen nicht ebenso in der Lage, ihn nach eigenem Ermessen zu beenden. Einmal abgetretenes Land ist nicht so leicht zurückzugewinnen; eine irgendwo gegründete Stadt läßt sich später nicht ohne weiteres verlagern, eine irgendwann etablierte Herrschaft nicht so einfach wieder abschütteln. Dieser Befund erinnert an eine sehr ähnliche Aussage der physikalischen Chaos-Theorie, wonach gering veränderte Anfangsbedingungen erhebliche Auswirkungen auf die nachfolgende komplexe Ereigniskette ausüben. Das ist der berühmte Schmetterlingsschlag in China, der den Weg einer Wetterfront entscheiden und einen Hurrikan in Florida auslösen kann.

Oft genug steht in der Geschichte die dann folgenreiche Entscheidung auf des Messers Schneide. Wenn die Kräfte auf beiden Seiten gleich stark sind, genügt ein schwacher Anstoß, das Übergewicht zu bestimmen. Die Reifenpanne eines Abgeordneten kann den Ausgang einer Abstimmung über Krieg und Frieden entscheiden, ein mißverstandenes Kommando eine Niederlage herbeiführen. Bei einem unvorhersehbar eingetretenen, nachhaltigen Ereignis sprechen wir vom Zufall. Ranke nannte ihn den »Finger Gottes« in der Geschichte. Angesichts unserer begrenzten Voraussicht ist wie das Leben so die Geschichte reich an Zufällen, die dann den Ausschlag geben. Das Zünglein an der Waage zeigt ihn, verursacht ihn aber nicht.

Das Bild vom Weg der Geschichte täuscht uns über die asymmetrische Struktur der historischen Zeit: Blicken wir zurück in die Vergangenheit, so setzt jedes eingetretene Ereignis seine gesamte Vorgeschichte voraus; eine Unzahl von Entwicklungslinien läuft auf das Resultat zu, gleichsam auf einer Dolde von Einbahnstraßen. Das sind die Komponenten, die zur Gestaltung einer bestimmten Situation beigetragen haben. Neben den realen Faktoren gibt es oft auch irreale, die dasselbe Resultat gezeitigt hätten. Das Attentat von Sarajewo hätte am 28. Juni 1914 so wie dem Mörder auch einem seiner bewaffneten Mitverschwörer gelingen können. Das Ereignis und seine Folgen wären die gleichen gewesen.

Blicken wir voraus in die Zukunft, so eröffnet sich wiederum eine Dolde von Möglichkeiten, die sich aus der momentanen Lage ergeben können. Eine Doppeldolde entsteht. Wir sehen vor uns ein freies Feld mit Klippen, die wir umgehen sollten, mit Zielen, die erstrebenswert sind und auf unterschiedlichen Wegen erreichbar scheinen. Als Handelnde stehen wir dauernd vor einer offenen Landschaft, auch wenn wir die sich uns bietende Vielfalt an Möglichkeiten nicht überblicken oder nicht wahrnehmen wollen. Sehen kann jeder, aber Erkennen will gelernt sein. Und so wie wir eine wie auch immer geartete oder begründete Vorstellung davon benötigen, wohin die Richtung führt, die wir einschlagen, eine Idee, wie die Landschaft aussieht, die vor uns liegt, so sollten wir auch bedenken, wie die Landschaft aussah, die beiderseits des Hauptwegs hinter uns lag, um zu verstehen, welche Wahl getroffen wurde.

## *Argumente für Varianten*

Ungeschehene Geschichte im Sinne von nicht verwirklichten Möglichkeiten kann, vom jeweiligen Betrachter aus gesehen, in der Vergangenheit wie in der Zukunft liegen. Im ersteren Fall handelt es sich um das weite Feld von Geschichtsfälschung und Legendenbildung. Deren Relevanz beruht darauf, daß in den Köpfen sich nicht das festsetzt, was sich zugetragen hat, sondern das, was wahrgenommen, was erzählt, was gelesen wird. Heute motiviert, was über den Bildschirm läuft. Nicht die geschehene Geschichte bewegt die Gemüter, sondern die geglaubte. Geschichte reproduziert sich weitgehend über Bewußtseinstatsachen, über grundsätzlich mögliche, aber realiter unhistorische Begebenheiten. Zumeist handelt es sich um Prägnanzverformungen zur Steigerung des Eindrucks einer Aussage oder gar um pseudohistorische Erfindungen in bestimmtem Interesse. Letzteres beginnt schon im 6. Jahrhundert v. Chr. mit dem Bericht des Darius über seinen Staatsstreich auf der Bagastana-Inschrift und den Einschüben in den Schiffskatalog der Ilias. In Troja wollten alle dabeigewesen sein. Hier hat der Historiker die Pflicht zur Aufklärung und kann zu gesicherten Resultaten gelangen.

Weniger günstig steht es um kontrafaktische Geschichte im Sinne von Ungeschehenem, das für die Handelnden in der Zukunft lag. Das Nachdenken darüber, was hätte geschehen können, ist oft als haltlose Spekulation angeprangert und abgekanzelt worden. Es fehlt nicht an Argumenten. Der zünftige Historiker wendet ein: Geschichte ist im Indikativ zu schreiben, nicht im Konjunktiv. Was nur hätte sein können, aber nicht wirklich geworden ist, hat notwendigerweise keine Bedeutung und kann nicht erforscht werden, dafür gibt es keine Quellen. Der gläubige Theologe mahnt: Was geschah, war Gottes Wille, wer anderes für möglich hält, zweifelt blasphemisch an Seinem Weltregiment. Der nüchterne Philosoph gibt zu bedenken: Wäre die Geschichte anders verlaufen, gäbe es uns nicht, die wir darüber nachdenken. Daher verlieren wir den Boden unter den Füßen, wenn wir unsere historischen Grundlagen in Frage stellen.

Und das ist in der Tat paradox, denn das Leben jedes Einzelnen von uns setzt unsere Vorgeschichte, so kraus und krumm, wie sie nun einmal verlaufen ist, voraus. Wir selbst sind ein Ergebnis der Vergangenheit einschließlich all ihrer Schrecknisse, Irrtümer und Verbrechen. Hätte es sie nicht gegeben, dann hätten unsere Eltern, Großeltern, und so weiter, sich nie getroffen, dann verschwinden wir selbst aus der Geschichte. Jede gravierende Variante zum Geschehen hätte verhindern können, daß wir sind, was wir geworden sind. Beim Nachdenken über Alternativen zum Geschehenen beziehen wir daher scheinbar einen imaginären Standpunkt außerhalb der Geschichte. Dieser liegt gewiß nicht außerhalb jeder Geschichte, wohl aber außerhalb jener Geschichte, über die wir just nachdenken. Schließlich verlangt alles Nachdenken über uns selbst, jede reflexive Objektivierung des Subjekts »Ich« eine derartige Standortverlagerung, sozusagen eine Selbstverdoppelung. Sie entsteht, wenn wir uns selbst betrachten. Der Spiegel zeigt es. Das delphische GNOTHI SEAUTON, Erkenne dich selbst!, ist sinnvoll als Aufforderung zur Selbstkritik. Das ist immer möglich, wenn auch im Ergebnis nicht allzeit schmeichelhaft.

Sobald wir auch nur von einer einzigen Begebenheit meinen, daß sie hätte unterbleiben oder sich hätte anders zutragen sollen, räumen wir ein, daß die Geschichte sich anders hätte gestalten können. Dann aber müssen wir auch durch eine nachträgliche Prognose angeben, wie sie sich denn wohl abgespielt hätte oder hätte abspielen sollen. Mit einem »irgendwie« ist es nicht getan. Es ist freilich leichter, zu sagen: »So nicht!«, als zu beantworten: »Wie denn?« Gelingt der Entwurf einer Alternative nicht, so ist klar, daß die Rede vom Irrweg der Geschichte einem Irrweg des Denkens folgt.

Plausible Alternativen aber sind mit historischer Sachkenntnis und disziplinierter Phantasie stets vorstellbar. Das empirisch geschulte und rational gezügelte Vorstellungsvermögen ist ein unabdingbares Instrument historischer Erkenntnis. Methodische Phantasie erlaubt uns, aus den erhaltenen Bruchstücken der Überlieferung wirkliche Ereigniszusammenhänge zu erkennen und aus ihnen unverwirklichte Möglichkeiten zu erschließen. Dies kann in bestimmten Fällen auf kurze Sicht praktische Gewißheit erlangen. Nur ein Beispiel: Wenn bei der Abstimmung im Deutschen Bundestag das konstruktive Mißtrauensvotum am 27. April 1972 gegen Willy Brandt gelungen wäre, dann wäre Rainer Barzel Kanzler geworden. Und wäre nicht mindestens einer der Abweichler unter den Abgeordneten von der »Hauptverwaltung Aufklärung der DDR« bestochen worden, hätte das Resultat anders ausgesehen.

Darüber hinaus lassen sich auch auf längere Sicht wahrscheinlichere und weniger wahrscheinliche Folgen von alternativen Entscheidungen plausibel machen. Unwahrscheinlich sind grundsätzliche Alternativen zu langfristigen Entwicklungen, bei denen sich die Zufälle gegenseitig korrigieren. Dazu zählen der technische Fortschritt, die Erschließung der Erde, die Globalisierung der Kontakte, das Bevölkerungswachstum, die Ausbeutung der Bodenschätze, der Rückgang der Sprachenvielfalt und ähnliche Vorgänge, die von Tausenden vorangetrieben werden. Sie erlauben zumindest grobe Vorhersagen. Doch auch ein unscharfes Bild kann eindeutig sein.

Zur Begründung einer Erwartung bedarf es einer Trendanalyse, einer nüchternen Bestandsaufnahme der gegebenen Lage nebst ihrer Vorgeschichte und einem Blick auf die nächstliegenden Vergleichsfälle. Unter wenig veränderten Umständen, etwa bei mehr Mut oder mehr Behutsamkeit der Entscheidungsträger, hätte unter gleichen Ausgangsbedingungen ein bestimmtes Ereignis – ein Kriegsausbruch, ein Vertragsschluß, eine Entdeckung – auch früher oder später oder an einem anderen Ort, mit anderen Personen oder in anderer Form stattfinden oder gar unterbleiben können. Eindrucksvolle Beispiele liefert Bismarck in seinen »Gedanken und Erinnerungen«, indem er sich in eine bestimmte Situation der Vergangenheit versetzt und aufzeigt, wie er Gelegenheiten genutzt haben würde, die damals verpaßt wurden. Auch Ranke weist oft auf unausgeschöpfte Möglichkeiten hin, deren Verwirklichung an bestimmbaren Faktoren scheiterte. Um hier zu vertretbaren Ergebnissen zu gelangen, sind Sachkenntnis und Sachlichkeit erforderlich, eine wohlinformierte Urteilskraft, die nicht durch Ängste und Hoffnungen getrübt ist. Nur wer um das Geschehene weiß, kann Ungeschehenes mutmaßen und beurteilen. »Je mehr wir sehen, desto mehr müssen wir hinzudenken können. Je mehr wir dazudenken, desto mehr müssen wir zu sehen glauben«, so heißt es bei Lessing.

## *Vergangene Zukunft*

Geschichte ist nicht nur vergangene Gegenwart, sondern ebenso vergangene Zukunft, die gestaltet werden mußte. Um die Handelnden zu verstehen, müssen wir ihren Handlungsspielraum ausleuchten, müssen wir zu rekonstruieren versuchen, was sie erhofft, was sie gefürchtet haben, welche Erfahrungen hinter ihnen lagen, welche Möglichkeiten ihnen vor Augen standen. Pläne, die nachweislich existierten, Ziele, die von den Handelnden angegeben wurden oder ihrem Handeln zu entnehmen waren, aber nicht erreicht wurden, bieten den Hintergrund für das wirkliche Geschehen und verleihen diesem Profil. Sie kommen als Gegenstand ungeschehener Geschichte mit Vorrang in Betracht. Es ist immer wieder erstaunlich, wieviel von dem, was die Geschichte als Tatsachen vermeldet, lange Zeit zuvor bereits als Gedanke geäußert worden ist, mithin grundsätzlich sehr viel früher hätte verwirklicht werden können.

Neben diesen subjektiven, vorgesehenen Varianten gibt es auch objektive, unvorhergesehene, die hätten eintreten können, ohne daß sie geplant, gewünscht oder gefürchtet worden wären, ja sogar solche, die nach menschlichem Ermessen gegen den Willen der Betroffenen eingetreten wären. Wo dieser Fall tatsächlich vorliegt, wo Bremsen eine Entwicklung beschleunigt oder das Gegenteil der Absicht erreicht wird, da sprechen wir von der Ironie der Geschichte.

Eine subjektiv begründete Antwort auf die zuweilen spöttisch gestellte Frage, was passiert wäre, wenn Wilhelm Tell den Apfel verfehlt hätte, gibt der Wildschütz selbst: Dann hätte er mit dem zweiten Bolzen den Landvogt erschossen. Eine objektive, unausgesprochene, aber aus den Umständen ableitbare weitere Folge wäre die Verhaftung und Hinrichtung des Helden durch die Knechte des Landvogts gewesen sowie der Verzicht Schillers darauf, das Ereignis zu dramatisieren. In der Geschichte fehlt es nicht an Ereignissen, die beinahe eingetreten wären, an Projekten, die gescheitert, an Prozessen, die steckengeblieben sind. Hier können zum Stillstand gekommene Entwicklungen mit kritischem Sinn zu Ende gedacht, sozusagen abgebrochene Wege in historisches Niemandsland hinein verlängert werden.

Die Annahme unverwirklichter Alternativen zum Geschehenen ist für den Historiker neben seiner Aufgabe, Handlungen nachzuvollziehen, schließlich deswegen unabdingbar, weil er anderenfalls keine historische Erklärung abgeben, keine zeitübergreifenden Zusammenhänge aufzeigen, keine Aussagen über die

Bedeutung vergangener Ereignisse machen kann. Denn alle diese Feststellungen setzen Kausalität voraus, und eine solche ist nur feststellbar, wo in einer Ereignisfolge behauptet werden kann, daß ein als Ursache bestimmtes Ereignis, weg- oder umgedacht, ein als deren Wirkung verstandenes Ereignis so oder überhaupt nicht zur Folge gehabt hätte. »Um die wirklichen Kausalzusammenhänge zu durchschauen, konstruieren wir unwirkliche«, heißt es bei Max Weber 1906. Und wo letztere nicht ausgesprochen werden, sind sie doch stillschweigend vorausgesetzt. Wer sagt, daß die Kriegserklärung Napoleons III vom 19. Juli 1870 an Preußen auf die Publikation der Emser Depesche durch Bismarck am 13. Juli zurückzuführen ist, der unterstellt stillschweigend, daß der Friede zumindest eine Zeitlang erhalten geblieben wäre, wenn die Veröffentlichung nicht stattgefunden hätte. Das ist ein kontrafaktisches Urteil, das niemand bezweifelt, weil es sich auf die wohlbezeugte Eitelkeit – oder das Ehrempfinden – des bloßgestellten Kaisers stützt, das ihn bewog, den Degen zu ziehen.

In diesem Sinne können wir sagen, daß Bismarck den Berliner Kongreß zum 13. Juni 1875 nicht einberufen hätte, wenn Rußland nicht nach Bulgarien vorgedrungen wäre, oder daß Bismarck das Sozialistengesetz am 21. Oktober 1878 nicht durchgebracht hätte, wenn die Attentate auf Kaiser Wilhelm unterblieben wären, oder daß Bismarck am 20. März 1890 nicht entlassen worden wäre, wenn Wilhelm II sein »persönliches Regiment« nicht gefordert hätte. Jede Kausalbehauptung läßt sich umformulieren in einen irrealen Konditionalsatz, eine kontrafaktische Aussage gleichen Inhalts.

Überlegungen zu vergangenen Eventualitäten sind nicht nur erforderlich, um die Bedeutung von wirklichen Ereignissen zu ermitteln, sondern auch geeignet, die angenommene Bedeutung von Mißerfolgen, Fehlentscheidungen und Versäumnissen ideologiekritisch zu hinterfragen. Nicht selten wird eine als unglücklich, ja als tragisch empfundene Entwicklung auf ein punktuelles Ereignis zurückgeführt, einer falschen Weichenstellung zugeschrieben, die tatsächlich den Gang der Dinge nicht entscheidend beeinflußt hat. So läßt sich zeigen, daß am Ausbruch und Ausgang des Ersten Weltkriegs sich nichts Wesentliches geändert hätte, wenn das Attentat von Sarajewo verhindert, wenn die Marneschlacht gewonnen worden wäre oder die *Lusitania* Liverpool erreicht hätte. Erst die Einbettung des einzelnen Vorfalls in den größeren Zusammenhang, in dem er steht, und die Berücksichtigung vermutbarer Kurskorrekturen nach unerwünschten Wendungen bieten die Grundlage für ein Urteil über die Auswirkung eines Ereignisses.

Kontrafaktische Geschichte unterscheidet sich vom historischen Roman und von Science-fiction dadurch, daß sie nicht kulturell angereicherte Unterhaltung bietet, sondern Einsicht vermittelt, daß sie überzeugen will, indem sie nicht einfach erzählt, sondern faktennah argumentiert. Sie differenziert einerseits zwischen gravierenden Konsequenzen und weniger ins Gewicht fallenden Folgen einer ehemals anders möglichen Entscheidung und andererseits zwischen realen und vagen Chancen, über den Grad an Wahrscheinlichkeit, die eine andere Wendung des Geschehens gehabt hätte. Sie erfindet keine Personen und keine Orte. Sie operiert sozusagen auf dem Schachbrett der Geschichte mit den gegebenen Figuren nach den bestehenden Regeln, aber spielt ein anderes Spiel.

Es handelt sich in der Tat bei diesen halbhistorischen Erwägungen um ein heuristisches Gedankenspiel, um eine Denkübung zum Zweck der Erkenntnis. Hier ist an den alten Heraklit von Ephesos zu erinnern, der das Weltgeschehen überhaupt als Spiel verstand: Aion, die personifizierte Ewigkeit, ist ein mit Brettsteinen spielender Kinderkönig. Die Spielsteine sind wohl die Menschen, die Gott zu seinem Zeitvertreib in Bewegung setzt. Schiller hat 1795 in seinem 15. Brief über die ästhetische Erziehung des Menschen »alles das, was weder subjektiv noch objektiv zufällig ist und doch weder äußerlich noch innerlich nötigt«, als Spiel bezeichnet und eben darin den Ursprung und das Wesen aller Kultur gefunden.

## II. ANTIKE ALTERNATIVEN

Die deutsche Geschichte war und ist ein Teil der europäischen Geschichte und beruht wie diese auf Voraussetzungen in der Antike. Grundlegend war die Erhaltung des Germanentums durch die Abwehr der Romanisierung Mitteleuropas. Denn so wie nach Caesar das Keltentum in der römischen Zivilisation aufgegangen ist, wäre auch das Germanische bei uns verschwunden, wenn Augustus die Elbgrenze erreicht hätte. Die kulturelle Entwicklung nördlich der Alpen sodann basiert auf drei prägenden Faktoren. Entscheidend wie für das Mittelalter so für die Neuzeit Europas wurden das Griechentum, das Christentum und das Römertum. Das Griechentum wirkte sich aus vorab auf den Gebieten der Wissenschaft, der Philosophie und der Kunst, das Christentum nicht nur auf dem Sektor der Religion, sondern ebenso auf dem der Bildung und den Formen des Zusammenlebens, und das Römertum zumal in den Bereichen der Zivilisation, des Staatslebens und der Schrift. Die Antike war die Schule Europas.

Jedes dieser drei Elemente durchlebte in seiner Frühzeit mindestens eine kritische, ja lebensbedrohende Phase, die bei anderem Ausgang weitreichende Folgen nach sich gezogen hätte. Xerxes konnte die Blüte der griechischen Kultur knicken, Hannibal den Aufstieg Roms unterbinden und Pilatus die Entstehung des Christentums verhindern. Die Germanen hätten sich anstelle der Griechen, Römer und Juden andere Lehrmeister suchen müssen, vielleicht im Alten Orient oder gar im pharaonischen Ägypten – aber auf welchem Wege? Oder wäre der Anschluß an eine höhere Kultur überhaupt entfallen? Eine Vorstellung für die dann zu erwartende, genauer: dann ausgebliebene Entwicklung vermitteln jene Völker, deren Geschichte nicht durch die griechisch-römische Kultur einschließlich des Christentums geprägt wurde. Dafür müssen wir nicht nach Zentralafrika, Altamerika oder Fernost blicken. Ausgehend vom Zivilisationsniveau der älteren Bronzezeit wäre Europa ohne die vielfältigen Einflüsse aus dem kulturell weit überlegenen Süden mehr oder weniger auf dem Stand des vorrussischen Sibirien verblieben.

*Wie das Licht alles erleuchtet,*
*jedem eine eigentümliche Lebendigkeit verleiht,*
*so dehnt sich die persische Herrschaft*
*über eine Menge von Nationen aus.*
Hegel

## 1. Die Perser ersticken die griechische Kultur

Seit dem Trojanischen Krieg in der Ilias Homers ist der Ost-West-Gegensatz ein Dauerthema des historisch-politischen Denkens im Abendland. Herodot führte ihn sogar noch weiter zurück auf den Raub der Europa aus Tyros und den Zug der Argonauten nach Kolchis. Sein Geschichtswerk behandelt die Zeit, als zu Beginn der klassischen Periode die Perser versuchten, Hellas zu erobern. Damals stand die von den orientalischen »Barbaren« bedrohte griechische Kultur auf dem Spiel. Nachdem bereits der persische Großkönig Kyros im Jahre 546 v. Chr. den reichen Krösus in Lydien besiegt und die kleinasiatischen Griechenstädte unterworfen hatte, überquerte Darius 512 den Hellespont und brachte Makedonien in Abhängigkeit. Der von den Athenern unterstützte ionische Aufstand in Kleinasien gegen die Perserherrschaft 499 wurde niedergeworfen und führte zum Rachezug des Xerxes gegen Athen. Er scheiterte 490 bei Marathon und 480 zur See bei Salamis, 479 zu Lande bei Plataiai.

### *Griechische Freiheit oder orientalische Despotie*

In seinem Bericht über den Krieg stellt Herodot eine kontrafaktische Überlegung an. Hätten die Athener damals, anstatt den Kampf aufzunehmen, die Heimat verlassen (wie die Phokäer) oder sich den Persern ergeben (wie die Thessalier), dann hätten, meinte er, auch die kriegsstolzen Spartaner den Angriff nicht abwehren können. Daher komme den Athenern das Verdienst zu, die Freiheit der Hellenen gerettet zu haben. Nachdem sie mit der Vertreibung der Tyrannen 510 die innere Freiheit (autonomia) gewonnen hatten, haben sie durch den Sieg über die Perser auch die äußere Freiheit (eleutheria) behauptet. Zeus dem Retter oder dem Befreier errichteten sie auf dem Markt ein Standbild und eine Säulenhalle.

Mit den beiden Schlachten bei Salamis und Plataiai war die Persergefahr für das Mutterland auf Dauer überwunden, und die griechische Kultur konnte sich in Freiheit entfalten. Wären die Griechen unterlegen, so zeichnen sich für die weitere Entwicklung drei Wege ab. Der erste ist eine langwährende Fremdherrschaft. Im Perserheer befand sich der von den Athenern vertriebene Hippias, ein Sohn des Tyrannen Peisistratos. Hippias wäre von den Persern als Stadtherr in Athen eingesetzt worden und hätte als Vasall des Großkönigs regiert wie zuvor unter Darius I der Grieche Miltiades auf der thrakischen Chersones, wie Histiaios und Aristagoras in Milet. Unter persischer Kontrolle hätte sich Makedonien nicht zur Vormacht in Hellas entwickeln, Alexander die Perserherrschaft nicht abschütteln können.

Die Situation erinnert an die vierhundertjährige Herrschaft der Türken über Griechenland, während deren es kein nennenswertes Geistes- und Kulturleben dort gab. Dies könnte der Grund für eine entsprechende Folgerung gewesen sein, die man aus einer möglichen Unterwerfung des antiken Griechenland durch die Perser gezogen hat: Konsequenzen, die für die abendländische Geschichte fatal geworden wären. John Stuart Mill schrieb 1846 in seiner Besprechung der »Griechischen Geschichte« von George Grote: »Die wahren Vorfahren der Völker Europas sind nicht die des Blutes, sondern jene, denen sie ihr reichstes Erbe verdanken. Die Schlacht bei Marathon war für die englische Geschichte wichtiger als die bei Hastings. Hätte jener Tag anders geendet, lebten Briten und Sachsen noch immer in den Wäldern.« Für die Germanen auf dem Kontinent gilt das nicht weniger. Zu denken ist hier an die Vermittlung griechischer Kultur durch die Römer an die Nordvölker.

Diese Ansicht fand auch in Deutschland Vertreter, namentlich unter den Philhellenen. 1856 erklärte Ernst von Lasaulx seinen Münchener Studenten: »Hätte auf den Feldern von Marathon die Standarte der Perser gesiegt, so wären wir in diesem Augenblick nicht hier versammelt, denn der ganze Strom der nachfolgenden Völkergeschichte wäre ein anderer geworden.« Die Folgen wären desaströs gewesen. Ein Triumph des »asiatischen Despotismus« über die »hellenische Freiheit« hätte – *horribile dictu* – kein akademisches Leben aufkommen lassen. Dieselbe Meinung lesen wir bei so kenntnisreichen Autoren wie Eduard Meyer 1900, Max Weber 1906 und Hermann Bengtson 1950. Nach Meyer ging es um die »ganze künftige Gestaltung der Weltgeschichte«, um den Konflikt zwischen »orientalischer Kultur und Sitte oder griechischer«, um »Wirkungen, die den Verlauf von Jahrtausenden bestimmten«. Ähnlich äußerte sich General Fuller 1954: »Marathon war der Geburtsschrei Europas.« Noch 1999 heißt es bei Victor Davis Hanson: »Themistokles, der Sieger von Salamis, rettete die Zivilisation des Westens.«

Hätten die Perser gesiegt, so lesen wir, wäre alles, was wir Späteren den Griechen verdanken, zu streichen. Und das ist unendlich viel: die klassische Kunst, die Philosophie, das Musiksystem, die literarischen Gattungen, die kritische Wissenschaft, die demokratische Staatsform, ja sogar ganz elementare Errungenschaften wie der Städtebau, das Alphabet, das Münzwesen und als späte Zugabe die Olympischen Spiele. Anstelle der griechischen Zivilisation hätten die Perser unter ihrer altorientalischen Despotie eine religiös-theokratische Kultur entwickelt, für die in Griechenland die Mysterien Anknüpfungspunkte boten.

## *Pax Persica*

Diesen Befürchtungen läßt sich jedoch eine zweite Variante, ein ganz anderer Fortgang gegenüberstellen, der einen persischen Sieg weit weniger bedrohlich für die europäische Kultur erscheinen läßt. Vorstellbar ist nämlich ebenso eine persisch-griechische

Symbiose, ein Hineinwachsen der Griechen in das Perserreich. Es gab durchaus Ansätze dazu: Die ionischen Griechen verweigerten dem Großkönig die Heeresfolge gegen das Mutterland nicht, und sogar dort gab es Sympathisanten mit Persien, so die Thessalier, die Thebaner und das berühmteste griechische Heiligtum, das Apollon-Orakel von Delphi. Gemäß Herodot haben jene Griechen, die dem Großkönig als Zeichen der Unterwerfung »Erde und Wasser« gaben, nicht aus bloßer Angst gehandelt, sondern weil sie von den Persern nichts Schlimmes befürchten mußten.

Es wäre zu vermuten, daß die Perser bei einem Sieg sich mit der politischen Loyalität der Griechen begnügt und deren Geistesfreiheit ebenso geschont hätten wie zuvor in Kleinasien. Selbst demokratische Stadtverfassungen waren unter persischer Hoheit nicht ausgeschlossen. Das zeigt Ephesos in der Zeit Heraklits, das bestätigt der Tyrannensturz durch den Perser Mardonios nach dem ionischen Aufstand 499 v. Chr. Die hohe Wertschätzung der überlegenen griechischen Kultur durch die Perser bezeugt der von ihnen verübte Kunstraub, den Funde in Persepolis archäologisch dokumentieren. Vielleicht wäre der Neubau des Parthenon durch eine Spende des Großkönigs ermöglicht worden, so wie auch der durch Nebukadnezar 586 zerstörte Tempel von Jerusalem im sechsten Jahr des Darius, 515 v. Chr., mit persischem Gelde wiedererrichtet worden ist, so im Buch Esra zu lesen. Die Mitnahme der Bibliothek des Peisistratos aus Athen durch Xerxes beweist, daß man in Persien Griechisch konnte und griechische Literatur schätzte.

Die Tempelzerstörungen im Perserkrieg waren nicht Ausdruck religiöser Intoleranz, sondern Kollateralschäden. Gleichwohl hat der von Cicero in seiner Schrift über die Gesetze den Persern angedichtete ikonoklastische Kreuzzug das Bild der »Barbaren« erfolgreich verdunkelt. Zu Unrecht. Denn trotz ihrer andersartigen, bildlosen Religion haben die Perser den griechisch-römischen Götterkult nicht abgelehnt oder gar bekämpft. Das lehrt die Gadatas-Inschrift, ein Brief, in dem der Großkönig Darius seinen Satrapen in Kleinasien dafür maßregelt, daß dieser von den Priestern des Apollontempels zu Klaros in Kleinasien Abgaben erhoben habe, da doch der Gott den persischen Königen immer die Wahrheit gesagt, das heißt zutreffende Orakel erteilt habe. Denselben Respekt vor griechischen Göttern erweist das von Herodot bezeugte großartige Brandopfer des persischen Feldherrn Datis für den Apollon von Delos im Jahre 490 auf dem Wege der Perserflotte über die Ägäis nach Marathon.

In einem toleranten und entwicklungswilligen Weltreich wie dem Achämenidenstaat vereint, wäre den Griechen unter der *Pax Persica* all das Bürgerblut erspart geblieben, das sie nach dem Ende der Perserkriege in inneren Kämpfen vergossen haben. Zahlreiche Griechen befanden sich am Hofe des Großkönigs oder in persischen Diensten, so der Spartanerkönig Damaratos und der von den Athenern verbannte Sieger von Salamis, Themistokles, daneben aber auch Ärzte, Münzmeister, Architekten, Seefahrer und eine wachsende Zahl von Söldnern unter griechischen Heerführern. Nach der 490 angestrebten Eingliederung von Hellas ins Perserreich hätten sich die starken griechischen Einflüsse auf das Leben im Orient ungehindert entfalten können, die gegenseitige Durchdringung von griechischer Rationalität und orientalischer Religiosität wäre dann ohne die Konvulsionen der Alexanderzeit erfolgt, der Hellenismus hätte 150 Jahre früher begonnen.

## *Sparta befreit Hellas*

Wahrscheinlicher noch als die zuletzt skizzierte Folge ist eine dritte Variante, die das Problem noch weiter entschärft: eine militärische Korrektur der griechischen Niederlage. Wäre nach dem persischen »Sieg« bei Marathon das nördliche griechische Mutterland und damit auch der Archipelagos unter persische Herrschaft geraten, hätte diese doch schwerlich gedauert. Denn die Großkönige hätten nur zusätzlich aufbegehrende Untertanen gewonnen, da der Freiheitsgedanke bei vielen Völkern des Perserreiches immer lebendig war: so bei den revoltierenden Ägyptern und Babyloniern, den rebellischen Phöniziern und Cyprioten, den ewig aufbegehrenden Karduchen und Kadusiern, insbesondere bei den zu Persien gehörenden ionischen Griechen.

Das war Sprengstoff, den dann fraglos die Spartaner entzündet hätten. Eine Unterwerfung Spartas durch die Perser ist schwer vorstellbar. Herodot meint, die Spartaner wären so wie 480 in den Thermopylen eher sämtlich gefallen als sich zu ergeben. Da sie trotz der Niederlage der Athener die Peloponnes vermutlich behauptet hätten, gab es noch eine Chance. Eine Erhebung der Spartaner ein oder zwei Generationen später hätte die persische Dominanz auch im übrigen Hellas gebrochen und die Geschichte in jene Bahn zurückgeführt, die sie nach Marathon tatsächlich genommen hat.

Die welthistorische Bedeutung der Griechen für die europäische Kultur ist kaum zu überschätzen. Aber ihre angebliche Erfindung der Freiheitsidee ist eine philhellenische Fiktion. Sie hat ein ehrwürdiges Alter. Hat doch schon nach Herodot ebenfalls Plutarch um 100 n. Chr. behauptet, die Athener hätten in den Perserkriegen die Freiheit gerettet und an die Menschheit weitergegeben. Selbst ein Kopf wie Hegel huldigte dieser Auffassung. Doch damit wird der Freiheitsstolz der genannten persischen Untertanen im Osten und der frühen Römer, Kelten und Germanen im Westen unterschätzt. Die Schriften Herodots und Plutarchs wurden weder von Arminius noch von Wilhelm Tell gelesen. Diese Freiheitshelden benötigten keine humanistische Inspiration. Die Perserkriege sind durch die historische Literatur verklärt und zu einem politischen Mythos geworden, und dieser, nicht das Geschehen selbst, macht das Thema bedeutsam. Kontrafaktische Überlegung kann, wie gezeigt, Überlieferung entmythisieren, sie dient nicht zuletzt als Instrument historischer Kritik.

*Hannibal – ein Lehrer seiner Erbfeinde,*
*der Römer, die von ihm die Welt zu erobern lernten.*
Herder

## 2. Hannibal erobert Rom

»Rom ist an allen Enden die bewußte oder stillschweigende Voraussetzung unseres Anschauens und Denkens.« Diesem Wort Jacob Burckhardts ist nichts hinzuzufügen – außer einem Kommentar, denn so wie die europäische Kultur insgesamt, so verdankt auch die deutsche Geschichte Unendliches den Römern. Zahlreiche kulturelle und technische Errungenschaften orientalischen, griechischen und nicht zuletzt römischen Ursprungs gelangten durch die römischen Legionen und die italischen Kaufleute über die Alpen. Dazu zählen die Schrift, das Geld, der Steinbau, der Wein nebst vielen anderen Nutzpflanzen und Geräten, namentlich der Kalender und die Zeitmessung, die christliche Religion und das römische Recht. »Daß Orient und Okzident zusammengehören, daß sie *eine* Menschheit bilden, verdankt die Welt Rom und seinem Imperium«, so der Basler.

Voraussetzung für diesen Kulturtransfer über die Alpen war der teils kriegerische, teils friedliche Kontakt der Germanen mit dem Imperium Romanum. Dessen Entwicklung war keineswegs selbstverständlich, sondern beruhte auf einer Meisterung mehrerer Krisen, die durchaus anders hätten verlaufen und den Aufstieg Roms bremsen oder überhaupt aufhalten können. »Es ist eine angenehme Übung der Gedanken«, schrieb Herder 1787, »sich hie und da zu fragen, was aus Rom bei veränderten Umständen geworden wäre? zum Beispiel wenn es anderswo gelegen, frühzeitig nach Veji versetzt, das Kapitol von Brennus erstiegen, Italien von Alexander bekriegt, die Stadt von Hannibal erobert oder der

Rat, den er dem Antiochus gab (Rom in Italien anzugreifen, A. D.), befolgt worden wäre? Gleichergestalt lässet sich fragen: wie statt des Augustus ein Cäsar, statt des Tiberius ein Germanikus regiert hätte? welche Verfassung der Welt ohne das eindringende Christentum entstanden wäre?« Jede dieser ahistorischen »Gedankenübungen« macht die Bedeutung klar, die dem jeweiligen Ereignis zukommt. Daher bemerkt Herder: »Die einzige philosophische Art, eine Geschichte anzuschauen, ist diese; alle denkenden Geister haben sie, auch unwissend, geübet.«

## *Roms frühe Existenzkrisen*

Erst unter Augustus hatte das Imperium jene Stabilität in der Nachbarschaft der Germanen erreicht, die für die Kulturvermittlung an die Barbaren erforderlich war. Zuvor gab es nach der römischen Überlieferung wenigstens drei Existenzkrisen. Die erste ist die Sage vom Kampf der Horatier und Curiatier. Danach soll unter dem König Tullus Hostilius die Entscheidungsschlacht gegen Alba Longa durch den Zweikampf von jeweils drei Brüdern ausgetragen worden sein. Dabei seien zwei der Römer gefallen, doch der dritte habe die Gegner besiegt und Rom damit gerettet. Shakespeare und Brecht haben die bei Livius erzählte Legende dramatisiert.

Einen historischen Kern hat vermutlich die zweite Version, die Tradition von Horatius Cocles, dem »Einäugigen«. Die Etrusker unter Porsenna hatten die Römer geschlagen und waren im Begriff, auf dem *Pons Sublicius* über den Tiber in die Stadt einzudringen. Horatius Cocles aber habe den Brückenkopf so lange verteidigt, bis die Römer den Holzsteg hinter ihm abgerissen hatten. Über das Ende des Helden kursierten zwei Versionen. Nach der einen starb er den Heldentod, nach der anderen entkam er schwimmend. Historisch ist jedenfalls, daß die Etrusker in Clusium und Veji im 6. und 5. Jahrhundert gleichwertige Gegner der Römer waren und deren Zukunft hätten beenden können.

Dasselbe gilt wohl auch für den dritten Ernstfall, den Angriff der Kelten unter Brennus im Jahre 387 v. Chr. Die Römer erlitten an der Allia, wenig nördlich der Stadt, eine empfindliche Niederlage. Die Kelten eroberten Rom einschließlich der Burg; die Erzählung von den kapitolinischen Gänsen, deren Geschnatter den nächtlichen Angriff auf die *Arx* verraten habe, ist eine spätere patriotische Sage. Wären die Kelten, die ja bereits Norditalien, die *Gallia Cisalpina*, besetzt hatten, mit ihren Wagenkolonnen gekommen, so hätten sie Rom besetzen und behaupten können. Mittelpunkt des keltischen Machtbereichs wäre allerdings eher Mailand geworden, um 400 als *Mediolanum* von dem keltischen Insubrerfürsten Bellovesus gegründet. Hätten die Kelten ihren Sieg an der Allia besser ausgenutzt, dann hätten sie damals die Bildung eines *Imperium Romanum* wohl unterbinden, kaum aber durch ein ähnliches *Imperium Gallicum* ersetzen können. Die Stammesrivalität hätte das verhindert. Die Erinnerung an den *dies ater Alliensis*, den »schwarzen Tag an der Allia«, findet sich im römischen Staatskalender zum 18. Juli noch in der Kaiserzeit.

Die nächstfolgende Bedrohung Roms wird nicht als lebensgefährlich tradiert. Sie hätte sich aus den letzten Plänen Alexanders des Großen ergeben. Nach einer antiken, allerdings umstrittenen Überlieferung wurden nach dem frühen Tod des Königs 323 v. Chr. in Babylon Papiere gefunden, aus denen hervorging, daß er beabsichtigte, eine Küstenstraße von Alexandria nach Westen zu bauen, Karthago zu unterwerfen und die Römer zu bezwingen. Livius hat das ernst genommen. Er erörtert die Frage, was geschehen wäre, falls Alexander Rom angegriffen hätte. Das überlegene Feldherrngenie des Makedonen stellt Livius nicht in Frage, betont aber, daß bei ihm alles an seiner Person hing, während den Römern mehrere fähige Führer zu Verfügung gestanden hätten, wenn Papirius Cursor, der Sieger über die Samniten, gefallen wäre. Tatsächlich ist die Einbeziehung Italiens ins Alexanderreich bei einer längeren Lebensdauer des Königs kaum anzunehmen, hätte in diesem Falle allerdings ein Ausgreifen der Römer über die Alpen unwahrscheinlich gemacht. Erst im Alexanderroman unterwerfen sich die Römer dem Makedonen kampflos. Er zieht auf Bukephalos in Rom ein, man verehrt ihm den Mantel Salomos, die Waffen des Priamos und die Krone der Kleopatra. Im Apollotempel findet er die Danielprophetie, die ihn kraft göttlicher Weisheit zum Weltenherrscher, zum Kosmokrator, erhebt.

## *Die Schlacht bei Cannae*

Anders als die genannten Feinde Roms war die nordafrikanische Seemacht Karthago ein ebenbürtiger Gegner. Solange das starke Syrakus zwischen den beiden Großmächten lag, waren sie einig und besiegelten dies durch die Abgrenzung von Interessensphären. Mit dem Niedergang der Griechenstädte auf Sizilien aber stießen sie auf der Insel zusammen. Es wurde für Rom bedrohlich. Zwar war der Erste Punische Krieg gewonnen worden, doch kam es zur Revanche. Hannibal erschien mit seinen Elefanten. Nachdem der Karthager die Römer in mehreren Schlachten besiegt und die Kelten auf seine Seite gebracht hatte, gelang ihm 216 v. Chr. bei Cannae in Apulien die Vernichtung der gesamten römischen Wehrmacht. Am Abend nach der Schlacht gab es in Italien kein römisches Militär mehr. Der Reiterführer Hannibals Maharbal forderte den sofortigen Angriff auf Rom. Der Senat ließ die Tore bewachen, um eine Massenflucht aus Rom zu verhindern, während die Überlebenden der Schlacht eine Auswanderung aus Italien befürworteten. Der Schreckensruf *Hannibal ad portas* wurde zum geflügelten Wort. Eher apokryph ist seine in punisiertem Latein gesprochene Drohung: *Tete roro mama nunu dada tete lala tete,* was man, anders geschrieben, besser versteht: *Te tero, Roma, manu nuda! Date tela, late te!* Ich zerreibe dich, Rom, mit nackter Hand! Gebt die Waffen, verstecke dich!

Livius und die meisten antiken Autoren waren der Meinung, daß Rom nur gerettet worden sei, weil Hannibal gezaudert und seine Gelegenheit versäumt habe. Dies erschien so unerklärlich, daß noch die späteren Jahrhunderte daran herumgerätselt haben. Florus sieht die Schutzgötter Roms am Werk; Silius Italicus erzählt, Juppiter habe Hannibal im Traum gewarnt; Augustinus schreibt von Stürmen und Blitzen, mit denen die Götter nach heidnischer Auffassung die Karthager eingeschüchtert hätten. Hätte Hannibal, hieß es, so wie er zu siegen verstand, seinen Sieg zu nutzen gewußt, hätte er fünf Tage später auf dem Kapitol tafeln können. Und in den Schulen der Kaiserzeit wurde darüber deklamiert, wie Hannibal damals darüber grübelte, ob er Rom angreifen solle oder nicht.

Auch in der Neuzeit wurde über Hannibals Zaudern gerätselt. Saint-Evremond erklärte 1633: Der Angriff auf Rom im Anschluß an die Schlacht bei Cannae hätte den Ruin von Rom und die Größe Karthagos zur Folge gehabt. Der Verzicht darauf mußte auf die Länge zum Untergang Karthagos und zum Aufstieg des Römerreiches führen. Dem schloß sich 1787 Herder an. Er betrachtete die Römer als die großen Völkervernichter und Kulturenzerstörer und sah hier eine verpaßte Gelegenheit, ihnen das Handwerk zu legen. »Warum war es dir versagt, du einziger, großer Hannibal, dem Ruin deines Vaterlandes zuvorzukommen und nach dem Siege bei Cannä geradezu auf die Wolfshöhle deines Erbfeindes zu eilen?« Herder entnimmt dem die Warnung des Schicksals, »in seinen Entschlüssen nie auf halbem Wege stehenzubleiben, weil man sonst gewiß, was man verhindern wollte, fördert«.

## *Hannibals Kriegsziel*

Hätte Hannibal mit einem Marsch auf Rom Erfolg gehabt, wie Saint-Evremond und Herder glaubten? Feldherren wie Napoleon und Montgomery haben dieser Ansicht zugestimmt und Hannibal günstige Aussichten bescheinigt. Nehmen wir einmal an, Maharbal hätte sich durchgesetzt, so müssen wir die punische Glückssträhne gar nicht bis zur Eroberung oder gar Zerstörung Roms fortführen. Derartiges lag offenbar außerhalb Hannibals Absicht.

Der herrschenden Gruppe im Senat hingegen ging es um die Ausschaltung Karthagos, Catos *Ceterum censeo Karthaginem esse delendam* sprach vielen aus dem Herzen. Aus diesem Grunde unterstellte man Hannibal den gleichen Vernichtungswillen, um das eigene Kriegsziel zu rechtfertigen. Zu allen Zeiten hat die Kriegspropaganda dem Feind Absichten angedichtet, die es erlaubten, Härte zu üben. Es verwundert nicht, daß wir die Ansicht von der Todfeindschaft bei Polybios finden, dem Freund des jüngeren Scipio, der Karthago 146 dem Erdboden gleichgemacht hat. Danach hat auch der junge Mommsen 1854 Hannibal zum Erzfeind Roms stilisiert, der beabsichtigt habe, »der stolzen Stadt den Untergang zu bereiten«. Im Gefolge von Gobineaus Rassenlehre wurden vor 1945 in Deutschland wie zuvor in Frankreich – so bei Littré 1879 – die Punischen Kriege zum Kampf zwischen Ariern und Semiten stilisiert, um die Dramatik ideologisch aufzuladen, ein Irrweg der Historie.

Gegen diese Auffassung vom angeblichen Existenzkampf bieten die Quellen verläßliche Anhaltspunkte. Hannibal soll gemäß Livius gesagt haben, ihm gehe es nur um den Vorrang und die Vormacht, keineswegs um die Zerstörung Roms: *non internecivum sibi esse cum Romanis bellum; de dignitate atque imperio certare.* Hannibal wollte Rom wieder auf Italien oder einen Teil davon zurückstutzen, ein Kriegsziel, wie es hellenistischem Denken entsprach. Keiner der Diadochen im Osten hat je den Versuch unternommen, den Feind völlig zu vertilgen. Hannibal hat nach seinem Sieg bei Cannae zehn gefangene Senatoren mit seinem Reitergeneral Karthalo als Unterhändler nach Rom gesandt. Er bot Verhandlungen an, wurde aber ausgewiesen. Die Römer wollten von einem Frieden nichts wissen, sie gingen aufs Ganze.

Wie hätte ein damals möglicher Frieden ausgesehen? Vermutlich wäre Hannibal einverstanden gewesen, wenn Rom seine außeritalischen Besitzungen aufgegeben und einen Teil seiner Bündnisse innerhalb Italiens gelöst hätte. Hannibal wäre im Triumph nach Karthago zurückgekehrt, hätte eine charismatische Monarchie begründet und die Seeherrschaft über das westliche Mittelmeer ausgeübt. Ein punisches Weltreich, dem römischen vergleichbar, wäre nicht entstanden. Dazu fehlte es den Karthagern an Menschen. In Hannibals Heer gab es kaum punische Offiziere neben Berbern, Iberern, Kelten, Italikern und Griechen im Solde Karthagos. Daher wäre auch keine weitgreifende Phönikisierung zu erwarten gewesen. Karthago war damals stärker hellenisiert als Rom und verkörperte insofern die »überlegene Civilisation«, so Mommsen 1871, die »fortschrittlichere« Macht. Darum wäre eine solche Entwicklung nicht grundsätzlich geschichtswidrig.

Hannibals Verzicht auf den Versuch, Rom zu erobern, muß kein strategischer Fehler gewesen sein. Es könnte auf eine realistische Einschätzung seiner Kräfte zurückgehen. Es gibt gute Gründe für die Annahme, daß eine Belagerung erfolglos geblieben wäre. Hätte er aber sein Kriegsziel erreicht, Rom auf Latium begrenzt und ein stabiles *Imperium Punicum* aufgebaut, so wären die Folgen weitreichend gewesen. Hannibals im Jahre 215 mit Philipp V von Makedonien geschlossenes Bündnis wäre von Dauer gewesen und hätte es letzterem ermöglicht, die Vorherrschaft über Griechenland zu gewinnen, die er erstrebte, und Hellas wieder so weit zu einigen, wie es unter Philipp II, dem Vater Alexanders, schon einmal der Fall war. Italien hätte weiterhin aus mehreren Stadt- und Stammesstaaten bestanden. Es wäre von den Karthagern im Süden, den Makedonen im Osten und den Kelten im Norden eingekreist gewesen, und Rom hätte kein Weltreich errichten können. Die polyzentrische Staatenwelt des hellenistischen Mediterraneums hätte sich erhalten, Weltsprache wäre das Griechische geblieben, Latein eines unter den sechs italischen Idiomen. Die Abwehr der Parther und der Sassaniden wäre später den Königen von Syrien zugefallen.

Eine schwache Aussicht, das Hannibal Mißlungene nachzuholen und den Aufstieg Roms zu verhindern, bot sich später noch einmal. Hannibal, noch nach seiner Kapitulation von 202 in Rom verhaßt, war auf römischen Druck aus Karthago verbannt worden und floh zu Antiochos III dem Großen nach Syrien. Diesem riet er, Rom in Italien anzugreifen. Wäre der König dem Rat gefolgt, anstatt sich auf Euböa dem süßen Leben hinzugeben, so hätte der Kampf um die Weltherrschaft, wie Cornelius Nepos vermerkt, am Tiber stattgefunden und nicht an den Thermopylen, wo der Seleukide 191 den Römern unterlag.

## *Roms Erbe*

Die Folgen, die von einem entscheidenden Sieg Hannibals oder Antiochos' über Rom für Mitteleuropa zu erwarten waren, hat Herder 1787 erörtert. Er setzt sich mit der These auseinander, daß »die Vorsehung den römischen Staat und die lateinische Sprache als eine Brücke aufgestellt habe, auf welcher von den Schätzen der Vorwelt auch etwas zu uns gelangen möchte«. Es geht mithin um die durch Rom hergestellte Kontinuität, um ihre Bedeutung als notwendiges und daher gerechtfertigtes »Glied in der Kette der Kultur«. Herder bestreitet nicht, daß Rom eine Brücke bildete, aber er schreibt sie nicht einer uns wohlgesinnten Vorsehung zu. Denn »die Brücke wäre die schlechteste, die gewählt werden konnte«. Nach seiner Ansicht haben ihre Erbauer bei den Germanen mehr zerstört als zu ihnen hinübergerettet. Herder erinnert an die immensen Blutopfer und Kulturverluste, an die Leiden, Kosten und Übel aller Art, die der Aufbau des *Imperium Romanum* mit sich gebracht hat. Die Völker wurden ihrer Sitten, ihrer Sprachen beraubt, so glaubte er; eine charakterlose Universalzivilisation mit ihren Lastern erstickte jede Nationalkultur, alles Eigenleben. Hat Rom nicht mit seinen Gesetzen und Strafen, so fragt der Autor, »nach tausend Unterdrückungen den Charakter aller überwundenen Nationen so verlöscht, so verderbet, daß statt des eigentümlichen Gepräges derselben zuletzt allenthalben nur der Römische Adler erscheint, der nach ausgehackten Augen und verzehrten Eingeweiden traurige Leichname von Provinzen mit schwachen Flügeln deckte«?

Der Weimarer Generalsuperintendent, schärfster Gegner jeder Form von Imperialismus, beläßt den Römern nicht einmal den ihnen von den Kirchenvätern eingeräumten Ruhm, durch die *Pax Romana* die Ausbreitung des Christentums ermöglicht zu haben. »Es wäre Gottes unwürdig, sich einzubilden, daß die Vorsehung für ihr schönstes Werk, die Fortpflanzung der Wahrheit und Tugend, keine andern Werkzeuge gewußt habe, als die tyrannischen, blutigen Hände der Römer.« Das Christentum erhob sich, wie er meinte, aus eigener Kraft, wenn es sich zuletzt auch unter Constantin und den Päpsten in einen »römisch-christlichen Bastard« verwandelte, der nie hätte entstehen sollen. Wer den Römern eine welthistorische Funktion in der Förderung des Fortschritts zuweise, huldige einer »Philosophie der Endzwecke«, einem Wahn in der Menschen- wie in der Naturgeschichte.

Herder hat seine Argumentation nicht zu Ende gedacht. Wenn er ablehnt, das gut zu finden, was geschehen ist, weil er damit der Geschichte einen höheren Zweck unterstellen würde, so sucht er doch selbst zugleich nach einem tieferen Sinn in einer versäumten Zukunft, indem er das besser findet, was nicht geschehen ist. Nur bemerkt er es nicht, weil er nicht ausführt, was hätte geschehen sollen. Dies ist nachzureichen. Wie hätte Weimar wohl ausgesehen? Eine Ansammlung von strohgedeckten Holzhäusern, bewohnt von kriegerischen blonden Bärenhäutern? Wäre Rom als kriegerische Weltmacht ausgefallen, so wie Herder das wünscht, dann hätten sich die Völker nicht wie in dem von ihm erträumten Blumengarten friedlich nebeneinander zur je arteigenen Blüte entfaltet, sondern es hätte einen blutigen Verdrängungswettbewerb gegeben wie in der freien Wildbahn. Der Kampf um die Macht wäre ohne die Römer nicht entfallen, sondern hätte ohne sie stattgefunden. Eine Ahnung vermittelt die von Tacitus erwähnte Schlacht zwischen der Brukterern an der Ems und ihren Nachbarn mit angeblich 60 000 Toten. Das diente bloß der Kriegsübung. Auch die von Caesar befriedeten Kelten lagen ständig im Kampf untereinander. Sie hatten um die Zeitenwende ihre expansive Phase hinter sich. Ein keltisches Großreich wäre auch ohne die Eroberung Galliens durch Caesar kaum entstanden, da die zerstrittenen Stämme nur kurz im Kampf gegen ihn durch Vercingetorix geeint werden konnten und bald nach einem Sieg über Caesar wieder zerfallen wären. Auch in Oberitalien, in Britannien und Kleinasien bildete sich kein keltisches Imperium.

Expansiv waren damals die Germanen. Schon im Jahre 113 v. Chr. erschienen die Kimbern, Teutonen, Ambronen und Tigurinen aus Dänemark im Voralpenraum, schlugen in der Folgezeit sechs römische Heere und stießen nach Oberitalien vor, wo sie sich festgesetzt hätten, wären sie nicht von Marius besiegt worden. Caesar mußte 58 v. Chr. den Swebenkönig Ariovist aus dem Gebiet der oberen Rhône vertreiben. Dem späteren Vordringen der Germanen nach Westen setzte der Limes eine Grenze, bis er im 3. Jahrhundert dann doch von Franken und Alamannen aufgebrochen wurde. Ohne den Widerstand der Römer wäre die Germanisierung Galliens und Oberitaliens Jahrhunderte früher erfolgt. Ein Motiv für die Völkerwanderung wäre freilich entfallen: der Wohlstand der römischen Provinzen.

Die kulturelle Entwicklung hätte sich unter solchen Umständen erheblich verzögert. Herders Annahme, daß die Völker sich selbständig entfalten, sofern sie nicht gewaltsam überfremdet werden, ist eine romantische Vorstellung. Die historische Betrachtung zeigt, daß Völker immer Einflüsse von außen aufgenommen, voneinander gelernt haben. Die Griechen haben sich Kulturgut aus dem Alten Orient angeeignet, es ausgestaltet und an die Nachbarvölker weitergereicht, nicht zuletzt an die Karthager. Hannibal sprach Griechisch wie Punisch. Wären die Römer, die gelehrigsten Schüler der Hellenen, als Kulturvermittler zu den Germanen entfallen, so hätten die von den Westgriechen ausgehenden Impulse den Weg verstärkt über die hellenisierten Kelten Galliens das Rhônetal aufwärts nach Mitteleuropa genommen, wie sich an den archäologisch dokumentierten griechischen Exporten zu den Kelten bis an die obere Donau und den mittleren Main ablesen läßt. Denkbar wäre ebenso, daß der griechische Einfluß auf Osteuropa sich westwärts die Donau entlang ausgebreitet hätte, so daß an die Stelle des lateinischen Mittelalters eine griechisch geprägte Kultur Europas getreten wäre.

Ein weiterer Zustrom von griechischem Kulturgut gelangte seit dem 7. Jahrhundert v. Chr. von den hellenisierten Etruskern aus der Toskana über die Alpen zu den Kelten und weiter nordwärts zu den Germanen. Das lehren zahlreiche Metallfunde der Hallstatt-Zeit. Aus einem nordetruskischen Alphabet, das sich griechischer Anregung verdankt, hat sich die germanische Runenschrift, das Futhark, entwickelt, das dann in Mitteleuropa durch die lateinischen Buchstaben verdrängt wurde. Vielleicht schrieben wir, wenn Hannibal die Römer bezwungen hätte, in Runen?

*Liberator haud dubie Germaniae*
Tacitus

## 3. Arminius scheitert im Teutoburger Wald

Im Jahre 1555 weilte der flämische Humanist Ogier von Busbeck als Gesandter König Ferdinands von Österreich beim Sultan Suleiman dem Prächtigen in Amasya. Auf dem Weg dorthin entdeckte er an einer Tempelwand in Ankara die längste lateinische Inschrift, das als *Monumentum Ancyranum* bekannte Testament des Augustus, dessen Urschrift auf zwei Bronzetafeln vor dem Mausoleum des Kaisers in Rom geprangt hatte. Der Text, der im Senat verlesen worden war, besagt, Augustus habe die Grenzen Roms bis an die Mündung der Elbe, *ad ostium Albis fluminis*, erweitert. Kein Wort von der Schlacht im Teutoburger Wald. Dort wurde im September 9 n. Chr. genau das verhindert, was der Kaiser erreicht zu haben öffentlich behauptete. Die Schlacht bezeichnet einen Wendepunkt im Verlauf der mitteleuropäischen Vergangenheit.

### *Caesar und Augustus*

Die Vorgeschichte der *clades Variana* reicht zurück bis zum Sieg Caesars über den Swebenkönig Ariovist im Elsaß 58 v. Chr. Caesar ging anschließend zweimal auf hölzernen Brücken über den Rhein, wagte sich jedoch nicht weit nach Germanien hinein. Es blieb bei einer Demonstration der technischen Überlegenheit Roms. Fortan war für die Germanen der Kaiser ein Begriff. Denn dieses Wort übernahmen sie damals, als der Buchstabe *c* noch wie *k* gesprochen, der Diphthong *ae* noch nicht zu *ä* verschliffen wurde. *Kaiser* ist das älteste Lehnwort in der deutschen Sprache.

Caesar zog sich zurück. Der Fluß sollte die Grenze bleiben. Aber er schützte das Reich nicht. Im Jahre 16 v. Chr. fielen die Sugambrer, Usipeter und Tenkterer in Belgien ein, besiegten den Prokonsul Marcus Lollius und erbeuteten den Adler der fünften Legion. Welche Schande! Auf die Schreckensnachricht von der *clades Lolliana* erschien Augustus persönlich in Gallien, verblieb dort drei Jahre und eröffnete 12 v. Chr. mit sechs Legionen den Großangriff auf Germanien. Damit aber hatte er kein Glück. Ein erster Versuch scheiterte mit dem Unfalltod seines Stiefsohns Drusus, der auf seinem vierten Feldzug 9 v. Chr. nach Germanien ohne Schwierigkeiten »alles verwüstend« die Elbe erreicht hatte. Hier trat ihm ein riesiges Germanenweib in den Weg, forderte ihn zur Umkehr auf und verhieß ihm den baldigen Tod. Wenig später stürzte Drusus vom Pferd, brach sich ein Bein und starb. Dies war ein erster Zufall, der die Romanisierung Germaniens behindert hat.

Unter dem Nachfolger im Oberbefehl, Tiberius, dem Bruder des Drusus, kam es zum Bau der Lippe-Kastelle, der Anlage von Stützpunkten in der Wetterau und den ersten Stadtgründungsversuchen, literarisch bezeugt bei Cassius Dio, archäologisch belegt bei Waldgirmes zwischen Gießen und Wetzlar an der Lahn. Hätte dieser Ort die Hauptstadt der *Germania Magna* werden sollen? Bessere Chancen hätte wohl Mattium gehabt, das Stammeszentrum *(caput gentium)* der Chatten nördlich der Eder bei Kassel. Die Römer haben mit Vorliebe ältere Hauptorte ausgebaut. Neben den Cheruskern wären die Chatten die wichtigste Stütze Roms geworden. Sie werden von Tacitus für ihre Disziplin gelobt, vermutlich übernommen vom Vorbild der benachbarten Römer. Jedenfalls schien die Errichtung einer rechtsrheinischen Provinz Germania in greifbare Nähe gerückt. Übertrieben ist freilich die Behauptung bei Cassius Dio, alle Stämme zwischen Rhein und Elbe hätten sich unterworfen. Die auch damals schon erkennbare Unwirtlichkeit des Landes war kein Hinderungsgrund für den Versuch einer Eroberung. Der Historiker Florus, der die zivilisatorischen Erfolge der Römer in Germanien hervorhebt, bemerkt: Selbst das Wetter wurde dort besser.

Dann aber überwarf sich Tiberius mit seinem Stiefvater und zog sich 6 v. Chr. nach Rhodos zurück. Dieses zweite Mißgeschick im Kaiserhause verzögerte die Unterwerfung Germaniens. Wir hören gleichwohl von weiteren Zügen an die Elbe, so dem von Domitius Ahenobarbus, dem Großvater des späteren Kaisers Nero, und sodann wieder von dem Zug des Tiberius, der 4 n. Chr. nach zehn Jahren Exil in Rhodos an den Rhein zurückgekehrt war. Strabon überliefert das Verbot von Augustus, die Elbe zu überschreiten, und bezeugt, daß der Kaiser damals statt des Rheins die Elbe als Grenze im Auge hatte.

## *Die Statthalterschaft des Varus*

Als der mit Augustus verschwägerte Proconsul Quinctilius Varus um 7 n. Chr. den Oberbefehl am Niederrhein erhielt, soll er sich im Sommerlager an der Weser bereits wie ein Statthalter und Gerichtsherr hochmütig aufgeführt und damit den Unmut der Germanen ausgelöst haben. An ihre Spitze trat Arminius, ein Fürstensohn der Cherusker, die westlich der mittleren Weser lebten. Nach einem Friedensschluß mit Augustus hatte sein Vater Segimer, einer ihrer *principes,* seine beiden Söhne den Römern als Geiseln gestellt. Sie erhielten lateinische Namen, Arminius und Flavus, und dienten in den Hilfstruppen. Arminius stieg auf zum Offizier, erwarb das römische Bürgerrecht und sogar den Ritterrang im *ordo equester,* die Vorstufe zur Senatorenwürde. Wahrscheinlich hatte er sich bei der Niederwerfung des Pannonischen Aufstandes 6 bis 9 n. Chr. ausgezeichnet, jedenfalls beherrschte er die lateinische Sprache und die römische Kriegskunst. Eben dieses wurde ein wesentlicher Grund seines späteren Erfolgs. Das meinte später auch Hitler in der Wolfsschanze am 16. Mai 1942. Hätten die Römer ihren Todfeind nicht selbst großgezogen, so der »Chef«, wäre er ihnen nicht fatal geworden. Einen solchen Fehler dürfe man nicht wiederholen. Daher weigere er sich, dem Drängen der Tschechen nach einer Nationalarmee nachzugeben. Auch wenn diese sich zunächst den Deutschen unterordne, könne sie doch eines Tages zu den Russen übergehen. Eine realistische Ahnung!

Offen ist die Frage, was Arminius dazu bewogen hat, die Fronten zu wechseln. Warum blieb er nicht wie sein Bruder, sein Vater und sein späterer Schwiegervater Segestes in römischen Diensten und kämpfte so wie in Pannonien zuvor weiter für die Sache des Kaisers? Das Verständnis für den Seitenwechsel erleichtern wir uns durch einen Blick auf die Parallelen, denn Arminius war als Abtrünniger kein Einzelfall. Sein Zeitgenosse Marbod, einst persönlicher Günstling von Augustus, kehrte zu seinem Volk, den swebischen Markomannen, zurück und führte sie nach Böhmen, als Drusus drohte, Germanien zu erobern. Julius Civilis, unter Nero römischer Offizier, erhob sich nach dessen Tod mit seinen Landsleuten, den Batavern am Niederrhein, gegen die römische Herrschaft. Beispiele dieser Art gibt es bis in die Spätantike. Bei Arminius kommt ein individuelles Motiv hinzu. Die Quellen geben den Hinweis auf den hochfahrenden Charakter des Varus und sein empörendes Mißregiment in Germanien. Dies könnte in der Tat den Ausschlag für die Erhebung der Germanen und den Gesinnungswandel des Cheruskers gegeben haben.

Die Ernennung des Varus zum Legaten für Germanien durch Augustus war jedenfalls ein drittes Unglück für Rom, eine verhängnisvolle Entscheidung. Hätte Augustus mehr Menschenkenntnis bewiesen und eher fachliche Qualitäten als Familieninteresse walten lassen, dann hätte er anstelle von Varus, der eine Großnichte des Kaisers zur Frau hatte, einen tüchtigeren Mann in die schwierige Provinz geschickt. Varus hatte sich schon als Statthalter von Syrien durch Brutalität hervorgetan. Im Jahre 4 v. Chr. bekämpfte er einen Aufstand der Juden, der sich ursprünglich gegen den Herodessohn Archelaos richtete, mit unerhörter Härte. Sepphoris wurde eingeäschert, die Bevölkerung versklavt, Emmaus wurde niedergebrannt, das Land den arabischen Hilfstruppen zum Plündern überlassen. 2000 Juden starben am Kreuz. War das der richtige Mann für die Germanen?

Hätte Augustus einen integeren Mann mit Augenmaß und Weitsicht an die Weser entsandt, so hätte sich der so hoffnungsvoll angelaufene Prozeß einer friedlichen Romanisierung fortsetzen können. Arminius, der, wie sich zeigen sollte, militärisch und politisch beste Kopf in Germanien, wäre Rom treu geblieben, und sein Beispiel hätte auf seine Landsleute gewirkt. Germanien wäre tatsächlich bis zur Elbe Provinz geworden, und wir könnten uns die Überlegungen sparen, was aus einem Sieg des Varus im Teutoburger Wald geworden wäre. Doch es hat nicht sollen sein. Also zurück zur Realgeschichte.

## *Arminius und Germanicus*

Arminius gehörte zum Gefolge des Varus und tafelte mit ihm im Sommerlager an der Weser. Das Gelingen der von Arminius organisierten Verschwörung im Rücken der Römer hing an einem seidenen Faden. Denn sie blieb den römertreuen Germanen im Gefolge des Varus nicht verborgen. Dieser wurde nachdrücklich gewarnt. Segestes, schon damals Gegner des Arminius, verbürgte sich mit seiner Freiheit für die Richtigkeit seiner Behauptung, Arminius übe Verrat. Wenn Varus sie ernst genommen hätte, dann hätte er die Falle vermieden, in die ihn Arminius lockte. Das wäre einem Sieg über die Cherusker gleichgekommen.

Varus aber ging den Germanen ins Garn. Arminius berichtete dem Feldherrn von der angeblichen Empörung eines Germanenstammes, der durch einen kleinen Umweg des Heeres auf dem Rückmarsch von der Weser ins Winterlager Vetera bei Xanten niedergeworfen werden könne. Varus folgte dem Vorschlag, bog von der Heerstraße nach Norden ab und geriet unter der Führung germanischer Verschwörer in schwieriges Gelände. Unter dem Vorwand, Verstärkung heranzuholen, entfernte sich Arminius von der Truppe und erschien bei seinen Leuten. Er hatte es verstanden, außer den Cheruskern Angehörige von zehn weiteren Stämmen für die Teilnahme an dem Kampf zu gewinnen. Wie er das angesichts seines Dienstes bei Varus geschafft hat, ist ebenso rätselhaft wie die Tatsache, daß die Germanen in gehöriger Zahl zum bestimmten Zeitpunkt am geplanten Ort des Überfalles versammelt waren.

Wie die Funde bei Kalkriese nördlich von Osnabrück zeigen, war der Hinterhalt sorgfältig vorbereitet. Das römische Heer mußte den Engpaß zwischen dem Großen Moor und dem bewaldeten Kalkrieser Berg passieren, wo die Germanen hinter eilig aufgeworfenen Erdwällen lauerten. Diskutiert wird noch eine alternative Deutung jener Bodenfunde, ihre Verbindung mit dem Rückzug des Caecina 15 n. Chr., doch weisen die Gegenstempel mit dem Namen des Varus auf einigen Sesterzen und die Knochengruben, die auf die Nachbestattung der Legionäre durch Germanicus zurückgehen dürften, darauf hin, daß Kalkriese eben doch mit den Ereignissen 9 n. Chr. zusammenhängt.

Eine regelrechte Schlacht gab es dort nicht. Die Germanen hätten sie verloren, bevor die Fronten aufeinandergestoßen wären, weil sie keine nennenswerten Fernwaffen besaßen. Es war ein Überfall auf die römischen Marschkolonnen von der Seite. Dichter Wald, sumpfiger Boden und schlechtes Wetter waren die wichtigsten Bundesgenossen der Cherusker. Varus hatte keine Chance und nahm sich das Leben. Seine Niederlage und der Untergang seiner drei Legionen nebst den zugehörigen Hilfstruppen und dem Troß, insgesamt etwa 20 000 Mann, wurden in Rom als Katastrophe empfunden. Die Klage des Kaisers *Redde legiones!* – Varus, gib mir meine Legionen wieder! – wurde zum geflügelten Wort. Hatte Augustus doch die Verluste des unmittelbar vorausgegangenen Krieges in Pannonien noch nicht verschmerzt!

Augustus verzichtete auf den fälligen Gegenschlag, der nötig gewesen wäre, um die römische Ehre wiederherzustellen. Während die in der Schlacht bei Carrhae 53 v. Chr. an die Parther verlorenen Legionsadler von den römischen Dichtern als unerträgliche Schmach betrachtet wurden und daher von Augustus durch eine glaubhafte Kriegsdrohung zurückgewonnen wurden, unternahm er nichts im Hinblick auf die drei Legionsadler im Besitz der Germanen. Er übertrug seinem inzwischen adoptierten Stiefsohn Tiberius nochmals das Kommando am Rhein, gestattete ihm auch im Jahre 11, den Strom ein weiteres Mal zu überschreiten, entschloß sich dann aber eingedenk des germanischen Widerstandes, die Offensive abzubrechen und die Rheingrenze beizubehalten. Der Historiker Florus resümiert: Die Niederlage hatte zur Folge, daß unser Imperium, das sogar über den Ozean hinausgriff, am Ufer des Rheines zum Stehen kam.

Erst kurz vor dem Tod des Augustus, fünf Jahre nach der *clades Variana,* und in den ersten Jahren des Tiberius kam es nochmals zu einem Revanche-Versuch. Die drei mehr oder weniger eigenmächtigen Raub- und Rachezüge des Prinzen Germanicus der Jahre 14, 15 und 16 gegen Arminius hatten kein kriegsentscheidendes Ergebnis. Sie waren hingegen verlustreich, zumal der letzte im Jahre 16, als die römische Flotte in der Nordsee bei einem Seesturm Schiffbruch erlitt. Selbst der Wettergott stand, wie schon im Teutoburger Wald, auf seiten der Germanen. Wenn Tiberius seinem Neffen noch einen einzigen Sommerfeldzug zugestanden hätte, so meinte dieser, wäre die Unterwerfung Germaniens gelungen.

Der Kaiser aber zweifelte an einem möglichen Erfolg, und das mit gutem Grund, denn anders als Augustus kannte er die Germania Magna aus eigener Erfahrung. Ohne Bodenschätze, ohne Anbauflächen, ohne Wasserwege nach Osten erschien das bewaldete Land kein lohnendes Ziel fortgesetzter Expansion. Die germanische Bevölkerung erwies sich als weiterhin widerspenstig, es gab keinen romfreundlichen Stamm rechts des Rheins, auf den man sich hätte verlassen können so wie Caesar einst auf die gallischen Häduer.

Roms Siege fruchteten nichts. *Tam diu Germania vincitur* heißt es bei Tacitus um 100 n. Chr. »So lange schon wird Germanien besiegt«. Zu ergänzen: ohne Erfolg. Ähnlich praktische Erwägungen führten später zum Verzicht auf die Annexion Schottlands nördlich der Antoninusmauer. Anders stand es mit Pannonien. Zwar hatten auch die Berge Illyriens wenig zu bieten, doch forderte die Nähe zu Italien aus geostrategischen Überlegungen eine Unterwerfung des Landes. Nicht so im fernen Germanien. Tiberius bestand auf einem Rückzug hinter den Rhein, so daß

Tacitus drei Generationen später den Cherusker als *liberator Germaniae* bezeichnen konnte. Germanien blieb germanisch.

## *Der Versuch einer Staatsbildung*

Betrachten wir zunächst die wirklichen und die möglichen Folgen der *clades Variana* für die inneren Verhältnisse Germaniens. Nach dem Abzug der Römer stand Arminius auf dem Gipfel seines Ansehens. Er trat nun nicht mehr zurück in die Stellung als Adliger und Gleicher unter Gleichen, sondern erstrebte einen Primat im gesamten Germanien. Schon den Kampf gegen die Römer hatte er ja nicht im Namen der Cherusker, sondern als Germane geführt, wie die Quellen unmißverständlich aussagen. Um seinen Geltungsanspruch durchzusetzen, wandte sich Arminius gegen den Markomannenkönig Marbod in Böhmen, den zweiten großen Mann in Germanien.

Marbod hatte einen ersten Versuch zu einer germanischen Staatsbildung unternommen. Wie Arminius hatte auch er die römische Militärschule durchlaufen. Er errichtete sodann eine feste Residenz, verfügte über eine nach römischem Vorbild geschulte Garde, ein Aufgebot von 70 000 Fußkämpfern und 4000 Reitern. Aufschlußreich ist, daß er überhaupt wußte, wie viele Leute ihm gehorchten. Er besaß, wie es heißt, einen gesicherten Oberbefehl *(certum imperium)* und königliche Gewalt *(vis regia)*, seine Boten verhandelten mit dem Kaiser auf gleichem Fuß *(pro pari loquebantur)*. Ihm schickte Arminius den Kopf des Varus und forderte ihn zum Kampf heraus. Im Jahre 17 besiegte er ihn. Damit war Arminius der berühmteste und mächtigste Mann in Germanien. Wenige Jahre später aber vollendete sich seine Laufbahn. Seine eigenen Leute ermordeten ihn. Sie wollten sowenig von ihm wie von den Römern beherrscht werden.

Arminius starb 21 n. Chr. mit 37 Jahren. Man verdächtigte ihn, nach der Königsherrschaft zu streben, gewiß nicht zu Unrecht. Sein Problem war der Adel. Damals zeigte sich zum ersten Mal eine politische Grundkonstellation der deutschen Geschichte, der Konflikt zwischen dem herrschaftlichen und dem genossenschaftlichen Prinzip. Auch Marbod wurde von seinen Großen gestürzt. Der Vandalenkönig Geiserich saß erst fest im Sattel, nachdem er eine Adelsverschwörung blutig unterdrückt hatte. Der Frankenherrscher Chlodwig entledigte sich seiner königlichen Rivalen eigenhändig. Lassen wir nun unsere historische Phantasie spielen: Arminius beseitigt seine adlige Opposition, lebt und regiert noch 30 Jahre. Es gelingt ihm sogar, eine Dynastie zu gründen. Seine Frau Thusnelda war als schwangere Frau im Jahre 15 in die Gefangenschaft des Germanicus geraten und bei dessen Triumph in Rom am 26. Mai 17 samt ihrem Söhnchen Thumelicus mitgeführt worden. Arminius, so wäre vorstellbar, bittet Tiberius um Rückgabe der beiden und erreicht sie mit dem Angebot eines Föderatenvertrags und vor allem mit der prestigeträchtigen Gegengabe des dritten Legionsadlers. Die beiden anderen hatte schon Germanicus zurückgewonnen und bei seinem Triumphzug mitgeführt. Auch den Hildesheimer Silberschatz, das Tafelsilber des Varus, hätte er anbieten können, doch war das schon den germanischen Göttern geweiht und am Hildesheimer Galgenberg vergraben worden, wo es 1868 von preußischen Musketieren gefunden wurde.

Wie nahe eine Staatsbildung durch Arminius lag, lehrt die Nachricht, daß die Volksversammlung der Cherusker im Jahre 47 Kaiser Claudius bat, den in Rom lebenden Sohn des Flavus namens Italicus als Angehörigen der cheruskischen Königsfamilie, der *stirps regia*, nach Germanien zu schicken. Man wünschte einen König von edlem Geblüt. Thumelicus war offenbar nicht mehr am Leben. Er hatte laut Tacitus in Ravenna ein trauriges Ende gefunden, nachdem er zum Gespött geworden war. Vermutlich starb er als Gladiator in der Arena. Italicus sollte den Cheruskern inneren Frieden bringen, konnte sich aber nicht behaupten. Arminius wäre das jedoch zuzutrauen gewesen. Über eine dynastische Kontinuität hätte den Nachfahren des Arminius schon das gelingen können, was 500 Jahre später der Familie des Chlodwig glückte. Nicht mit den Merowingern hätte dann die Tradition der Staatlichkeit im deutschen Raum begonnen, sondern mit Arminius. Die Cherusker sind ja später in den Sachsen aufgegangen, so daß statt der Franken die Sachsen der führende Stamm geworden wären, wie es unter den Ottonen später geschah. Als Hauptort des Arminius-Reiches käme Marklo bei Nienburg an der Weser in Betracht, wo im 8. Jahrhundert die Abgeordneten der drei Stände aller sächsischen Gaue das »erste Parlament der Weltgeschichte« bildeten. Ein reizvolle Perspektive – doch es kam anders. Nun zurück zur Geschichte!

## *Die Romanisierung Germaniens*

Theodor Mommsen nannte die *clades Variana* 1871 einen »Wendepunkt der Weltgeschichte«. Es sei derjenige Moment gewesen, an dem die Fluthöhe der römischen Außenpolitik in die Ebbe überging. Schon den Zeitgenossen war die Bedeutung der Schlacht bewußt. Zehn antike Autoren beschreiben oder erwähnen sie. Man empfand es als bemerkenswert, daß Rom auf der Höhe seiner militärischen Leistungsfähigkeit eine solche Schlappe hinnehmen mußte. Die weitreichende Wirkung der Schlacht steht außer Frage. Dennoch ist diese Sicht an die kontrafaktische Zusatzannahme geknüpft, daß eine Niederlage des Arminius die Romanisierung Germaniens zur Folge gehabt hätte. Das aber ist keineswegs ausgemacht. An der Armut und der Unwirtlichkeit des Landes sowie an dem Kriegsgeist, dem Freiheitsdrang und der Fruchtbarkeit seiner Bewohner hätte sich durch einen Sieg des Varus nicht viel geändert. Darum hätte einige Jahre später seinen Nachfolger das gleiche Schicksal treffen können, das er selbst erlebt hat. Das lehrt die schon erwähnte Erhebung des Batavers Julius Civilis, der 69 n. Chr. seine Landsleute und die Stämme am Niederrhein gegen Rom zu den Waffen rief. Er wollte Gallien befreien. Er erinnerte seine Leute an die Heldentat des Arminius und plante ein gallisch-germanisches Imperium. Civilis konnte nach bemerkenswerten Anfangserfolgen links des Rheins nur mit Mühe von den Römern niedergekämpft werden. Die Bataver waren der Kernstamm der späteren Franken, die unter Chlodwig den Plan des Civilis verwirklichen konnten. Es kommt eben nicht selten vor, daß bedeutsamen historischen Leistungen erfolglose Versuche um Jahrhunderte vorausgegangen sind.

Der bejahrte Augustus, damals 72 Jahre alt, hat vor Arminius kapituliert, mußte es aber nicht. Trotz der Schwierigkeiten, die Germanen zu bezwingen, hätte bei einem höheren Einsatz der Römer die Eroberung gelingen können. Gemäß dem Urteil des Cassius Dio hätte Augustus das durchaus vermocht. Aber er hatte genug. Nach dem inzwischen dreißigjährigen Krieg um Germanien gab Tiberius auf. Es lag an seinem subjektiven Entschluß, nicht an einem objektiven Mangel an Kräften. Schließlich gab es zur Zeit der Bürgerkriege einmal 75 Legionen, und zu Beginn der Herrschaft des Augustus standen noch immer fünfzig Legionen unter Waffen. Daher lag, zumal bei einem anderen Ausgang der Teutoburger Schlacht, eine Provinzialisierung Germaniens im Bereich des Möglichen. Das gestattet Erwägungen über die unter diesen Umständen weitgehenden Folgen.

Eine kühne These im Hinblick auf die Geschichte Roms vertrat Max Weber in Freiburg 1896. Er glaubte, die römische Wirtschaft habe auf Sklavenarbeit beruht, und für den Nachschub seien die Gefangenen der als Menschenraub betriebenen Expansionskriege erforderlich gewesen. Diese aber seien nach der *clades Variana* nicht mehr im alten Stil weitergeführt worden. Die Folge sei ein Arbeitermangel gewesen, an dem das Imperium zuletzt zugrunde gegangen sei. Daher sah er in der Teutoburger Schlacht den Anfang vom Ende des Römischen Reiches. Es hätte mithin nach seiner Ansicht ohne jene Niederlage überdauert.

Webers These ist durch eine Reihe von Einwänden und erforderlichen Zusatzannahmen belastet, die sie unhaltbar machen. Die römische Wirtschaft der Kaiserzeit florierte auch ohne Sklavenimporte, die Arbeit verrichteten Freigelassene und Kolonen. Die entstehende sklavenlose Latifundienwirtschaft, so Weber, habe nur noch Reiterheere aufzustellen gestattet, mit denen man ein Weltreich nicht habe verteidigen können. Wieso eigentlich nicht? Die Sassaniden in Persien vermochten es.

Gravierende Folgen jedenfalls hatte die Teutoburger Schlacht für die germanische Kulturgeschichte. Zunächst ist allerdings zu bedenken, was der Sieg des Arminius nicht verhindert hat. Die Nachbarschaft der zivilisatorisch haushoch überlegenen römischen Provinzen erlaubte das Kennen- und Schätzenlernen zahlreicher technischer Errungenschaften; sie bewirkte einen kulturellen Lernprozeß, der sich nicht zuletzt in den etwa 600 deutschen Lehnwörtern aus dem Latein niedergeschlagen hat. Denken wir nur an das Baufach mit den Lehnwörtern *Ziegel*, *Mörtel* und *Mauer*; an die Landwirtschaft mit *Wein*, *Pflanze* und *Frucht*; an das Bildungswesen mit *Schrift* und *Schule*, *Tinte* und *Tafel*, *Stil* und *Papier*.

Ohne Frage aber wäre der Zivilisationsprozeß unter römischer Herrschaft rascher verlaufen. Mit Sicherheit wären in Germanien, so wie in Gallien und anderen Provinzen, Straßen und Brükken, Städte und Wasserleitungen entstanden. Das Latein hätte dominiert. So wie das Keltische wäre das Westgermanische verschwunden oder wenigstens in Grenzräume abgedrängt worden. Dutzende von Sprachen sind im Laufe der Römerherrschaft erloschen, obschon die Kaiser das keineswegs gefördert oder gar veranlaßt haben. Aber man schrieb im Reich bis in die Spätantike ganz überwiegend Latein oder Griechisch. Die schriftlosen Völker gingen – verstärkt mit der Christianisierung – zu einer der beiden Hochsprachen über. Unter römischer Herrschaft wären die germanischen Sprachen Deutsch, Niederländisch und Englisch nicht entstanden. Damit hätten die Germanen, wie Ranke das 1854 formulierte, »ihre ganze Ursprünglichkeit eingebüßt«. Das spätrömische Vulgärlatein hätte sich in Mitteleuropa zu einer weiteren romanischen Sprache entwickelt – nennen wir dieses nie entstandene Idiom Teutoromanisch!

Beträchtliche Vorteile waren für Rom bei einer Provinzialisierung Germaniens auf dem militärischen Sektor zu erwarten. Die Romanisierung hätte aus teutonischen Bärenhäutern römische Legionäre gemacht. Die Westgermanen wären so wie die Kelten vollzählig in die römische Armee integriert worden. Das militärische Potential der späteren Franken und Alamannen, der Sachsen und Thüringer wäre damit den Römern in sehr viel weiterem Umfang, als es später durch das Söldnerwesen tatsächlich geschah, zugute gekommen. Es hätte vermutlich ausgereicht, die Angriffe der Goten und Vandalen, der Hunnen und Langobarden im 5. und 6. Jahrhundert abzuwehren. Das Imperium hätte mit germanischer Hilfe die Turbulenzen der Völkerwanderung überdauert, wohl auch dem Angriff der Slawen und Awaren, der Araber und Türken standgehalten.

Die Kaiserwürde, die ja vom Heer vergeben wurde, wäre lange vor Karl dem Großen an die Germanen übergegangen. Hat es doch in der Spätantike zehn derartige Versuche gegeben! Als Anwärter auf den Kaiserthron oder kurzzeitige Inhaber nennen die Quellen die Franken Proculus (280), Magnentius (350) und Silvanus (355), den Vandalen Eucherius, Stilichos Sohn (408), den Goten Johannes Primicerius (425) sowie die germanisierten Alanen Aspar (457) und Patricius (471) und schließlich den Thüringer Thela, den Sohn Odovacars (493). Sie alle sind gescheitert. Die Gründe sind unterschiedlich, aber stets spielte das Barbarenargument eine Rolle. Wären die Germanen bereits unter Augustus Reichsangehörige geworden, so wären sie in der Spätantike so weit romanisiert gewesen, daß man bei ihnen ebensowenig weiterhin von Barbaren gesprochen hätte wie bei den Kaisern aus Thrakien, Syrien oder Illyrien.

Hätte das Imperium, auf Mitteleuropa ausgedehnt, fortbestanden, so wäre das »finstere« Mittelalter entfallen, das Altertum hätte angedauert und nahtlos, ungebrochen durch die Völkerwanderung, in die Neuzeit hinübergeführt. 1882 erklärte Ernest Renan das Mittelalter für einen langen Stillstand: *La vie humaine est suspendue pour 1000 ans*. Überspringen wir diese angeblich tote Zeit, so könnten wir heute in unserer technisch-zivilisatorischen Entwicklung tausend Jahre weiter sein. Wäre das zu wünschen? Versuchen wir nur einen Blick auf die kommenden hundert Jahre, auf das Wachstum der Ballungsgebiete, die Zunahme des Verkehrs, die Versiegelung des Erdbodens, die Abnahme der Ressourcen, den beschleunigten Artenschwund in der Tierwelt, die Abholzung des tropischen Regenwaldes, die Bevölkerungsexplosion mit der in Gang befindlichen, schleichenden Völkerwanderung und die ausufernde Vermehrung der Gesetze, Verordnungen und Vorschriften seitens einer bürokratischen Verwaltung, an der schon die späten Römer zu ersticken drohten, ehe die Germanen erschienen und nicht nur die Steuerlisten verbrannten. Max Weber erkannte im fränkischen Fronhof eine soziale Gesundung gegenüber der römischen Sklavenkaserne; und Burckhardt sah, gegen Renan gewandt, im Mittelalter eine heilsame Entschleunigung des zivilisatorischen Fortschritts, eine Verjüngungsphase. »Hätte es die Erdoberfläche ausgenützt wie wir, so wären wir vielleicht gar nicht mehr vorhanden.«

Zu bedauern ist freilich der immense Verlust an römischen und griechischen Kulturgütern in der Völkerwanderungszeit. Um die kriegsbedingten Zerstörungen wegzudenken, müssen wir eine Fortdauer der *Pax Romana* voraussetzen. Das aber ist wenig wahrscheinlich, denn es gab bisher keinen Zustand äußeren Wohlbefindens, der die Menschen auf Dauer zufriedengestellt und ihnen die Lust genommen hätte, Veränderungen vorzunehmen, die oft genug gewaltsam erfolgten. Dies dennoch einmal angenommen, so hätte sich in dieser nachantiken Friedenszeit das Zehnfache an Literatur und Kunst der Griechen und Römer erhalten. Es wäre keine Renaissance, kein Humanismus erforderlich gewesen, um die antike Kulturhöhe wieder zu erreichen.

Allerdings sollten wir dabei das von Jacob Burckhardt ins Feld geführte Kompensationsprinzip nicht außer acht lassen. Denn wohlgesättigt an literarischen und künstlerischen Meisterwerken, hätte die nachantike Gesellschaft kaum weiterer Werke bedurft; der in der Renaissance so mächtige Anreiz, als Ersatz für den spät- und nachantiken Kulturverlust Neues zu schaffen, wäre entfallen. Insofern hat nicht nur das erhaltene, sondern auch das verlorene Kulturgut stimulierend gewirkt. Schwierig freilich ist die Frage zu beantworten, ob es unter römischen Vorzeichen ein Zeitalter der Entdeckungen, eine Aufklärung, eine Industrialisierung gegeben hätte. Da diese Vorgänge die Existenz der europäischen Völker voraussetzen, wird man zweifeln dürfen. In diesem Falle wären wir doch nicht tausend Jahre weiter.

## *Ein byzantinisches Mitteleuropa*

Wie aber hätte ein nachantikes Imperium Romanum ausgesehen? Das könnte ein Blick auf Byzanz verraten. Die kulturellen Leistungen der Byzantiner sollen nicht geschmälert werden, aber ein permanenter Byzantinismus bis zur Nordsee und zum Atlantik, eine bis heute fortwährende Spätantike ist keine unbedingt attraktive Alternative zum europäischen Mittelalter und der Neuzeit. Das Erbe der hellenistischen Wissenschaft wurde nicht in Byzanz, sondern von den Arabern fortentwickelt; die orthodoxen Klöster waren keine Forschungszentren wie die großen Benediktiner-Abteien im Abendland, keine Zentren der Gelehrsamkeit. Das Herrschaftsgebiet von Ostrom unterlag einem nur zeitweise unterbrochenen Schrumpfprozeß, es war politisch ein Auslaufmodell.

Die von uns auf eine Fortdauer der antiken Kultur gesetzten Hoffnungen werden getrübt durch die mit ihr verbundenen Schattenseiten. Vermutlich hätte die spätrömische Dekadenz auch den germanischen Raum ergriffen, so die Lust der städtischen Massen an Gladiatorenkämpfen und Wagenrennen, an warmen Bädern und am Müßiggang der Sklavenhaltergesellschaft. Die verhängnisvollste Begleiterscheinung des prosperierenden Kaiserfriedens und der spätrömischen Verstädterung aber war der Verlust der kriegerischen Abwehrkräfte. In Rom mußte schon Augustus gegen Wehrdienstverweigerer einschreiten. In der Spätantike haben kritische Zeitgenossen wie Ammianus Marcellinus, Synesios von Kyrene und Salvian von Massilia gesehen und beklagt, daß die Römer trotz ihrer ungeheuren Überzahl im Kampf gegen die vergleichsweise kleinen Heere der Goten und Franken, Alamannen und Vandalen so kläglich versagten. Die Römer waren friedliebend und unkriegerisch geworden. Genau das aber wäre auch den romanisierten Germanen nicht erspart geblieben, wie es das Schicksal der ihnen nächstverwandten Kelten in Gallien lehrt, die einst einem Caesar mannhaft Widerstand geleistet hatten, aber im 5. Jahrhundert den Franken, Burgundern, Alamannen und Vandalen nichts Nennenswertes mehr entgegenzusetzen hatten.

Bezeichnend ist die Situation in Nordafrika. Als im Jahre 429 Geiserich dort mit allenfalls 20 000 vandalischen und alanischen Kriegern erschien, fand er in dem reichen, von mehreren Millionen bewohnten Land mit über 400 Städten keinen ernsthaften Widerstand. Man wartete dort auf ein römisches Heer zum Schutz gegen die Fremden oder aber einen Kaiserbrief aus Ravenna, der ihren Anführer zum *magister militum Africae*, zum römischen Heermeister für Afrika, ernannte. Entsprechend verfuhr man mit den Fürsten der Franken, Goten und Burgunder und legalisierte deren Machtposition, die man nicht verhindern konnte. Nach vier Generationen im Luxus der römischen Provinz lebend, verloren die Vandalen ihren Kriegsgeist und unterlagen 533 dem byzantinischen Feldherrn Belisar in zwei Schlachten.

Wenn uns heute eine Permanenz der *Pax Romana* anstelle der Ritterwelt und der Ketzerprozesse des Mittelalters durchaus wünschenswert erscheint, so vergessen wir gerne die mutmaßlichen Folgen. Wahrscheinlich wäre in Mitteleuropa wie im Römerreich als Wirkung des Dauerfriedens zugleich die Fähigkeit zur Verteidigung eben dieser Friedensordnung verlorengegangen. Auch hier wäre ein Defensivpotential verkümmert. Das ländlich geprägte Mittelalter hat einen kriegerischen Geist bewahrt und gegen die Angriffe aus dem Osten, gegen Awaren und Ungarn, gegen die Tataren und Türken erfolgreich ins Feld gestellt. In der vorindustriellen Kriegsgeschichte sind Truppen ländlicher Herkunft gewöhnlich die stärkeren gewesen. Das lehren die Erfolge der Germanen, der Hunnen und Araber gegenüber den urbanisierten Mittelmeerländern, wie schon der arabische Philosoph Ibn Chaldun im 14. Jahrhundert bemerkte. Städter verweichlichen. Konstantinopel bestätigt das: Die reiche Stadt vertraute auf Söldner und befand sich zumeist hilflos in der Defensive gegen kulturell tieferstehende Nachbarn, gegen Bulgaren und Slawen im Westen, gegen Araber und Türken im Osten, denen Konstantinopel 1453 schließlich erlegen ist, erliegen mußte.

Wäre statt der Germanen einem von den genannten asiatischen Völkern die Rolle der Barbaren zugefallen, das morbide Imperium Romanum zu zerschlagen, dann allerdings hätte sich die

Krise der Völkerwanderung ein halbes Jahrtausend später nun doch abgespielt, wahrscheinlich mit noch größeren Kulturverlusten. Denn die Germanen waren nicht nur Feinde der Römer, sondern auch ihre Schüler. Ob man diese Lernbereitschaft ebenso für die zentralasiatischen Völker vermuten darf, ist nicht sicher. In jedem Falle hätte ein durch die Romanisierung Germaniens erzielter Fortbestand des Reiches die Entstehung der europäischen Völker in ihrer kulturellen Vielfalt verhindert. Das hätte nicht zuletzt – *horribile dictu* – die Entwaldung Mitteleuropas zur Folge gehabt, da ja der Holzbedarf im Römerreich schon durch jahrhundertelangen Raubbau in der Spätantike nicht mehr zu decken war.

Die Frage, ob der Sieg des Arminius zu begrüßen oder zu bedauern sei, ist nicht eindeutig zu beantworten. Schon die Zeitgenossen standen vor der Entscheidung: Römischer Friede oder germanische Freiheit? Wenn wir heute, vor die Wahl gestellt, den Frieden der Freiheit vorziehen, so muß das nicht beweisen, daß wir, an den Wohlstand gewöhnt, wiederum einen Mentalitätswandel hinter uns haben, der an die postheroische Dekadenz der späten Römer gemahnt. Frieden hat einen anderen Klang bekommen, seit der Krieg zur Massenvernichtung geworden ist. Das hat die Balance zwischen den beiden Idealen verschoben. Dessen eingedenk, wird die Option des Arminius und seiner Leute zugunsten der Freiheit leichter verständlich. Im Urteil über seinen Sieg gehen wir von den mutmaßlichen Folgen seiner nicht erlittenen Niederlage aus, die sich unterschiedlich konstruieren lassen. Nur in Abwägung der verschiedenen denkbaren Auswirkungen des Ungeschehenen ist eine vertretbare Bewertung des Geschehenen zu erzielen. Sie sollte in unserem Fall nicht zu einem Korrekturwunsch an der Geschichte führen, den 1518 der Schweizer Humanist Vadianus angedeutet hat. Wären in dem besiegten Germanien römische Städte entstanden, so meinte er, dann hätte es gewiß auch ruhmvolle lateinische Autoren germanischer Herkunft gegeben, so wie solche aus Spanien, Gallien und Afrika die Literaturgeschichte bereichert haben. Deutsches Schriftgut schien Vadian entbehrlich. Ulrich von Hutten sah das anders.

*Ohne das Christentum wäre das Mittelalter eine Mördergrube gewesen.*
Burckhardt

## 4. Pontius Pilatus begnadigt Jesus

Im Frühjahr 1949 ging ein Bericht durch die Weltpresse, wonach ein holländischer Jurist beim Justizministerium des soeben gegründeten Staates Israel den Antrag gestellt habe, den Prozeß Jesu einer Revision zu unterziehen. Er bestritt die Schuld Jesu gegen den Spruch des Sanhedrin in Jerusalem, als dessen Nachfolgerin die Regierung Israels auftritt. Frühere Versuche seit den späten zwanziger Jahren des vergangenen Jahrhunderts verfolgten ebenfalls das Ziel, Jesus nach jüdischem Recht nachträglich freizusprechen, so daß eine Auslieferung an Pilatus hätte unterbleiben müssen. Nicht nur die römische und die christliche, auch die jüdische Geschichte wäre in diesem Falle anders verlaufen.

Das Pilatus-Urteil wäre damit allerdings noch nicht aufgehoben. Denn es erfolgte nach römischem Recht. Höchste Instanz war der Kaiser, dessen Nachfolger die Revision hätte vornehmen müssen. Bis zum 6. August 1806 wäre dafür das Wiener Hofgericht zuständig gewesen. Doch nachdem Franz I an jenem Tage die Krone des Heiligen Römischen Reiches niedergelegt hatte, gab es keinen Nachfolger des *Imperium Romanum* mehr, der das Fehlurteil des Pilatus hätte widerrufen können. Ob die katholische Kirche sich noch als Erbin Roms betrachtet, wie sie das jahrhundertelang aufgrund der im späten 8. Jahrhundert gefälschten »Constantinischen Schenkung« getan hat, das bleibt unerheblich, denn sie kann das Fehlurteil des Pilatus kaum revidieren wollen, den Tod Jesu nicht ernsthaft bedauern.

## *Eine Ermessensentscheidung*

Dürfen wir – was unserem Papst versagt ist – wünschen, daß Jesus hätte begnadigt werden sollen? Bevor wir uns die Folgen eines Freispruchs vergegenwärtigen, müssen wir uns klarmachen, daß man Jesus durchaus hätte schonen können. Das gilt für den Hohen Rat, der ja auch Johannes den Täufer, die Therapeuten und die Essener gewähren ließ, und gilt erst recht für Pilatus. Er selbst hätte unter anderen Umständen möglicherweise anders entschieden, ebenso ein anderer Mann an seiner Stelle. Das Todesurteil war eine Ermessensentscheidung des Statthalters. Er wollte dem Hohen Rat – namentlich Kaiphas – einen kleinen Gefallen erweisen, haben sich doch die Römer stets mit den Führungsschichten der Provinzen gutgestellt. Pilatus hatte einen hinreichenden Grund für sein Urteil, da Jesus sich als »König« bezeichnete und damit den Tatbestand des Hochverrats erfüllte. Dennoch war Pilatus nicht gezwungen, Jesus hinzurichten. Er mußte ihn nicht ernst nehmen. »Weißt du nicht, daß ich Macht habe, dich loszugeben, und Macht habe, dich zu kreuzigen?« Diese Worte aus dem Johannes-Evangelium könnte Pilatus durchaus gesprochen haben. Die Antwort Jesu – »Du hättest keine Macht über mich, wenn sie dir nicht von oben gegeben wäre« – bestätigt die Entscheidungsfreiheit des Statthalters. Er hätte auch Barabbas kreuzigen können.

Ein Freispruch Jesu war möglich, aber auch alternative Strafen lagen nahe. Die Sentenzen des großen Juristen Julius Paulus aus der Zeit um 200 n. Chr. verfügen, daß Propheten *(vaticinatores)*, die »erfüllt von Gott zu sein behaupten« *(qui se deo plenos adsimulant)*, ausgepeitscht und ausgewiesen werden sollten, damit sie bei der leichtgläubigen Menge keine Unruhe anrichten. Was wäre geschehen, wenn Pilatus Jesus gegeißelt und anschließend freigelassen hätte, wie er es nach Lukas vorhatte? Was, wenn er Jesus zur Steinbrucharbeit verurteilt oder zum Verhör nach Rom gesandt hätte? In der apokryphen *Paradosis*, die zu den Pilatus-Akten zählt, erhebt Kaiser Tiberius in seinem Brief an den Präfekten genau diese Forderung: »Sobald die Juden dir Jesus übergaben, mußtest du ihn in sicheren Gewahrsam nehmen und ihn zu mir senden. Nicht durftest du ihnen folgen und einen solchen Mann kreuzigen.«

Diese fiktive Rüge gründet sich auf reale Vorkommnisse. Im Jahr 4 v. Chr. hatte der uns aus dem Teutoburger Wald wohlbekannte Legat Quinctilius Varus jüdische Rebellenführer nicht selbst gerichtet, sondern in Fesseln nach Rom geschickt. Ebenso sandte 52 n. Chr. der Legat Ummidius Quadratus die Anführer der streitenden Juden und Samaritaner zum Kaiser, wenig später tat dies der Procurator Felix mit dem Räuberkönig Eleazar Deinäi. Freilich handelt es sich bei all diesen Männern um Personen von Einfluß und Rang, mit denen man behutsamer umgehen mußte als mit einem inspirierten Zimmermann aus Galiläa.

Gibt es irgendeine willkürliche Ermessensentscheidung in der Weltgeschichte, die solche Folgen hatte wie das Urteil des Pilatus? Mit Recht wird er im christlichen Glaubensbekenntnis namentlich genannt. Hier aber müßte es nicht heißen »gekreuzigt *unter*«, sondern »gekreuzigt *durch* Pontius Pilatus«, denn *er!* hat die Hinrichtung befohlen, nicht der Hohe Rat. Hätte Pilatus dem Druck der Hohenpriester standgehalten und Jesus verschont, so hätten diese vielleicht eine Beschwerdegesandtschaft nach Rom gesandt. Philon berichtet, daß Pilatus zu Beginn seiner Amtszeit Schilde mit dem Namen des Kaisers nach Jerusalem habe bringen lassen, worauf die empörten Juden eine Klage nach Rom an Tiberius gesandt hätten, der daraufhin den Statthalter zurechtgewiesen habe. Das konnte sich im Falle Jesu wiederholen. Ob die Gesandtschaft indessen Tiberius auf Capri erreicht hätte, ist höchst fraglich, denn der Kaiser kümmerte sich damals nicht mehr um die Reichsverwaltung, wie Suteon, Tacitus und Josephus übereinstimmend berichten. Wenn Pilatus dennoch von Rom gemaßregelt und zum Vorgehen gegen Jesus genötigt worden wäre, weil er »des Kaisers Freund nicht mehr« sei, wären Monate, wenn nicht Jahre vergangen, in denen Jesus in Nazareth weitergelebt, vielleicht auch gepredigt hätte. Nach den Synoptikern hat Jesus nur ein Jahr gelehrt, nach Johannes wenig mehr als zwei Jahre.

## *Eine fortgesetzte Lehrtätigkeit*

Am 19. Juli 1929 fragte André Gide in Tunis: »Was hätte Christus getan, wenn sein Leben verschont worden wäre?« Das läßt sich beantworten. Stellen wir uns vor, Jesus wäre nach dem Freispruch durch Pilatus nach Nazareth zurückgekehrt, so kommen drei Ausblicke in eine ungeschichtliche Zukunft in Betracht. Der erste wäre ein – vielleicht von Pilatus geforderter – Verzicht auf eine weitere Lehrtätigkeit. Nach den Evangelisten verstand sich Jesus als das Lamm Gottes, das gemäß dem Willen des Vaters im Himmel für die Sünden der Menschheit am Stamm des Kreuzes geschlachtet werden mußte. Nehmen wir an, die Leidensankündigung sei historisch und hätte sich infolge des Freispruchs als Irrtum herausgestellt, so hätte die Milde des Statthalters aus Jesus einen falschen Propheten gemacht. Dieser hätte seine Sendung umdeuten müssen und sich müde gepredigt. Sein Charisma wäre dahin, seine Sendung erledigt gewesen. Das war für Renan 1863 die wahrscheinlichste Alternative: *Laissé libre, Jésus se fût épuisé dans une lutte désesperée contre l'impossible* – »In Freiheit belassen, hätte Jesus sich in einem verzweifelten Kampf für das Unmögliche aufgerieben«. Der Ruf zur Buße konnte nicht alle Juden zu Jüngern Jesu machen. *La haine inintelligente de ses ennemis décida du succès de son œuvre* – »Der törichte Haß seiner Feinde entschied über den Erfolg seines Werkes«. Hätte Jesus geschwiegen, Maria Magdalena geheiratet und in der Werkstatt seines Vaters sein Brot verdient, wäre der Haß auf ihn abgeflaut, und wir wüßten heute nichts mehr von ihm.

Eine zweite Variante hätte darin bestanden, daß Jesus weiterhin die Ethik der Bergpredigt verkündet und damit Erfolg gehabt hätte. Er hätte sich als Friedensbote profilieren und den für Rom ungefährlichen Charakter seiner Mission klarstellen können. Das Wort über den Zinsgroschen beweist ja seine Loyalität gegenüber dem Kaiser, anders als man ihm unterstellte. Zu einem späteren Zeitpunkt hätte es unter diesen Voraussetzungen keinen Anlaß zur Kreuzigung gegeben. Damit wäre die Jesus-Bewegung als quietistisch-eschatologische Gemeinde in Galiläa verdämmert. Die Anhängerschaft eines in Nazareth alternden Jesus hätte eine ähnliche Zukunft erwartet wie die Sadduzäer, die Therapeuten, die Essener, die Qumran-Leute und die *Caelicoli*, die Himmelsverehrer, lauter längst verschwundene Sekten der Juden. Hätte sich aber die Friedensbotschaft Jesu landesweit durchgesetzt und die Zeloten besänftigt, so wäre die Erhebung gegen Rom unterblieben. Der Tempel könnte heute noch stehen.

Die dritte Möglichkeit wäre die Radikalisierung seiner Bewegung gewesen, die zu einer Erhebung gegen Rom geführt hätte. Und dies lag nahe. Kaiphas fürchtete, Jesus werde einen Aufruhr auslösen, der zu einem Durchgreifen der Römer führen könne. Ernest Renan hielt 1863 die bezeugte Überlegung des Hohenpriesters, es wäre besser, einer stürbe statt aller, für keinesfalls abwegig. Demnach diente die Hinrichtung Jesu dem Frieden mit Rom, der Kaiphas teuer war. Das Potential der gewaltbereiten Zeloten war offenkundig. Selbst unter den Jüngern waren solche, die voller Ungeduld auf ein irdisches Königreich hofften – so die »Söhne des Donners«, wie Jesus die beiden Zebedäiden nannte, außerdem gab es Simon den Eiferer und Judas Iskarioth, dessen Beinamen aus lateinisch *sicarius,* Dolchträger, abgeleitet wird. Seinen Verrat in Gethsemane – wenn er historisch ist – deutet man bisweilen als einen Akt der Verzweiflung, durch den Jesus gezwungen werden sollte, die zwölf Legionen Engel, von denen er bei Matthäus spricht, herabzurufen und die Herrlichkeit Israels endlich zu erneuern.

Gewöhnlich wird angenommen, daß sowohl die Hohenpriester als auch die Zeloten Jesus als Revolutionär mißverstanden hätten. Aber sind unsere Theologen klüger als die zeitgenössischen Gegner und die ersten Anhänger Jesu? Es ist zuzugeben, daß man ihm die Rolle als Retter hat aufdrängen wollen. Als man Jesus nach der Speisung der Fünftausend zum König erheben wollte, entwich er, wie Johannes erzählt, in die Einsamkeit der Berge. Hier zögert er, doch es gibt in den Evangelien auch ganz andere Passagen, die mit der Ethik der Bergpredigt schlechthin unvereinbar sind. »Ihr sollt nicht wähnen, daß ich gekommen sei, Frieden zu senden auf die Erde ..., sondern das Schwert. Denn ich bin gekommen, den Menschen zu erregen wider seinen Vater und die Tochter wider ihre Mutter.« Vor der Verhaftung befahl er den Jüngern, Schwerter zu kaufen, und das geschah. Am härtesten aber ist das Wort an die Jünger bei Lukas 19,27: »Doch meine Feinde, die nicht wollen, daß ich über sie herrsche, bringet sie her und schlachtet sie *(katasphaxate autous)* vor meinen Augen!« Diese Zeugnisse sind fraglos authentisch, denn es gibt keinen Grund, weswegen sie erfunden sein sollten. Soweit die Überlieferung die Botschaft Jesu stilisiert hat, so tat sie es im pazifistischen, nicht im militanten Sinne. Wenn sie die Bekenntnisse zur Gewalt nicht unterdrückt hat, kann das nur aus Respekt vor ihrer Echtheit erfolgt sein.

Nehmen wir an, daß nach dem Freispruch durch Pilatus die Jesusbewegung den Aufstand gegen Rom entfacht hätte, so wäre eine spätere Kreuzigung – nun aber nicht nur des Meisters – wahrscheinlich und eine Rückkehr der Geschichte auf den Weg der Wirklichkeit möglich. Hätte die Erhebung weit um sich gegriffen, wäre der Jüdische Krieg schon vor dem Jahre 66 ausgebrochen – und ausgegangen wie gehabt. *Jésus, s'il réussissait, amenait bien réellement la ruine de la nation juive* – »Hätte Jesus Erfolg gehabt, so hätte das in der Tat den Ruin des Judenvolkes herbeigeführt«, so Renan.

## *Ohne Kreuz – ohne Paulus*

Der biblische Jesus hat sich einen Freispruch vorstellen können, denn er hat ihn gemäß den Synoptikern gewünscht. Zwar gibt es die Leidensankündigungen, in denen Jesus seine Kreuzigung und seine Auferstehung voraussagt, doch gibt es auch das Gebet im Garten Gethsemane, der Kelch möge an ihm vorübergehen. Dies beweist die Hoffnung auf eine kreuzlose Zukunft, die hier von Jesus als möglich vorausgesetzt ist. Sein Gedanke, daß es anders hätte kommen sollen, spricht sodann aus dem Wort beim letzten Abendmahl über Judas, den Verräter: Es wäre besser für ihn gewesen, sagt Jesus, wenn er nie geboren wäre. Wie später beim

Schwanken des Pilatus eröffnen sich bereits hier Alternativen zum Geschehen. Hätte Pilatus Jesus verschont, wäre ein gewaltsamer Tod gleichwohl möglich gewesen. Es ist vorstellbar, daß der Hohe Rat Jesus nach dem Freispruch des Pilatus bei passender Gelegenheit eigenmächtig gesteinigt hätte, so wie es später mit Stephanus und Jakobus geschah. Jesus scheint damit gerechnet zu haben, als er sich vor der Todesdrohung der Hohenpriester in die Wüstenstadt Ephraim zurückzog. Ein solcher Lynchmord wäre ebenfalls als Opfertod interpretierbar gewesen. In diesem Falle hätte die Auferstehung umgedacht werden müssen, zumal wenn der Leichnam Jesu nach seiner Steinigung verbrannt worden wäre, wie es dem gesteinigten Achan, dem Sohne Serahs, unter Josua widerfuhr.

Hätte es ohne Kreuz und Auferstehung ein Christentum gegeben? Jesu spektakulärer Tod war schlechterdings unabdingbar für die Erschütterung, aus der die Idee: *Er ist es!* geboren wurde. Paulus fußt auf Pilatus. Ohne Blut keine Erlösung. Ohne Kreuz und Auferstehung ist die Theologie, ist das Christentum des Paulus undenkbar – und was wäre aus der Jesusreligion, selbst mit der Kreuzigung, geworden ohne die Bekehrung und das organisatorische Genie des Paulus? Erst seine Interpretation und seine Mission haben der Frohen Botschaft den Zugang für Nichtjuden geöffnet und ihr damit jene Dynamik verliehen, die sie zur Weltreligion hat werden lassen. Paulus hat den Bekehrungsbereiten Beschneidung, Speisetabus und Sabbatheiligung erspart und ist damit zumal den griechischen Heidenchristen entgegengekommen.

Als Ableger des Judentums basiert auch das Christentum auf dem Besitz heiliger Schriften. Als solche dienten den ersten Christen neben den Propheten der Septuaginta, der griechischen Bibel, die Lehrbriefe des Paulus. Jesus hat nichts Schriftliches hinterlassen, ähnlich wie Sokrates und Mohammed. Erst Paulus griff zur Feder. Er hat anstelle des Aramäischen, der in Galiläa üblichen Sprache Jesu, das Griechische, die Kultur- und Verkehrssprache im östlichen Mittelmeerraum, verwendet, die schon dem Sprachenwunder der Pfingstpredigt des Petrus zugrunde liegt, die aber Jesus selbst wohl nicht beherrschte. Es ist nicht anzunehmen, daß Paulus Aramäisch sprach, er dürfte mit Petrus auf dem Apostelkonzil griechisch gesprochen haben so wie die Juden in Antiochien und in der Diaspora und zumal die Adressaten der Paulusbriefe in Rom, Hellas und Kleinasien. Das bestätigen die Inschriften. Paulus hat die fundamentale Organisationsarbeit geleistet, die aus den verschiedenen, noch in sich zersplitterten Ortsgemeinden eine Kirche gemacht hat.

Für die Geschichte des Christentums ist neben Pilatus keine Gestalt so wichtig geworden wie Paulus. Allenfalls Barnabas, der Levit aus Cypern, hätte ihn ersetzen können. Vielleicht auch Timotheus. Der Erfolg der Jesusreligion insgesamt beruht freilich nicht allein auf dem Wirken dieser Männer, sondern auf breiterer Grundlage: auf der Überlieferung von Leben, Lehren und Leiden eines Menschen, wie ihn keine andere antike Religion aufzuweisen hat; auf den Heiligen Schriften, die in jeder Notlage Trost und Hilfe spenden; auf dem Glauben an einen, den einzigen Gott, der uns liebt; auf der brüderlichen Nächstenliebe innerhalb der Gemeinde und deren weltweitem Zusammenhalt und nicht zum wenigsten auf dem Glauben an Erlösung und ewiges Leben, beglaubigt durch den Bekennermut der Märtyrer.

Schließlich wäre noch zu überlegen, ob die Messiashoffnung, die damals ja außerordentlich verbreitet war, sich an eine andere Person geklammert hätte. Eliminieren wir gedanklich Jesus, wäre dann ein Ersatzmessias vorstellbar? An Kandidaten fehlt es nicht: Judas von Gamala, der als Empörer nach dem Tode des Herodes 4 v. Chr. umkam; Johannes der Täufer, der eine Volksbewegung auslöste und von Herodes Antipas um 29 n. Chr. hingerichtet wurde; Theudas, der laut Josephus als Bandenführer, Wundertäter und falscher Prophet unter dem Prokurator Cuspius Fadus um 45 n. Chr. enthauptet wurde – sie waren alle mehr oder weniger messianische Gestalten. Das setzt sich fort mit den Wundermännern aus dem griechischen Kleinasien Apollonios von Tyana, Alexander von Abonuteichos und Peregrinus Proteus. Dennoch fehlte es ihnen, soweit wir das noch beurteilen können, an charismatischer Substanz, um die Annahme zu rechtfertigen, einer von ihnen hätte die Rolle übernehmen können, die Jesus tatsächlich gespielt hat. Pilatus ist auswechselbar. Jesus ist nicht auswechselbar – seine prophetisch-messianische Ausstrahlung sucht ihresgleichen. Es führt kein Weg an dem Schluß vorbei: ohne Pilatus keine Kreuzigung, ohne Kreuz kein Christentum, ohne Paulus keine Kirche, sondern eine Mehrzahl christlicher Sekten.

## *Rom ohne Christentum*

Der nähere Fortgang der römischen Geschichte ohne das Christentum ist unschwer vorstellbar. Bis hin zu Constantin hätte sich sehr wenig geändert. Es hätte eine orientalische Erlösungsreligion weniger gegeben. Die Christen lebten unter sich, sie waren historisch nahezu bedeutungslos. Die Christenverfolgungen blieben isolierte Einzelaktionen ohne weitreichende Wirkung. Eine solche entfaltete sich erst in der Spätantike, positiv wie negativ – nun aber gewaltig. Es fehlt nicht an Stimmen, die der Christianisierung die Schuld am Zusammenbruch des Imperiums zuweisen: Unter Augustus war das Römerreich politisch geeint, aber in Hunderte von Religionen gespalten. Unter Justinian war derselbe Raum flächendeckend christianisiert, aber politisch in Einzelteile zersplittert. War diese Gegenläufigkeit Zufall?

Einen solchen Zusammenhang haben auf einer metaphysischen Ebene bereits antike Christenverfolger angenommen. Sie glaubten, mit der Abkehr von der Religion der Väter hätte Rom den Schutz der Götter verspielt, die das Reich groß und stark gemacht hätten. Gegen dieses Argument haben sich christliche Apologeten gewandt. Eine radikale Position vertrat Augustin: Er bestritt jedweden Zusammenhang zwischen Religion und Politik, zwischen *Civitas Dei* und *Civitas Terrena*. Der Wechsel zwischen Aufstieg und Niedergang von Staaten sei für den Gläubigen unerheblich, weder ein Grund noch ein Ziel für sein Handeln. Er lebe ausschließlich mit dem Blick auf das Paradies, das ihn erwarte. Diese radikale Jenseitsorientierung freilich war und blieb eine Mindermeinung.

Verbreiteter als die augustinische Trennung von Weltgeschichte und Heilsgeschehen war die Annahme eines Zusammenhangs, indem man – wie Melito und Euseb, Hieronymus und Orosius – erklärte, die Gleichzeitigkeit von Augustus und Jesus sei providentiell: Gott habe dem Reich Frieden geschenkt, um die Mission zu fördern. Auf dieser Augustustheologie aufbauend, wagte Orosius sogar zu behaupten, das Christentum habe nicht zum Verfall, sondern zum Erhalt der Imperiums beigetragen. Durch die Gnade Jesu habe Rom die Größe, die Stärke gewonnen, die es nunmehr auf seinem Höhepunkt erweise.

Da diese These nur im Vertrauen auf Gottes sichtbare Güte schlüssig war und mit den Gegebenheiten der frühen Völkerwanderung nicht recht harmonierte, konnte die umgekehrte Folgerung gezogen werden: Die christliche Abkehr von den weltlichen Werten, die Abneigung, Steuern zu zahlen und Kriegsdienst zu leisten, habe die Bereitschaft unterhöhlt, das Reich zu erhalten. Gibbon und Renan sahen in den Germanen und den Christen die Überwinder und Zerstörer Roms. Mit großer Entschiedenheit vertraten Voltaire und Nietzsche die These, der mit der Christianisierung verbundene Gesinnungswechsel habe den Patriotismus untergraben und so dem Staat seine moralische Basis entzogen. Autoren, die der Weltflucht und dem Glaubensstreit der Christen eine Mitschuld am Zusammenbruch des Reiches zumessen, halten bei einem angenommenen Ausbleiben der Christianisierung sogar ein Überleben des Imperiums für möglich. Das »finstere Mittelalter« entfiele.

## *Konkurrierende Religionen*

Lassen wir es dahingestellt, ob ohne das Christentum die Römerherrschaft fortbestanden oder – wie ich glaube – trotzdem von den Germanenreichen der Völkerwanderung abgelöst worden wäre, so ist eines doch klar: Die mittelalterliche Welt hätte ohne das Christentum ein völlig anderes Gesicht erhalten. Mathilde Ludendorff und andere Deutschtümler vertraten die Ansicht, das

Christentum habe den »artfremden« Germanen ihren Charakter geraubt, ihre Kultur vernichtet, ihre Gebräuche verfälscht. Das trifft immerhin zu für die Sitte der Menschenopfer, die Karl der Große den Sachsen untersagte und die noch Adam von Bremen von den heidnischen Schweden in Uppsala bezeugt. Das hätte sich gewiß weit über das 11. Jahrhundert hinaus erhalten. Germanophiler Christenhaß ist inkonsequent. Was wüßten wir von der germanischen Frühzeit, wäre nicht die Edda von Priestern aufgezeichnet worden?

Die Bekehrung der Germanen beruht auf deren Wunsch, sich die höhere Kultur des Südens anzueignen. Daß die Germanen von den Römern das Christentum, nicht aber den Brückenbau und die Wasserleitungen übernommen haben, war wohl nur eine Frage der Intelligenz. Schon die heidnischen Kulte der Römer übten eine Anziehungskraft auf die Germanen aus, um so mehr die antike Zivilisation. Wenn wir einen Freispruch Jesu durch Pilatus annehmen, dann gelangen wir in ein Mittelalter, dessen Städte nicht um Kirchen und Kathedralen, sondern um Sonnentempel und Kapitole gebaut sind, in denen nicht die Bibel, sondern Homer und Vergil gelesen wurden, in denen es keine Glaubenskämpfe und keine Inquisition gab, aber auch keine Spitäler und keine Armenfürsorge.

Ein Fortbestand des Heidentums ist durchaus denkbar. Seine Lebenskraft wird bisweilen unterschätzt. Denn es hat sich einerseits auf dem Lande, zumal in den Westprovinzen, und andererseits unter Intellektuellen in drei bedeutenden Institutionen lange gehalten: erstens im römischen Senat bis zur Niederlage des Eugenius gegen Theodosius 394 n. Chr., zweitens im Museion zu Alexandria, wo 415 die Philosophin Hypatia von fanatischen Mönchen zerfleischt wurde, und drittens in der Akademie Platons in Athen, die Justinian 529 durch Verordnung schloß. Das Christentum bahnte sich seinen Weg mit Gewalt, seitdem die Kaiser die Überzeugung teilten, alle anderen Religionen seien Teufelswerk und Dämonenspuk, dem irdischen Glück ebenso abträglich wie dem himmlischen Heil.

Denken wir das Christentum aus der Spätantike heraus, entsteht eine Leerstelle: Wäre der Polytheismus nicht durch eine andere Weltreligion ersetzt worden? Ohne das Christentum selbst verbleiben doch die vier außerchristlichen Rahmenbedingungen, die den Erfolg des Christenglaubens begünstigt haben: Zum ersten ein verbreitetes Erlösungsbedürfnis bei den unteren Schichten, dokumentiert in der Beliebtheit orientalischer Mysterienkulte. Zum zweiten ein Interesse an einer philosophisch entwicklungsfähigen monotheistischen Religion in den gebildeten Kreisen, bezeugt durch die Stoa, den Neuplatonismus und die Gnosis. Zum dritten der Wunsch nach organisierter Staatsreligion, wie sie die Ptolemäer mit dem Herrscherkult eingeführt und die Kaiser nachgemacht haben. Zum vierten der Überdruß am Luxusleben, die Bereitschaft zu Askese und Philanthropie, wie es die Stoiker, Kyniker und andere Philosophen lehrten – all das gab es sowieso. Hier ist durch den Wegfall des Christentums, das alle jene Bedürfnisse zu bündeln und zu stillen verstand, gewissermaßen eine Marktlücke bezeichnet, die nun anders hätte geschlossen werden können.

In Frage kommen hierfür die in der Konkurrenz mit dem Christentum unterlegenen Religionen. Sie haben zwar vielfach selbst christliche Elemente aufgenommen, aber diese lassen sich eliminieren, ohne den Bestand jener Bewegungen zu gefährden. So hat etwa der heidnische Kaiser Julian erklärtermaßen unter christlichem Einfluß Menschliebe und Sittenstrenge gefordert und den römischen Staatskult umgestaltet, doch hätte dieser auch ohne jene christlichen Elemente fortbestehen können. Wäre Julian nicht bereits 363 mit knapp 32 Jahren im Perserkrieg gefallen, so hätte er bei einer längeren Regierungszeit den alten Glauben nochmals erneuern können. Dennoch hätte dies die allgemeine Durchsetzung des Christentums wohl nur verzögert.

Julian huldigte dem »König Helios«. Dies wäre eine Alternative gewesen. Ein gnostisch-neuplatonisch gedeuteter Sonnenkult besaß gute Aussichten, zur Reichsreligion aufzusteigen. Im apokryphen Nikodemos-Evangelium schwört Pilatus beim Sonnengott, daß er keine Schuld an Jesus finde. Pilatus wird hier offenbar unter die Mithrasanhänger gerechnet. Sie waren zahlreich. Elagabals und Aurelians solarer Reichsgott sowie die Sonnenverehrung bei Constantin, Licinius und Julian bestätigen die Chancen dieser Religion. Bleibende Spuren hinterließ sie im Namen des von Constantin zum Feiertag erhobenen *dies Solis*, des Sonntags, und im Weihnachtsfest, dem christianisierten *natalis Solis invicti*, dem Geburtstag des Sonnengottes Mithras, am 25. Dezember, bezeugt unter Constantins Nachfolger 354.

Der in Kleinasien ausgebildete Mithraskult besaß wie das Christentum einen Mythos und eine Priesterschaft. Es gab ein Kultmahl, Weihegarde, eine Liturgie mit Lichtern, Weihrauch und Glöckchen. Mithras hatte – wie die Inschriften zeigen – Senatoren, Ritter, Bürger, Freigelassene und Sklaven unter seinen Anhängern, allerdings – wie es scheint – keine Frauen. Das war gewiß ein gewichtiges Manko. Dafür besaß der Mithrasdienst eine eschatologische Kosmologie mit einem Endzeitheiland, taufte (mit Stierblut) und verhieß Unsterblichkeit. Umgekehrt heißt der Messias beim Propheten Maleachi die »Sonne der Gerechtigkeit«. Das wurde auf Jesus übertragen. Diese Übereinstimmung fiel schon den Kirchenvätern im 2. Jahrhundert auf, sie sahen darin eine schlaue Nachäffung des Teufels, zu dessen Trabanten sie Mithras zählten. Möglicherweise hat Renan recht, als er 1882 schrieb: *On peut dire que, si le christianisme eût été arrêté dans sa croissance par quelque maladie mortelle, le monde eût été mithraïste.*

Hätte der Sonnenglaube gesiegt, so wäre die Verbindung zur antiken Kultur sehr viel enger geblieben. Die innere Distanz der Christen im Römischen Reich zum heidnischen Erbe war doch beträchtlich. Die Autoren, die noch »tragbar« waren, wurden entsprechend der jüdisch-christlichen Moral sorgsam ausgesiebt. Waren die antiken Götter »Trabanten des Teufels«, so gefährdeten die sie verherrlichenden Kulturwerke das Seelenheil jedes Gläubigen. Was die Christen an Kunstgütern durch Gewalt oder Nachlässigkeit zerstört haben, wäre erhalten geblieben, und das ist nicht wenig. Die Arbeit der Renaissance und der Humanisten hätte sich bei einem Sieg des Sonnenkultes erleichtert.

Das von Julian verteidigte Heidentum sah sich nicht nur gegenüber dem Christentum in einer Defensivstellung, sondern ebenso gegenüber anderen expansiven Religionen, die sich hätten durchsetzen können. Geringe Chancen hätten wohl Religionen gehabt, deren Wurzeln erkennbar außerhalb des Reiches lagen, weswegen sich nationale Vorurteile gegen sie richteten: so die Lehre des Persers Mani und des Koraischiten Mohammed. Der Manichäismus konnte sich zwar von Persien bis Spanien und Nordafrika ausdehnen, wo der spätere Kirchenvater Augustinus vorübergehend sein bekanntester Anhänger war. Dennoch zeigt das bereits von dem heidnischen Kaiser Diokletian ausgesprochene Verbot dieser »Religion aus dem feindlichen Ausland« Widerstand aus dem Geiste des traditionellen Römertums, das Diokletian gewiß nicht allein vertrat. So haben beispielsweise auch die arianischen Vandalen in ihrem afrikanischen Reich die Manichäer mit Feuer und Schwert vertilgt.

In englischen und irischen Mysterienspielen bekräftigt Pilatus seine Aussage, er finde keine Schuld an Jesus, mit einem Schwur bei Mohammed. Dies wäre ein wenig verfrüht, aber wäre ein späterer Erfolg des Islam im heidnischen Imperium nicht denkbar? Ihn vermutete Jacob Burckhardt. In seinem Buch »Die Zeit Constantins des Großen« von 1853 beziehungsweise 1880 zählt er die »mächtigen Vorzüge« der christlichen Religion auf und fährt fort: Demgegenüber »finden wir das Heidentum in voller Auflösung begriffen, ja in einem solchen Zustande, daß es auch ohne den Zutritt des Christentums kaum noch lange fortlebend zu denken ist. Nehmen wir zum Beispiel an, Mohammed hätte in der Folge seinen fanatischen Monotheismus ohne alle Einwirkung von christlicher Seite her zustande bringen können, so hätte das Heidentum am Mittelmeer dem ersten Angriff desselben so gewiß erliegen müssen wie die Heidentümer Vorderasiens. Es war schon allzu tödlich geschwächt durch innere Zersetzung und neue willkürliche Mischung.«

Um Burckhardt recht geben zu können, müßten wir uns einen Koran auf Griechisch vorstellen und einen Verzicht auf Beschneidung und Bilderverbot annehmen. Hätte der Islam um seiner Verbreitung im Westen willen sich darauf eingelassen? Koranübersetzungen ins Lateinische, bei denen muslimische Gelehrte mitgewirkt haben, gab es seit dem 12. Jahrhundert.

## *Ein Sieg des Judentums*

Wenn wir die höchste Wahrscheinlichkeit dem Erfolg derjenigen Religion einräumen, die dem Christentum am ähnlichsten war, so müßten wir Marcel Simon zustimmen. Er hat in seinem Buch »Verus Israel« 1948 die These vertreten, ohne das Christentum wäre das Reich, wäre die Welt zum jüdischen Glauben übergegangen. Dafür spricht, daß die jüdische Religion in Ausdehnung begriffen war. Schon 139 v. Chr. wurden Juden aus Rom »nach Hause« geschickt, weil sie – so Valerius Maximus – die römischen Sitten mit ihrem Glauben infizierten. Die von Horaz, Matthäus, Josephus und Cassius Dio überlieferte Proselytenmacherei war keine systematische Mission im Sinne des – sicher unhistorischen – Herrenwortes »Gehet hin in alle Welt und lehret alle Völker!«. Dennoch verbreitete sich der mosaische Glaube inner- wie außerhalb des Imperiums: Griechen drängten sich zu den jüdischen Gottesdiensten, gewiß nicht allein – wie Johannes Chrysostomos schreibt – in Antiochia. Im 1. Jahrhundert traten die Könige von Adiabene im oberen Mesopotamien zum Judentum über, unter den Arabern im Jemen, selbst in Medina gewann es Anhänger, ebenso unter den türkischen Chasaren in Südrußland. Daher steht außer Frage, daß die jüdische Religion beträchtliche Anziehungskraft besaß und die Juden sich nicht mehr ausschließlich als Abstammungsgemeinschaft vom Erzvater Jakob verstanden.

Einer völligen Öffnung für alle Menschen steht freilich entgegen, daß die Juden damit den Anspruch auf ihren Charakter als auserwähltes Volk unter den Völkern, ja als Volk überhaupt hätten aufopfern müssen. Zur Weltreligion im Römerreich geworden, wären die Juden als Nation verschwunden wie Salz im Wasser. Wären sie zu einem solch weitgehend veränderten Selbstverständnis bereit gewesen? Um des Erfolges willen hätten die Speisetabus und das Beschneidungsgebot aufgegeben werden müssen. Diese Bestimmungen haben die Mission erschwert, zumindest in der griechisch-römischen Welt. Chancen hätte nur ein liberales Judentum gehabt, vertreten etwa durch die sogenannten Gottesfürchtigen, in der Apostelgeschichte *phoboumenoi* oder *sebomenoi* genannt, die als »Proselyten des Tores« den mosaischen Glauben, nicht aber dessen Rituale annahmen. Aber wurzelt die Kraft dieser Religion nicht gerade in dem periodisch aufkeimenden Fundamentalismus? Er sah in den Liberalisierungstendenzen stets eine Verwässerung des Glaubens, die zu dessen Verdunstung führen würde. Schließlich hätte das Judentum, wenn schon keinen historischen Messias, dann wenigstens einen Organisator der Mission benötigt, einen unbekehrten Paulus; hat doch der bekehrte das Judentum in die attraktive, eben christliche Form gebracht, in der es die Welt eroberte. Voltaire meinte, die Christen seien ohnehin bloß unbeschnittene Juden.

Ein Weg des Judentums zur Weltreligion ist aufzeigbar. Nehmen wir an, Antonius Primus, der für Vespasian dessen Vorgänger und Konkurrenten Vitellius 69 n. Chr. bei Bedriacum besiegt hat, wäre damals unterlegen und Vespasian selber wäre im Kampf mit Vitellius oder bereits vor dem belagerten Jerusalem umgekommen, dann hätte sein Sohn und Nachfolger Titus das Kaisertum schon früher beansprucht. Um sich gegen Vitellius durchzusetzen, hätte Titus mit den Aufständischen in Jerusalem einen Frieden geschlossen und ihnen im Rahmen eines theokratischen Stadtstaates unter römischer Oberhoheit Autonomie gewährt. Der Tempel wäre erhalten geblieben. Titus hatte sein Herz an Berenike, die Schwester von Agrippa II und Urenkelin von Herodes dem Großen, verloren, wie wir von Tacitus wissen. Schon Neros Frau Poppaea Sabina hatte mit dem Judentum sympathisiert, ebenso zuvor die Senatorengattin Fulvia. Im Jahre 75 kam Berenike, die »Kleopatra im Kleinen« (Mommsen), nach Rom und wohnte bei Titus, doch hielt dieser sein Eheversprechen nicht. Die Bindung löste sich. Wäre sie erhalten geblieben, dann hätte die Jüdin den Kaiser vielleicht bekehrt, und Titus wäre der Constantin des Judentums geworden. Die auf Vespasian gesetzten Messiaserwartungen – durch seine Wunderheilungen in Alexandria bezeugt – hätten sich in seinem Sohn glänzend bestätigt. Flavius Clemens, ein Vetter von Titus und Domitian, wurde – wie Cassius Dio berichtet – 95 n. Chr. in seinem Konsulat wegen Gottlosigkeit hingerichtet. Er war Monotheist, sympathisierte offenbar mit dem Judentum, und »mit ihm wurden viele andere bestraft«. Daß Dio hier – wie schon die Kirchenväter glaubten – in Wirklichkeit Christen meinte, ist unerweislich.

Hätte das Judentum anstelle des Christentums die Rolle als Weltreligion übernommen, dann hätte es auch keinen Antisemitismus im heutigen Sinne gegeben. Der Vorwurf seitens der Christen, die Juden hätten Jesus ans Kreuz gebracht, die Anklage wegen Gottesmord war die stärkste Triebfeder der Judenverfolgung im Laufe der Geschichte. Sie wäre bereits gegenstandslos gewesen, wenn sich Pilatus dem Sanhedrin widersetzt und Jesus geschont hätte. Gewiß ist die Judenfeindschaft älter als das Christentum, sie unterscheidet sich von der Feindschaft unter anderen Völkern so, wie sich die Juden in Glaube und Sitte von diesen (und umgekehrt) unterscheiden. Diese nichtchristliche Aversion gegen die Juden, in der Antike im wesentlichen bei Griechen und Arabern zu beobachten, hätte auch beim Erfolg des Sonnenkultes oder beim Fortbestand des Polytheismus angedauert, nicht aber, wenn das Judentum von der National- zur Universalreligion aufgestiegen wäre. Der ethnisch gefärbte Judenhaß konnte sich nur dort entfalten, wo eine völkische Rivalität bestand, und sich nur dort austoben, wo die Juden eine Minderheit bildeten.

Eine ganz andere Frage ist die, ob nicht das Christentum aus strukturbedingten, gewissermaßen identitätsstrategischen Gründen das Judentum als Erzfeind und Gegenbild benötigt hat, so daß wir, wenn die Weltrolle an das Judentum gefallen wäre, auch diesem einen Antipoden zuweisen müßten. Als Juden der Juden stünden zwei Völker zur Auswahl: die soeben genannten Griechen und die Araber. Die Palästinenser im heutigen Israel lassen an letzteres denken. In diesem Falle hätte es bei einem siegreichen Judentum doch einen Antisemitismus gegeben, allerdings in anderem Sinne.

Goethe beklagte 1794 den durch die Christianisierung vermittelten jüdischen Einfluß, das »unnennbare Unheil«, das der »jüdische Praß uns zugefügt hat. Hätten wir«, so bemerkte er damals zu Karl August Böttiger in Weimar, »die Sodomitereien und ägyptisch-babylonischen Grillen nie kennen lernen und wäre Homer unsere Bibel geblieben, welch eine ganz andere Gestalt würde die

Menschheit dadurch gewonnen haben!« Goethe ist hier undankbar. Besitzen wir doch nun die Bibel und den Homer zugleich! Ohne das Urteil des Pilatus wäre es nicht zum Neuen Testament, nicht zum christlichen Europa, nicht zum Œuvre Goethes gekommen. Zu Recht, wenn auch aus anderem Grunde, ist Pilatus in der äthiopischen Kirche ein Heiliger. Sein Tag ist der 25. Juni.

Pontius Pilatus hat mit seinem Gefälligkeitsurteil gegenüber dem Hohen Rat die Jesusbewegung in Gang gesetzt. Genau das Gegenteil dessen, was zu erwarten war, trat ein. Welch eine Ironie der Geschichte! Hätte Pilatus geahnt, daß infolge seines Spruchs der Name jenes »Judenkönigs« dreihundert Jahre später auf den Standarten der Legionen stehen würde, daß dessen Anhänger die Macht im Reiche übernehmen und die Juppiter-Tempel in Abstellräume verwandeln würden, dann hätte er auch die Jünger hingerichtet. Hätte er aber vorausgesehen, daß er selbst noch zweitausend Jahre später, lange nach dem Ende des Imperiums, Weltruhm genießen würde, hätte er bei seinem Urteil nicht gezögert. Pilatus wußte nicht, was er tat. Insofern konnte er – was er nicht tat – seine Hände in Unschuld waschen.

Das in der Geschichte mitunter zu beobachtende Mißverhältnis zwischen kleiner Ursache und großer Wirkung ist in keinem Falle so kraß wie in diesem. Es wird vom gläubigen Betrachter kompensiert durch einen Wechsel des Blickpunkts: Der historische Zufall wird als göttliche Fügung verstanden und damit nachträglich erhöht in den Rang, den die Würde der Wirkung erfordert. Für den Historiker jedoch ist der bewußte, freiwillige Opfertod Jesu die nachträgliche Fehldeutung (durch Paulus) eines folgenreichen Justizmordes (durch Pilatus), sind der Glaube an die Auferstehung des Fleisches und die Hoffnung auf die Wiederkehr des Herrn auf den Wolken des Himmels Trugvorstellungen, ohne die eine andere Weltgeschichte erdacht werden müßte. Die christliche Kultur beruht auf diesem mehrfachen Irrtum. Aber Illusion ist ein Menschenrecht, so wie Menschenrecht eine Illusion ist. Ihre Aufdeckung durch die Wissenschaft beweist die menschliche Schwäche, deren Eingeständnis die Voraussetzung, deren Überwindung der Zweck des Glaubens ist.

# III. EIN ANDERES MITTELALTER

Die mittelalterliche Geschichte in dem Raum, den wir heute Deutschland nennen oder der diesen Namen doch einmal getragen hat, ist geprägt durch eine Reihe von Strukturmerkmalen, die niemals zur Disposition standen. Dazu zählen die horizontale Gliederung in Stämme, die vertikale Staffelung in den herrschenden Schwertadel auf den Burgen und das arbeitende Volk in den Dörfern und Städten, weiterhin die Erblichkeit der Rechtsstellung, das dynastisch legitimierte monarchische Prinzip mit dem Lehnswesen sowie – nach Abwehr der Sarazenen – die religiöse Alleingeltung des Christentums. Es gab keine Entscheidungssituation, in der eines dieser Elemente grundsätzlich auf dem Spiele stand, was einen diesbezüglich anderen Geschichtsverlauf zur Folge gehabt hätte.

Diesem Sachverhalt zum Trotz hat es Kritik an Wesensmerkmalen des Mittelalters durchaus gegeben, so bei Hegel 1831. In der Tradition von Petrarcas Bild vom »finsteren Mittelalter« und in Opposition zu dessen romantischer Verklärung findet der Berliner Philosoph in jener »betrugvollen« Zeit das »Vernunftwidrigste, Roheste, Schmutzigste durch das Religiöse begründet und bekräftigt. Dies ist das widrigste und empörendste Schauspiel, das jemals gesehen worden.« Hegel rechtfertigt dieses negative Bild mit dem nachfolgenden dialektischen Pendelschlag ins Positive: zum Protestantismus, zum Preußentum, so daß er sich Gegenvorschläge für ein anderes Mittelalter ersparen kann. Sie widersprächen ohnehin seiner Überzeugung vom Walten des Weltgeists und von der Unmöglichkeit historischer Nebenwege.

Die plausibel denkbaren Alternativen beschränken sich auf die Territorialpolitik, auf die Gewichtung der einander widerstrebenden Kräfte von Reichsgewalt und Landeshoheit beziehungsweise der Fürsten untereinander sowie auf die Entwicklung des Städtewesens und des Landesausbaus. Es geht somit um Einzelheiten, weit entfernt von der Tragweite der Weichenstellung bei der Entstehung der antiken Voraussetzungen für die mittelalterliche Welt. Das Spektrum an Möglichkeiten verengt sich, doch fehlt es keineswegs an Ereignissen, deren Ausbleiben oder anderer Ausgang absehbare Konsequenzen gehabt hätte.

*Germani cum finitimis bella gerunt,*
*causas eorum ex libidine arcessunt.*
Mela

## 5. Die Alamannen besiegen die Franken

Die antike Mittelmeerwelt war bestimmt durch die politische Kultur der Städte und der Stadtstaaten. Im nördlichen Europa hingegen dominierte das Stammeswesen. Es handelt sich um kleinräumige Lebensgemeinschaften schriftloser kriegerischer Bauern und Handwerker. Benachbarte Stämme bildeten großräumige Sprachgemeinschaften, für die sich stammesübergreifende Sammelnamen einbürgerten, rechtsrheinisch waren das die »Germanen«.

Gemeinsame Unternehmungen mehrerer Stämme kamen vor, denken wir an die Wanderung der Kimbern und Teutonen oder an die von Arminius vereinte Kampfgemeinschaft gegen Rom. Diese Fälle aber waren selten. Zumeist war der Nachbar der Feind; Zusammenstöße waren häufiger als Zusammenarbeit. Auch der politische Zusammenhalt innerhalb der einzelnen Stämme war schwach und gewann an Staatlichkeit erst durch gemeinsames Handeln und die Ausbildung einer militärischen Führung im Krieg, bei der Wanderung und der Landnahme. Ein erbliches Königtum entstand in der Völkerwanderungszeit bei den Stämmen nahe der Reichsgrenze, die zu Einfällen in die römischen Provinzen verlockte. Das brachte nicht nur Beute, sondern auch Kulturkontakte von nachhaltiger Wirkung.

## *Die westgermanischen Stammesverbände*

Die politische Geschichte des frühen Mittelalters im westeuropäischen, teilweise später deutschen Raum wurde bestimmt durch die Franken. Dieser – bei Tacitus um 100 n. Chr. noch unbekannte – Stammesverband hat sich im frühen 3. Jahrhundert am Niederrhein gebildet und durch weite Raubzüge ins Römerreich bemerkbar gemacht. Nach wechselhaften Kämpfen mit den Kaisern im 4. Jahrhundert erfolgte im 5. Jahrhundert die großflächige Landnahme in Gallien sowie die dadurch ermöglichte enge Verbindung zur katholischen Kirche, zum Latein als Schriftsprache und zur römischen Zivilisation. Der oströmische Historiker Agathias schreibt um 570, es handle sich um jenes Volk, das man früher »Germanen« nannte. Die Franken, so Agathias, seien Christen und ungemein kräftig, zwar Barbaren, aber fast so zivilisiert wie die Byzantiner – abgesehen von ihrer fremdartigen Kleidung und ihrer rauhen Sprache. Ihr Staatswesen sei nach römischem Vorbild gestaltet.

Der Besitz der reichen, urbanisierten Provinzen Galliens begünstigte den Aufstieg der Franken gegenüber den beiden anderen westgermanischen Großstämmen, den Sachsen im Wesergebiet und den Alamannen am Oberrhein. Gleichwohl spielten auch sonstige Faktoren eine Rolle, die Zufälligkeiten ausgesetzt waren. Dazu zählen das Auftreten von großen Persönlichkeiten wie dem Begründer des Merowingerreiches Chlodwig und dann Karl dem Großen. Das waren Herrscher, die bei einem militärischen Mißerfolg oder frühen Tod den Alamannen die Chance eingeräumt hätten, die führende Position unter den Westgermanen zu gewinnen.

Die Alamannen erscheinen noch vor den Franken als Großstamm zuerst im frühen 3. Jahrhundert aus Mitteldeutschland im Südwesten. Sie sprengten den Limes, eroberten das Dekumatland in Württemberg, drangen ins Elsaß, ja bis Oberitalien vor, so daß Kaiser Aurelian gegen sie die nach ihm benannte Mauer um Rom errichten mußte. Der Alamannenkönig Crocus in römischen Diensten war der Wortführer jener Truppe, die Constantin den

Großen 306 zum Kaiser ausrief; unter dessen Sohn Constantius bestimmten alamannische Offiziere am Hof die Politik, bevor wir Franken in dieser Funktion vorfinden. Alamannen wurden dann deren gefährlichste Konkurrenten. Die Römer machten sich diese Spannung zunutze. Sie nahmen den Frankenkönig Mallobaudes in Sold und übertrugen ihm 378 eine Strafkampagne gegen den Alamannenkönig Priarius, der bei Horburg im Elsaß den Tod fand. Kurze Zeit später, so berichtet Ammianus Marcellinus, unternahm der mit Rom verbündete Alamannenkönig Macrianus einen Zug gegen eben jenen Mallobaudes nach *Francia* am Niederrhein und fiel in einem Hinterhalt.

Die Spannung hielt an. Im Jahre 497 kam es, vielleicht bei Zülpich an der Maas, zur Entscheidungsschlacht zwischen den beiden rivalisierenden Großstämmen am Rhein. Wenn die Ortsangabe zutrifft, handelt es sich wieder um einen Angriff der Alamannen und um den Versuch, die fränkischen Konkurrenten zu bezwingen. Als die Franken sich schon zur Flucht wandten, so berichtet, legendär ausgestaltet, Gregor von Tours, da erinnerte sich Chlodwig an die Mahnung seiner burgundischen Gemahlin, einer Katholikin, die Abgötterei fallenzulassen und sich Christus anzuvertrauen. Mitten im Getümmel gelobte der Franke, sich taufen zu lassen, wenn Christus ihm hülfe. Und dies geschah. Christus bewährte sich als Schlachtenhelfer, so wie zuvor 312 bei Constantin an der Milvischen Brücke und 394 bei Theodosius am Frigidus, wie hernach 732 bei Karl Martell bei Poitiers gegen die Araber und 955 bei Otto dem Großen auf dem Lechfeld gegen die Ungarn. Wäre bei Zülpich der heidnische Alamannenkönig – sein Name ist nicht überliefert – siegreich gewesen oder hätte die Erhebung von 506 Erfolg gehabt, so hätte sich das Abhängigkeitsverhältnis umkehren und im Raum Galliens ein alamannisches Großreich entstehen können. In diesem Falle würde heute Frankreich nicht »Frankreich«, sondern »Allemagne« heißen.

Eine Christianisierung der Alamannen wäre auch bei einem Sieg über die Franken anzunehmen. Agathias hat sie vorausgesagt. Schon um 480 verehrte der Alamannenkönig Gibuldus im Hinterland von Passau den Heiligen Severinus. Den Einfluß des neuen Glaubens bezeugen die zahlreichen als Amulette verwendeten Goldblattkreuze aus alamannischen Kriegergräbern der Zeit. Die Franken haben dann die Christianisierung forciert. Sie bedeutete nicht nur einen religiösen Wechsel, sondern auch einen zivilisatorischen Fortschritt, da sie die Alphabetisierung förderte. Die Klostergründungen auf der Reichenau und in Sankt Gallen sowie die Stiftung des Bistums Konstanz mit seinem riesigen Sprengel dienten sowohl der Mission als auch der Sicherung der fränkischen Herrschaft.

## *Herzogtum Alamannien*

Die Alamannenschlacht Chlodwigs war, abgesehen von dem Krieg zwischen Arminius in Niedersachsen und Marbod in Böhmen, der erste Nord-Süd-Konflikt der germanisch-deutschen Geschichte. Er führte zur Eingliederung der Alamannen ins Frankenreich, doch war damit deren Abhängigkeit keineswegs besiegelt. Das lehren weitere militärische Zusammenstöße mit alamannischen Herzögen, die teils als Vasallen, teils als Gegner der Merowinger erscheinen. Diese mußten mehrfach ihre Oberhoheit gewaltsam zur Geltung bringen. Während der Herrschaft der Hausmeier spitzte sich der Gegensatz nochmals zu. 722 besiegte Karl Martell die Alamannen; sie rebellierten im folgenden Jahr, worauf der Hausmeier 725 und 728 erneut erschien. 730 stürzte er Lantfried, den Herzog der Alamannen, »die man auch Schwaben nennt«, so Otto von Freising. Um sodann den Widerstand des Herzogs Theudebald, Lantfrieds Bruder, zu brechen, berief Karlmann, der Sohn und Nachfolger Karl Martells, 746 einen Gerichtstag nach Cannstatt, wo er den alamannischen Stammesadel zusammenhauen ließ. Auch Theudebald selbst ist unter den Opfern zu vermuten. Im Jahr darauf soll Karlmann aus Reue über das Blutbad ins Kloster Montecassino eingetreten sein. Die Versuche, ein Machtzentrum im Schwäbischen zu errichten, die einst mit der von Caesar verhinderten Reichsbildung des Swebenkönigs Ariovist ihren Anfang genommen hatten und zu Beginn des 10. Jahrhunderts mit den gegen König Konrad I erfolglosen Grafen Erchanger und Berthold endeten. Sie sind gescheitert.

Die wiederholte Zurückweisung der Alamannen ins zweite Glied erfuhr in gewisser Weise eine glänzende Korrektur durch die vier von den Alamannen gestellten deutschen Herrscherhäuser. Denn alamannischer Herkunft waren die schon im 9. Jahrhundert bei Weingarten ansässigen Welfen; dann die 1138 mit Konrad III auf den Thron gelangten Staufer, deren Burg in majestätischer Lage bei Göppingen stand; ebenso die 1273 mit Rudolf I zur Macht gekommenen Habsburger, deren Stammsitz im Aargau liegt; und schließlich die 1415 zu Markgrafen von Brandenburg erhobenen Hohenzollern, die bei Hechingen vor der Schwäbischen Alb beheimatet waren. Während die Staufer mit der Hinrichtung Konradins 1268 in Neapel und dem Tode Enzios 1272 in Bologna ausstarben, gibt es Erben der Welfen, der Habsburger und der Hohenzollern bis heute. Zu den Nachkommen der Welfen gehört Königin Elisabeth II von England; Anwärter auf den Thron in Wien wäre heute der 1961 geborene Karl Habsburg-Lothringen; Kandidat für die deutsche Kaiserkrone der 1976 geborene Prinz Georg Friedrich von Preußen.

## *Machtzentrum Bayern*

Zu einer Führungsrolle in Westgermanien waren die Alamannen gegenüber den Franken zu schwach – es sei denn, sie hätten sich dauerhaft mit den Bayern zusammengeschlossen, die ja nach Herkunft und Sprache – so wie die späteren Elsässer und Deutsch-Schweizer – ebenfalls Alamannen waren, auch wenn der Stammesname auf die keltischen Boier zurückgeht. Die Bayern sind der jüngste unter den deutschen Altstämmen, bezeugt erst seit 470 und seit 591 abhängig von den Franken, die dort die Agilolfinger zu Herzögen erhoben, Angehörige des mächtigsten Geschlechts im süddeutschen Raum. Gegenüber den Merowingern stets loyal, standen sie in Opposition gegen die aufsteigenden

Karolinger. Damals begannen die Versuche der Bayern, sich selbständig zu machen oder wenigstens eine eigene Position innerhalb des Reiches zu behaupten. Dennoch hat dieses beharrliche Bestreben nie zu einem Bruch geführt. Vergeblich machte der Agilolfinger Odilo gemeinsam mit Theudebald Front gegen die Franken, bis diese mit dem Blutgericht von Cannstatt ihre Herrschaft wieder zur Geltung brachten.

Odilos Sohn Tassilo, der bedeutendste Agilolfinger, war durch seine Mutter Hiltrud ein Enkel des merowingischen Hausmeiers Karl Martell, er selbst somit ein Vetter Karls des Großen. Enge Verbindungen Tassilos zu den Langobarden in Oberitalien, zu den Alamannen im Westen, aber ebenso zu den Karantanen in Kärnten und den Awaren in Pannonien lassen eine aktive Außenpolitik erkennen. Der Landesausbau daneben zeigt sich in zahlreichen Klostergründungen vor und durch Tassilo, jeweils mit einer frühen Bindung an Rom, die durch Bonifatius gefestigt wurde. Entwickelte sich hier nicht ein eigenes Staatsgebilde?

Seit Karl Martell bereits mußte die fränkische Oberhoheit über die Bayern durch mehrere Kriegszüge gesichert werden. Tassilo selbst hatte 757 Pippin und seinen Söhnen den Lehnseid zu schwören. Die gleichwohl fortgesetzten Versuche des Herzogs zu einer eigenständigen Politik wurden von fränkischer Seite als Treuebrüche gedeutet. Wiederholte Maßnahmen der Franken zur Festigung ihrer Oberhoheit endeten mit der Beseitigung des Herzogtums, als Karl der Große 788 auf dem Reichstag zu Ingelheim Herzog Tassilo absetzte und ihn nebst seiner Familie in Klosterhaft nahm. Mehr als zwei ganze Jahre danach verbrachte Karl selbst in der bairischen Residenz Regensburg, um seine Herrschaft über das Land zu sichern und gegen die heidnischen Awaren im Donauraum Position zu beziehen. Bayern wurde wie Alamannien fränkische Provinz, regiert durch Grafen, die der Kaiser einsetzte. Tassilos Mißerfolg beruhte auf der Tatsache, daß er in Karl dem Großen einen überlegenen Gegner fand, dem er militärisch und politisch nicht gewachsen war. Ohne diese persönliche Konstellation hätte sich die schon weit fortgeschrittene Selbständigkeit Bayerns durchaus konsolidieren können.

Der Zerfall des Karolingerreiches im 9. Jahrhundert sodann wiederholte die Chance für Bayern, das als Unterkönigtum, als *Regnum Bavaricum* Ludwigs des Deutschen, Karlmanns und Arnulfs von Kärnten deren Hausgut darstellte und zum Kernland des ostfränkischen Reiches aufstieg. Zu Beginn des 10. Jahrhunderts erneuerte sich die Unabhängigkeit der Ostmark unter den jüngeren Stammesherzögen, nun »Schwaben« genannt. Als der Sachsenherzog Heinrich I der Vogler 919 zum Nachfolger König Konrads I gewählt worden war, ließ sich Herzog Arnulf der Böse in Bayern zum König küren. Trotz seiner weit ausgreifenden Politik mußte er die Reichshoheit formal anerkennen, bis nach seinem Tode Otto der Große 938 Bayern mit der neuen Ostmark, dem späteren Österreich, der kaiserlichen Gewalt wieder unterstellte.

Im Frühjahr 1139 öffnete sich nochmals eine Perspektive, als der Markgraf Leopold IV von Österreich aus dem Hause der Babenberger mit dem Herzogtum Bayern belehnt wurde. Die beiden größten Territorien im Südosten schienen zu verschmelzen. Schon Leopolds Vater hatte als Erbe der Salier eine Anwartschaft auf die deutsche Königskrone. Wäre Leopold nicht bereits 1141 gestorben, so hätte er wohl Bayern gegen die Ansprüche Heinrichs des Löwen verteidigen können. Diesem wurde das Land 1154 durch seinen Vetter Barbarossa zugesprochen. Ehe dieser 1152 an die Macht kam, bestand somit die Aussicht, daß sich der Schwerpunkt des Reiches nach Südosten verlagerte. Hier erblickte Heinrich von Srbik 1936 den zu seinem Bedauern abgebrochenen Ansatz zu einer »machtvollen Entwicklung des Deutschtums« im Donauraum.

Überspringen wir die folgenden Jahrhunderte unter den Wittelsbachern, Herzöge seit 1180, Pfalzgrafen und Kurfürsten seit 1214, so zeigte sich nochmals eine Chance für Bayern, Vormacht in Deutschland zu werden, nachdem Napoleon das Land im Frieden von Preßburg erheblich, so um Tirol und Vorarlberg, vergrößert hatte, als Max Josef König geworden war und Preußen im Frieden von Tilsit 1807 über die Hälfte an Land und Leuten verloren hatte. Die Abhängigkeit von Napoleon wäre Bayern losgeworden, wenn das Attentat gelungen wäre, das der sächsische Pastorensohn Friedrich Staps am 12. Oktober 1809 in Schönbrunn auf den Kaiser verübte. Es hätte den Bayern an die 40 000 Tote erspart, die 1812 als Hilfstruppen Napoleons in Rußland umkamen. Im Jahre 2001 stieß man bei Riga auf ein Massengrab mit über 3000 Leichen von jungen Männern der *Grande Armée*, die hier verendet waren.

Als 1816 König Friedrich von Württemberg mit Karlsruhe, Darmstadt und München gegen Preußen und Österreich das Dritte Deutschland zu einem alamannisch bestimmten Sonderbund vereinen wollte, weigerte sich Bayern, um seine Selbständigkeit besorgt. Ein ähnliches Konzept ohne Bayern tauchte im Ersten Weltkrieg wieder auf, als Harry Graf Kessler am 11. Januar 1917 vorschlug, Elsaß-Lothringen mit Baden und Württemberg zu einem »Königreich Schwaben« zusammenzufassen. Ein solcher protestantisch und demokratisch geprägter Alamannenstaat wäre als Gegengewicht zu Bayern und Preußen dem Sicherheitsbedürfnis der Franzosen entgegengekommen. Dem Thronfolger Herzog Albrecht von Württemberg hätte man – so der Vorschlag – als Ersatz Polen oder Litauen anbieten sollen.

Das Eigenbewußtsein der Bayern zeigte sich noch im 20. Jahrhundert, als nach der Ermordung des Sozialisten Kurt Eisner am 21. Februar 1919 die bayerische Räterepublik ausgerufen wurde. Am 15. September folgte ihr der »Freistaat«, der, geführt von rechtsradikalen Kräften, bis 1924 im Konflikt mit der Reichsgewalt lag. Es war die Zeit, als Sachsen und Thüringen unter Volksfrontregierungen standen, im Rheinland die Separatisten agierten und das Reich sich aufzulösen drohte. Daß dies nicht geschah, war das Verdienst Stresemanns.

Ein bislang letzter Versuch eines bajuwarischen Alleingangs war die Ablehnung des soeben fertiggestellten Grundgesetzes der Bundesrepublik durch den Landtag in München am 20. Mai 1949, weil die Eigenständigkeit Bayerns nicht hinreichend berücksichtigt sei. Eine völlige staatsrechtliche Loslösung des Landes freilich war bisher nie ein realistisches politisches Ziel, nie eine ernstzunehmende Alternative zur deutschen Geschichte, doch blieb zumeist offen, wie weit die Absichten in der erkennbaren Richtung gingen. Die Bayerische Volkspartei (bis 1933) und die Bayernpartei (ab 1949) vertraten weiterhin eher energisch als wirkungsvoll die Sonderinteressen des Landes. Das übernahm dann die CSU. Für eine Erneuerung des Königtums aus dem Hause Wittelsbach verwandte sich 1946 die Bayerische Heimat- und Königspartei, bis sie von den Alliierten verboten wurde. Auch ein zweiter Anlauf im Jahre 1950 mißlang. Immerhin gab und gibt es einen Kandidaten für den Thron in München heute: Seine Königliche Hoheit, den 1933 geborenen Prinzen Franz von Bayern.

*Gottes ist der Orient,*
*Gottes ist der Okzident!*
*Nörd- und südliches Gelände*
*Ruht im Frieden seiner Hände.*
Goethe

# 6. Karl Martell unterliegt den Sarazenen

Europa, das westliche Anhängsel des eurasischen Großkontinents, verdankt seine Identität dem zwiegesichtigen Verhältnis zum Osten. Es ist einerseits der kulturelle Einfluß vom Alten Orient in der Frühgeschichte, vom Nahen Osten in der Antike und aus der arabischen Welt im Mittelalter, andererseits die wiederholt erforderliche Abwehr militärischer Drohungen. *Ex Oriente lux, ex Oriente crux.* Der mit den Perserkriegen ausgebrochene Ost-West-Konflikt setzte sich fort mit den Angriffen der Hunnen im 5. Jahrhundert, der Araber im 7. und Awaren im 8.; später mit dem Vordringen der Ungarn im 10., der Mongolen im 13. und der Türken im 14. Jahrhundert. Sie alle sind zurückgeschlagen worden. Jedes dieser Völker hätte im Falle eines Sieges den Fortgang der Geschichte mehr oder weniger verändert und die Ausbildung der europäischen Kultur erschwert oder gar verhindert.

## *Die Hunnengefahr*

Die Hunnen unter Attila, dem Etzel des Nibelungenliedes, zogen unbehelligt durch das südliche Germanien und unterlagen erst in Gallien auf den Katalaunischen Feldern bei Châlons-en-Champagne 451 n. Chr. einem römisch-germanischen Heer unter dem *magister militum* Aëtius und dem Westgotenkönig Theoderich. Attila schloß sich in seine Wagenburg ein und kehrte um. Wie gefährlich er noch immer war, lehrt sein Einfall im folgenden Jahr nach Oberitalien, wo er Aquileia und Mailand einnahm.

Als nach seinem Tode die hunnische Macht in einer einzigen Schlacht zerbrach, zeigte sich, daß sie mit der Persönlichkeit Attilas stand und fiel, weshalb sein Sieg auf den Katalaunischen Feldern wohl kaum »das Leichentuch über das okzidentalische Leben« gezogen hätte, wie Jacob Burckhardt 1853 in seinem Buch über die Zeit Constantins des Großen meinte. Attila, die Geißel Gottes, blieb das Schreckbild für den barbarischen Feind aus dem Osten. Im britischen Parlament wurden schon 1870, wie dann 1914 und 1940, die Deutschen als die neuen Hunnen gekennzeichnet, und Adolf Hitler konstatierte am 9. April 1942 in der Wolfsschanze: »Bei einem Sieg der Hunnen wäre der kulturelle Aufschwung des Abendlandes niemals möglich gewesen, und es wäre der damaligen Kulturwelt ein Untergang beschieden gewesen, wie er uns von seiten der Sowjets bevorstand.« Hitler sah in diesem ungeschehenen Ereignis eine Rechtfertigung für seinen Kampf gegen die Bolschewiken. Er schloß die Bemerkung an, den Gebrauch des Wörtchens »wenn« müsse man sich in der Politik überhaupt abgewöhnen, erging sich dann aber selbst in der Aufzählung vermiedener Mißerfolge. »Wenn ich damals nicht ...«

## *Die Schlacht bei Poitiers*

Bessere Chancen als die Hunnen hätten die Mohammedaner gehabt. Sie entfalteten nach dem Tode des Propheten 632 eine beispiellose Dynamik. Bereits eine Generation später waren Syrien, Palästina, Persien und das gesamte Nordafrika unterworfen, und schon pochten sie an die Tore von Konstantinopel. Die Geschichte Europas wäre anders verlaufen, wenn es den Arabern gelungen wäre, bei einer ihrer Belagerungen zwischen 668 und 718 die Stadt zu gewinnen. Die Rettung verdankte man dort gemäß dem Chronisten Theophanes der Wunderwaffe des griechischen Feuers, angeblich einstmals Constantin dem Großen von einem Engel offenbart. Es handelt sich um ein entzündliches chemisches Gemisch, das, aus Kanonen geschossen, die feindlichen Schiffe in Brand setzte, ein Vorläufer des Flammenwerfers.

Das Byzantinische Reich wäre bei einer Einnahme der Hauptstadt nicht erst 1453 beim Angriff der Osmanen, sondern schon damals zerfallen, das Mittelmeer unter muslimische Kontrolle geraten. Die Araber setzten sich auf Cypern, Kreta und Sizilien fest und richteten auf dem italischen Festland die Emirate von Bari und Tarent ein. Waren die Araber zudem im Besitz des byzantinischen Griechenland, so wäre auch Rom nicht sicher gewesen. Wie später die Hagia Sophia in Konstantinopel, so wäre auch die Peterskirche zu Rom eine Moschee geworden. Der Papst wäre vielleicht nach Gallien umgesiedelt, so wie 1309 Clemens V.

Seitdem die Berber in Marokko unterworfen und bekehrt waren, sah sich auch das Westgotenreich in Spanien bedroht. Hier war es nach dem Übergang vom Arianismus zum Katholizismus 589 zu drastischen Maßnahmen gegen die Juden gekommen, die daraufhin Hilfe bei den Sarazenen suchten. Im Frühsommer 711 landete der muslimische Heerführer Tarik bei dem später nach ihm benannten Felsen von Gibraltar, *Dschebel al Tarik*. Die Schiffe stellte ihm der nominell byzantinische, faktisch selbständige Stadtherr von Ceuta, der *comes* Julian, der auf seiten der vom Gotenkönig Roderich verdrängten Thronerben seines Vorgängers stand. Daß diese Tarik gerufen hätten, hat man wohl zu Unrecht daraus geschlossen, daß er ihnen später das Erbe ihres Vaters überlassen hat.

Am 23. Juli 711 wurde Roderich von Tarik geschlagen. Die Hauptstadt Toledo fiel, 716 standen die Muslime vor Barcelona, 720 besetzten sie Narbonne. Aquitanien, die Provence und Burgund wurden geplündert, das Rhônetal heimgesucht. 725 fiel Autun, 732 Poitiers. Hier brannten sie die Kirche des heiligen Hilarius ab, und schon bedrohten sie, wie Fredegar Continuatus bezeugt, das fränkische Nationalheiligtum, die Martins-Kirche in Tours mit der kostbarsten Reliquie des Reiches, dem geteilten Mantel des Heiligen. Nun aber trat ihnen im Oktober 732 Karl Martell, der Feldherr des merowingischen Schattenkönigs Theuderich IV, entgegen und zwang sie in der Entscheidungsschlacht bei Poitiers zum Rückzug nach Narbonne. Sie behaupteten jedoch die Provence und plünderten in den Folgejahren weiterhin das Rhônetal. Arles, Avignon, Vienne und Lyon wurden genommen. Karl Martell mußte ein zweites Mal gegen die Sarazenen ziehen, 737 besiegte er sie am Fluß Berre südlich von Narbonne. Aber erst seinem Sohn Pippin gelang es 759, die Stadt selbst einzunehmen und die Berber über die Pyrenäen zurückzuwerfen. Wenn Einhard, der Biograph Karls des Großen, letzteres ebenfalls schon Karl Martell zuschreibt, irrt er, nicht jedoch damit, daß der Stammvater der Karolinger durch seine beiden Siege den Versuch der Sarazenen, Gallien zu besetzen, vereitelt hat.

Die Stellung des Hausmeiers Karl Martell als allmächtiger Reichsfeldherr der letzten schwächlichen Merowingerkönige hat der belgische Historiker Henri Pirenne 1935 in einer ingeniösen Weise auf die Entstehung der arabischen Seeherrschaft zurückgeführt. Sie habe den Schiffsverkehr und den Fernhandel über das Mittelmeer so stark blockiert, daß die noch überwiegend monetäre Wirtschaft der Städte in Gallien zusammengebrochen sei. Dies habe den Aufstieg der Karolinger ermöglicht, die im ländlich geprägten Umkreis von Metz begütert waren und dort ihre Krieger fanden. Karl Martell gewann seine Siege mit überwiegend ostfränkischen, man darf noch nicht sagen »deutschen«, Kämpfern. Wenn Pirenne recht hat, dann haben wir wieder ein Beispiel für die Ironie der Geschichte, indem der Islam jene Kraft hervorgerufen hat, die ihm seine Grenzen setzte.

## *Der Islam in Westeuropa*

Wie die Konflikte in Südgallien nach der Schlacht bei Poitiers 732 zeigen, war mit ihr die arabische Gefahr für das Abendland keineswegs überwunden. Das aber ändert nichts an den mutmaßlichen Folgen, die eine Niederlage der Franken damals gezeitigt hätte. Wäre Karl Martell, der dann eher der »Amboß« als der »Hammer« hieße, an der Stelle von Abd er-Rahman gefallen, so wären die Aussichten der christlichen Geschichte Westeuropas ungünstig gewesen. Die Sarazenen waren imstande, das Emirat Frankistan zu gründen; gemäß Otto von Freising waren sie mit Weib und Kind gekommen. Arabische Siege von 718 in Byzanz und 732 in Frankreich hätten eine Expansion des Kalifenreiches sogar bis über den Rhein denkbar gemacht. Der Papst wäre weiter nach Irland ausgewichen.

Gibbon folgerte 1780 naheliegend, daß bei einem Sieg der Muslime 732 Westeuropa dem Islam zugefallen wäre. Das ist nicht auszuschließen, auch wenn sich abendländischer Stolz dagegen aufbäumt und den siegreichen Sarazenen lediglich eine Plünderung von Tours zugesteht. Wer aber hätte sie hindern können, nach einem Schlachtentod Karl Martells ihren Siegeszug fortzusetzen? Nachdem es den Arabern gelungen war, die ältesten christlichen Länder zu unterwerfen und dort mit dem Islam das Griechische und Lateinische zu marginalisieren, wäre solches auch in Gallien und Britannien möglich gewesen, und dies um so leichter, als der Neue Glaube in Mittel- und Westeuropa noch längst nicht so verwurzelt war wie im Orient. Nicht nur die Friesen, die Chatten und die Sachsen hingen noch am Heidentum, sondern auch sonst hatten die irischen Missionare und nicht zuletzt Bonifatius mit Widerständen zu kämpfen, die letzterer nur mit fränkischer Rückendeckung Karl Martells überwand. Der Islam hatte eine Chance, die Hochreligion in Westeuropa zu werden. Man interpretierte dann in Paris und Oxford statt der Bibel den Koran, und an die Stelle des Corpus Juris wäre die Scharia getreten. Das hat Karl Martell verhindert. Als *saviour of Christendom* hätte er gemäß Gibbon heiliggesprochen werden müssen. Statt dessen verortete Hinkmar, Erzbischof von Reims, den Hausmeier in der Hölle, weil er zur Finanzierung seines Heeres auf Kirchenschätze zurückgegriffen hatte. Was aber wäre von ihnen übrig geblieben, wenn sie zur Beute der Sarazenen geworden wären?

Eine Islamisierung Westeuropas hätte nicht nur den Glauben, sondern auch die Sitten verändert. In der muslimischen Gesellschaft wurden die Knaben beschnitten, die Frauen verschleiert. Es gab Polygamie: Wer es sich leisten konnte, hielt einen Harem. In antiker Tradition herrschte Sklaverei, sie spielte zumal in Spanien eine bedeutende Rolle. Christliche Händler belieferten die Märkte mit Gefangenen aus Irland und namentlich »Slawen« aus Osteuropa. Ein wichtiger Umschlagplatz war Verdun, wo auch die begehrten Eunuchen produziert und von jüdischen Sklavenhändlern nach Spanien geliefert wurden. Die Araber importierten Sklaven aus allen Randgebieten ihrer Herrschaftsbereiche, umfänglich aus dem südrussischen Raum, später vornehmlich aus Schwarzafrika. Negersklaven gab es im britischen Mandatsgebiet Palästina noch nach dem Zweiten Weltkrieg. Wäre den Sarazenen die Unterwerfung der Franken gelungen, so wäre Mitteleuropa zur Sklavenlieferzone geworden. Schon die Römer schätzten Germanen in dieser Funktion. Gibbon war überzeugt, daß nach einer Niederlage Karl Martells mit der christlich-abendländischen Kultur die bürgerliche und religiöse Freiheit auf alle Zeiten abgewürgt worden wäre. Dem stimmte Jacob Burckhardt zu. Er erklärte, es gebe für »Europa nur *einen* Todfeind, den Islam«. Dessen Sieg hätte die europäische Kulturgeschichte um ihre Malerei, ihre Skulptur, ihre Musik gebracht.

Die Gegenrechnung kommt gegen diese Verluste nicht auf. Doch gäbe es durchaus Positives. Der islamischen Welt wäre bei einem Sieg die westeuropäische Intelligenz zugute gekommen, und anstelle des jahrhundertelangen Gegeneinanders der Religionen wäre ein Neben- oder gar ein Miteinander denkbar. Christen unter muslimischer Herrschaft hatten einen besseren Stand als umgekehrt. Friedrich II von Hohenstaufen hat über den religiösen Gegensatz hinweg gute Nachbarschaft mit den Arabern gehalten und das islamische Potential an Modernität zu nutzen gewußt. Die arabische Zivilisation war der fränkischen im frühen und hohen Mittelalter überlegen. Das bezeugen die mit und nach den Kreuzzügen von den Europäern aus dem Orient übernommenen Errungenschaften, die sich großenteils in unserem Lehnwortschatz widerspiegeln, zumal in den Bereichen der Textilien (Jacke, Kittel, Damast) und der Nahrungsmittel (Kaffee, Zucker, Natron) sowie auf den Gebieten der Chemie (Alchimie, Alkohol, Kali), der Astronomie (Aldebaran, Beteigeuze, Rigel) und der Mathematik (Algebra, Ziffer, die Formen der Zahlen).

Wie Syrien und Ägypten, so waren auch Sizilien und Spanien unter dem Islam hochentwickelte Länder. Das Städtewesen blühte mit seinen Moscheen, Schulen und Bädern, wo statt der paulinischen Leibfeindlichkeit die exquisite arabische Körperkultur und die verfeinerte muslimische Küche gepflegt wurden. Die Medizin und die technischen Disziplinen waren weit fortgeschritten. Die Übernahme der griechischen Naturwissenschaft läßt eine Vorwegnahme des Humanismus erahnen. Der bedeutendste Kopf war der Universalgelehrte Averroës (1126 bis 1198). Er lebte und lehrte in Córdoba, der damals neben Konstantinopel größten Stadt Europas. Seine Kommentare zu Aristoteles wurden ins Lateinische übersetzt und fanden rasch in der christlichen Welt Verbreitung. Zentrum der von ihm beeinflußten Scholastik war Paris, bis der Bischof Stephan Tempier 1277 die Schriften des Arabers und andere ketzerische Texte verbot. In einem muslimischen Gallien hätte sich seine von den Dogmen des Korans befreite Philosophie entfalten können. Averroës verwarf die individuelle Unsterblichkeit und die Endlichkeit der Welt, er vertrat den Vorrang der Vernunft vor dem Glauben im Sinne einer natürlichen Religion, die zwar den Gottesbegriff bewahrt, nicht aber die christliche Trinität. Der Rationalismus des Averroës zeigt, daß eine Aufklärung auf islamischer Grundlage möglich ist. Wenn sie nicht wie in Europa stattgefunden hat, so lag das nicht am Glauben, sondern an den Gläubigen. Die europäische Aufklärung war keine Folge des Christentums, denn sie hat sich ja wesentlich *gegen* die Kirche durchgesetzt. Eine islamische »Kirche« aber gab und gibt es nicht, hier fehlt der organisierte Priesterstand. Darum kennt der sunnitische Islam auch keine Inquisition.

Unbeschadet des aus dem Koran (Sure 8,40 und anderswo) wie aus dem Evangelium (Lukas 19,27) ableitbaren Gebots zum Glaubenskampf gab und gibt es den Gedanken der Toleranz in der islamischen Theologie. Er ist dort sehr viel älter als in der christlichen Tradition. Schon Mohammed akzeptierte die »Schriftbesitzer«. Die in der persischen Mystik des 13. Jahrhunderts bezeugte Schleiertheorie besagt, daß die Völker Gott nur durch den Schleier ihrer nationalen Religion erkennen vermögen, bis er sich am Ende der Zeiten offenbart. Auch der Islam ist nach dieser Lehre ein solcher Schleier. In jedem Falle wäre durch einen Sieg der Araber dem Mittelalter der Konflikt zwischen Kaiser und Papst erspart geblieben, hätten Judenhetze, Ketzerverfolgung und der Glaubenskrieg zwischen Christen und Muslimen – einschließlich der Kreuzzüge und der Türkenkriege – nicht stattgefunden. Das Christentum hätte neben dem Judentum als *religio licita* unter dem Islam fortbestanden, wie in Nordafrika und Spanien geschehen. So wie die spanischen Christen im 9. Jahrhundert arabisch redeten, wäre auch in Gallien das Latein durch das Arabische als Schriftsprache ersetzt worden, und wir schrieben heute von rechts nach links.

## *Mongolen und Türken*

Die übrigen, nach den Arabern erfolgten Angriffe aus dem Osten waren langfristig weniger bedrohlich. Sie wären gewiß irgendwo gestoppt worden, selbst wenn Karl der Große die Awaren, Otto der Große die Ungarn nicht zurückgeworfen hätte. Ihnen ging es wie zunächst den Normannen vorrangig ohnedies nur um Beute. Die nächste Offensive aus dem Osten unternahmen die Mongolen unter Batu, dem Enkel von Dschingis Khan. Sie verheerten Litauen, Polen, Ungarn und Schlesien. Krakau und Breslau fielen, der Piastenherzog Heinrich erlitt mit seinem polnisch-deutschen Heer bei Liegnitz 1241 eine vernichtende Niederlage. Im Jahr danach allerdings haben sich die Tataren zur Nachfolgeregelung des soeben in Karakorum verstorbenen Großkhans Ugedei zurückgezogen. Hätte dieser Sohn Dschingis Khans länger gelebt, wäre der Zug nach Westen wohl weitergegangen, aber irgendwo in Mitteldeutschland steckengeblieben.

Realistisch ist die Annahme, daß in dem genannten Fall Batu die Herrschaft der Goldenen Horde in die Donau-Theiß-Ebene ausgeweitet hätte. Ein hier residierender Tataren-Khan wäre wohl so wie die Magyaren zuvor zum Christentum übergetreten, während die Oberschicht der Goldenen Horde um die Wolga-

Mündung den Islam annahm und Kubilai Khan, ebenfalls ein Enkel Dschingis Khans, nach der Eroberung von Peking sich in einen Chinesen verwandelte. Siegreiche Barbaren können sich dem Zauber einer höheren Kultur auf Dauer nicht entziehen.

Ebenfalls lediglich begrenzte Erfolgsaussichten können wir der osmanischen Expansion nach Westen zubilligen. Der siegreiche Vorstoß nach Europa war durch den Zerfall des Byzantinischen Reiches erleichtert worden, das als Bollwerk gedient hatte, bis die »Franken« im Vierten Kreuzzug 1204 Konstantinopel erobert und ihr kurzlebiges lateinisches Kaiserreich errichtet hatten. Die Siege der osmanischen Türken auf dem Amselfeld 1389 und 1448 und die Eroberung von Konstantinopel 1453 waren stolze Erfolge. Dennoch wäre ihr Siegeszug im weiteren zum Halt gekommen, selbst wenn wir zu ihrem Vormarsch über Ungarn hinaus die Eroberung Wiens hinzudenken. Die Stadt hätte fallen können.

Gefährlicher als die 1529 gescheiterte Belagerung Wiens war der erneute Angriff Suleimans 1532. Güns wurde erobert, die Steiermark verwüstet. Zum Angriff auf Wien kam es nicht, weil Persien im Osten drohte, so daß sich der Sultan zurückzog und sich mit einem stolzen Jahrestribut des Habsburgers begnügte. Der zahlte. Ein zweites Mal stand Wiens Schicksal 1683 auf Messers Schneide. Wäre die Stadt gefallen, so wäre gleichwohl München oder Nürnberg nicht erreicht, geschweige denn erobert oder gar gehalten worden. Ebensowenig wie die zeitweilig besetzten Städte Belgrad und Budapest wäre Wien von den Türken dauerhaft zu behaupten gewesen. Sie waren zwar imstande, die zu Byzantinern gewordenen Stämme Kleinasiens zu turkifizieren, aber im Donauraum gelang die Etablierung einer soliden Herrschaft ebensowenig wie im syrischen Raum oder in Nordafrika. Großreiche zerfasern am Rande.

*Wie Karl der Große zwischen Imperium Romanum und Nationalismus vermittelte, überbrückte – Verzögerer par excellence!*
Nietzsche

# 7. Karl der Große verweigert die Kaiserkrönung

Als Auguste Comte, der Begründer der Soziologie, 1849 seinen »positivistischen«, dem Fortschrittsgedanken verpflichteten Kalender entwarf, gab er den neu eingeteilten zwölf Monaten originelle Namen. Er benannte sie nach Wohltätern der Menschheit. Unter den Auserwählten befand sich neben Frédéric (le Grand) auch Charlemagne. Nach ihm sollte der siebte Monat vom 18. Juni bis 15. Juli benannt sein. Karl der Große und Friedrich der Große waren deutsch-französische Koryphäen. Während die Grundlagen für das spätere Volk der Franzosen bereits von den Merowingern geschaffen waren, beruht die Entstehung des deutschen Volkes auf dem Reich Karls des Großen, das er bis zur Elbe und zum Donauknie, von der Nordsee bis über die Alpen ausgeweitet hat. Ohne ihn hätten die deutschen Altstämme der Franken und Friesen, der Sachsen und Thüringer, der Alamannen und Bayern vermutlich nicht zusammengefunden, sondern in ihrem Eigenleben verharrt.

Karl hat ein imposantes Imperium aufgebaut und eine kulturelle Glanzzeit heraufgeführt. Sie aber währte nicht lange. Daher stellt sich die Frage, ob der folgende Niedergang nicht hätte vermieden werden können. Eine Aufspaltung in ein später französisches und ein deutsches Königtum war wohl langfristig angelegt, schwer vermeidbar und durchaus sinnvoll im Hinblick auf die Entfaltung der jeweiligen nationalen Identität. Kerle wie Karl sind selten. Europa war vor tausend Jahren noch nicht reif für Europa. Gleichwohl knüpfen sich an Karls Reichs- und Kulturpolitik hohe, schließlich unerfüllte Erwartungen. Jacob Burckhardt meinte 1868 in seinen »Weltgeschichtlichen Betrachtungen«: »Hätte sein Reich nur hundert Jahre gehalten, so hätte sich die Renaissance unmittelbar angeschlossen.« Gegen sie kam die Antikenrezeption der Ottonen und der Staufer nicht in Betracht.

## *Das Zweikaiserproblem*

Die Krönung Karls des Großen zum römischen Kaiser durch Papst Leo III zu Weihnachten 800 war eine Sternstunde der europäischen Geschichte. Karl war hinfort nicht allein der mächtigste, sondern ebenso der ranghöchste König im Abendland. Gleichwohl war die neue Würde eine Hypothek, die Karls Nachfolger über Jahrhunderte hinaus belastete. Sie führte zum Zweikaiserproblem mit Byzanz und den vergeblichen Versuchen einer Einigung, weiterhin zum Rangstreit mit dem Papst, zum aussichtslosen Kampf um Italien und zum Konflikt mit den deutschen Fürsten um die Landeshoheit. Stets war die Reichseinheit und damit die Staatsbildung betroffen. Hätte sich all dies nicht vermeiden lassen, wenn Karl auf die Kaiserkrone verzichtet hätte? Vielleicht; und doch war die Wahrscheinlichkeit dafür gering, wenn wir die Vorgeschichte in Betracht ziehen – es sei denn, daß Karl bei einem seiner 53 Feldzüge gefallen wäre, etwa 772 bei der Erstürmung der sächsischen Eresburg und dem Sturz der heidnisch-heiligen Irminsul.

Auf die Nachfolge der römischen Imperatoren besaß der Basileus in Byzanz als Herrscher im Neuen Rom einen wohlbegründeten Ausschließlichkeitsanspruch. Wer ihn antastete, war ein Majestätsverbrecher oder gar ein Usurpator. Seit der Absetzung des letzten weströmischen Kaisers 476 war der Thron in Ravenna nicht etwa vakant, sondern die Reichsgewalt war wie unter Constantin wieder in Konstantinopel vereint. Allerdings waren die Ostkaiser nach Justinian nicht mehr imstande, ihre Herrschaft im Westen wirksam zur Geltung zu bringen. Hier war mit dem merowingischen Frankenreich eine neue Großmacht entstanden, deren Könige von den Bischöfen Galliens als rechtmäßige Nachfolger der Kaiser anerkannt waren. Vereinzelt finden wir bei den Merowingern imperiale Elemente im Zeremoniell: bei Childerich den Purpurmantel, bei Chlodwig zusätzlich das Diadem, bei dessen Enkel Theudebert sogar den Augustus-Titel und die Goldprägung. Agathias berichtet, Theudebert, der sich kaiserliche Vorrechte anmaßte, habe geplant, Byzanz zu erobern. Während Justinians Truppen in Italien gegen die Ostgoten kämpften, war die Stadt vergleichsweise schutzlos. Die militärische und diplomatische Vorbereitung zum Zug nach Byzanz war voll im Gang, Venezien bereits besetzt, da starb der kühne König 547 auf der Auerochsenjagd. Der Byzantiner meinte, Theudebert wäre an den Mauern der Kaiserstadt gescheitert. Offenbar hatte der Franke geplant, die Reichseinheit zu erneuern.

Leos Entschluß, Karl zum Kaiser zu krönen, und Karls Ehrgeiz, Kaiser zu werden, ergaben sich aus den bestehenden Machtverhältnissen. Den Papst bedrohten die Langobarden im Norden und die Sarazenen im Süden. Sein Schutz wäre die Sache von Konstantinopel gewesen, doch dem zuständigen Exarchen von Ravenna fehlten die Mittel. Daher wandte sich schon Gregor III an Karl Martell und bot ihm den Konsulsrang und den Patriciustitel an. Es handelt sich um die höchsten Würden, die allein der Kaiser vergeben durfte. Dessen Rechte wurden nun durch den römischen Bischof beansprucht und ausgeübt. Karls Sohn Pippin suchte und fand Anerkennung als König der Franken bei Papst Zacharias und folgte 756 dem Hilferuf von dessen Nachfolger Stefan II, nachdem dieser aus Byzanz keine Antwort erhalten hatte. Wenn die Ostkaiser ihre Rechte und Pflichten in Italien wahrgenommen hätten, wäre ein römisch-deutsches Kaisertum nie entstanden. Die Wende der Päpste von den Byzantinern zu den Franken war eine welthistorische Wegscheide mit Langzeitfolgen für die deutsche Italienpolitik bis ins 19. Jahrhundert.

Pippin wurde förmlich zum Schutzherrn des Papstes und schenkte ihm das den Langobarden entrissene Exarchat von Ravenna. Damit vergrößerte er den Grundbesitz des Papstes, das Patrimonium Petri, zum Kirchenstaat. Die so begründete weltliche Gewalt der Päpste bot diesen später die Basis für ihre bedeutsame Rolle in der Politik. Hätte Pippin die dadurch entstandenen Querelen vorausgesehen, hätte er die Schenkung gewiß unterlassen. *Principiis obsta!* heißt es. Aber kein Anfang ist von Anfang ein Anfang.

Wenn wir den Begriff der ungeschehenen Geschichte auf die politische Legende ausdehnen, fällt darunter das Constitutum Constantini, jener Ende des 8. Jahrhunderts in der päpstlichen Kurie fabrizierte Brief Constantins, der bei seinem Rückzug nach Byzanz im Jahre 330 dem Papst und seinen Nachfolgern die Westhälfte des Imperiums geschenkt haben will. Mit dieser Fiktion ersparte sich der Stellvertreter Christi seine Dankbarkeit gegenüber den Franken, darauf gründete er seine Unabhängigkeit von Byzanz und seinen Anspruch auf weltliche Macht.

Karl der Große war 800 zum vierten Mal in Italien erschienen. Schon 773 hatte Hadrian I ihn gerufen. Eine Kaiserkrönung wäre damals noch nicht möglich gewesen, da in Konstantinopel Konstantin V regierte, der erfolgreich gegen die Bulgaren kämpfte. Bis zu seinem Tode 795 respektierte Hadrian die Oberhoheit des Basileus. Noch Papst Leo III hat ihn gemäß Notker Balbulus von Sankt Gallen um Hilfe gebeten. Hätte er sie erhalten, so wäre eine Krönung Karls entfallen. Leo wandte sich daher, wie seine Vorgänger, an die Franken und bot Karl die Kaiserwürde an. Die Diskrepanz zwischen dem glorreichen Kaisertum der Byzantiner und ihrer militärischen Schwäche auf der einen Seite und der Gegensatz zwischen der Macht der Franken und ihrer nominellen Zweitrangigkeit auf der anderen Seite forderten einen Ausgleich. Die Theologie der Päpste hielt fest am ideellen Fortbestand des Imperium Romanum, das nach der Prophezeiung Daniels, genauer: nach der unbestrittenen Auslegung dieser Prophezeiung durch die Kirche, bis zum Weltenende bestehen sollte. Ein katholischer Kaiser war daher heilsnotwendig. Die Rechtgläubigkeit der orthodoxen Ostkaiser aber schien im katholischen Westen seit dem Bilderstreit fragwürdig.

Karls Krönung durch Leo III zu Weihnachten 800 war nicht so überraschend, wie wir wohl meinen und wie Karls Biograph Einhard behauptet. Ihm soll Karl beteuert haben, nie hätte er die Kirche betreten – nicht einmal an einem so hohen Feiertage –, wenn er die Absicht des Papstes gekannt hätte. Was meinte Einhard damit? An einen Verzicht auf die Kaiserwürde kann Karl kaum gedacht haben, selbst wenn er die ihn überraschende Zeremonie der Krönung während der Feier hinnehmen mußte. Niemand konnte ihn zwingen, den Kaisertitel zu führen. Fraglos hat es eine Absprache mit dem Papst gegeben, der schon 799 bei Karl in Paderborn erschienen war, da er sich in Rom gegen den dortigen Adel nicht halten konnte. Die Krone – vermutlich das von Einhard beschriebene Juwelendiadem – hielt Leo für Karl bereit.

Karls Unwillen richtete sich offenbar nur gegen die Form der Krönung, aus deren Vollzug der Papst als Stellvertreter Christi das Recht ableiten konnte, über die Vergabe des Kaisertitels zu entscheiden. Und eben dies war ja später der Fall, von der Krönung Ottos des Großen 962 bis zur letzten feierlichen Kaiserkrönung, derjenigen Karls V am 24. Februar 1530, seinem Geburtstag, zu Bologna durch Clemens VII. Damit war der Kaiser *a Deo coronatus*, wie es schon bei Einhard zu Karl dem Großen heißt. In der Tat handelt es sich bei dem Krönungsrecht um eine Usurpation durch den Papst. Kein christlicher römischer Imperator seit Constantin wurde je von einem Bischof gekrönt, und auch in Byzanz beschränkte sich die Rolle des Patriarchen bei der Thronbesteigung auf eine Nebenrolle. »Den Kaiser macht das Heer«, heißt es zutreffend um 400 beim Kirchenvater Hieronymus. Füglich hat dann Karl seinem Sohn Ludwig dem Frommen 813 gestattet, sich selbst zu krönen, und auch dessen Sohn Lothar wurde 817 Kaiser ohne Mitwirkung des Papstes.

Die Krönung Karls füllte eine Lücke. Denn in Byzanz regierte damals die Kaiserwitwe Irene, weswegen man im Westen den Thron als vakant betrachtete. Dennoch ließ Karls Kaisertum einen Dauerzwist mit Byzanz erwarten. Die eleganteste Lösung wäre Karls Ehe mit Irene gewesen. Beide waren verwitwet. Nach zeitgenössischen Quellen hielt Karl 802 um Irenes Hand an, doch wurde die Kaiserin abgesetzt, ehe die Entscheidung gefallen war. Voltaire nannte die Wiedervereinigung der beiden römischen

Reiche durch Irenes Heiratsidee eine Chimäre: *Ce mariage est une ideé chimérique,* doch gab es flankierende Maßnahmen. Auf Irenes Wunsch hatte Karl seine älteste Tochter Rotrud schon 781 mit Irenes Sohn Konstantin VI verlobt. Welche Aussichten bot eine solche Verbindung!

Der Blick auf Byzanz weckte im Abendland auch später noch imperiale Hoffnungen, die sich nicht erfüllten. Otto der Große, den Widukind von Corvey nicht ohne Grund als »Haupt der ganzen Welt« *(caput orbis totius)* bezeichnete, geriet auf seinem dritten Italienzug mit Byzanz in Konflikt, der jedoch durch die Heirat seines Sohnes Otto II mit der byzantinischen Prinzessin Theophanu 972 beigelegt werden konnte. Das Zweikaiserproblem schien paritätisch gelöst. Anders war das Kräfteverhältnis unter den Staufern. Barbarossa plante, die Erhabenheit des Römischen Reiches in der überragenden Stärke früherer Zeiten zu erneuern – *ut Romani imperii celsitudo in pristinum suae excellentiae robur reformetur.* Er hatte die deutschen Fürsten und das Papsttum bezwungen, die Toskana gewonnen und Heinrich (VI), seinem Sohne von Beatrix von Burgund, durch dessen Heirat mit Konstanze das normannische Erbe in Sizilien und Unteritalien gesichert. Als Kaiser Isaak II 1189 den deutschen Kreuzrittern den vereinbarten Durchzug ins Heilige Land verwehrte, beschloß Barbarossa, kurzerhand Konstantinopel zu erobern. Heinrich erschien mit einer Flotte vor der Stadt – da gab Isaak nach. Byzanz kam noch einmal davon. Hätte Barbarossa damals Konstantinopel bezwungen und eine stabile Herrschaft dort eingerichtet, so wären die Voraussetzungen für die Katastrophe von 1204 entfallen, als die Kreuzritter die Stadt erstürmten und Balduin von Flandern lateinischer Kaiser wurde. Nun gab es ein Dreikaiserproblem.

Nach dem Tode Barbarossas 1190 im Saleph, dem antiken Kalykadnos, erreichte unter Heinrich VI die Macht der Staufer ihren Höhepunkt. Der Kaiser betrieb die Erblichkeit der Königswürde im Stauferhause und plante die Säkularisierung des Kirchenstaates. Sein Vorrang wurde von den englischen und französischen Königen anerkannt, die Almohaden in Nordafrika zahlten einen

Jahrestribut. Die Vorbereitungen zum Kreuzzug waren weit gediehen. Die Wirren nach dem Tode Saladins 1193 ließen einen Erwerb des Heiligen Landes möglich erscheinen. 1197 erhob Heinrich Anspruch auf den Thron am Goldenen Horn, nachdem sein Bruder Philipp Irene, eine Tochter des von seinem Bruder Alexios abgesetzten Kaisers Isaak, geheiratet hatte. Der an dessen Stelle regierende Usurpator suchte die Forderung des Schwaben durch eine immense Geldzahlung abzuwenden. Die dafür ausgeschriebene »Alamannensteuer« aber reichte nicht hin. Heinrich hatte von den Königen Amalrich von Cypern und Leo von Kleinarmenien, das heißt Kilikien, den Lehnseid empfangen, Byzanz saß in der Klemme. Bevor die Entscheidung fiel, starb Heinrich im September 1197.

Der Versuch einer Erneuerung des Römischen Reiches war nie so weit gediehen wie unmittelbar vor dem Tode Heinrichs VI. Er starb mit 32 Jahren und hätte bei längerem Leben sein Reich gewiß noch ausbauen können. Und dennoch wird man an einem mittelfristigen Erfolg zweifeln und den Zufall des Todes als hinreichende Ursache des Mißlingens beiseite lassen müssen. Ein staufisch-byzantinisches Doppelkaisertum hätte zwar die Ausmaße des Imperium Romanum wieder erreicht, nicht aber die Spannungen zwischen Griechen und Franken, zwischen griechischer Orthodoxie und römischem Katholizismus überwunden. Auch fehlte die Verwaltung nebst der gesamten Infrastruktur, die einst das Römerreich zusammenhielt, nicht zuletzt das gut ausgebaute römische Straßennetz, es umfaßte einst 80 000 Kilometer gepflasterte Fernstraßen.

Jeder territoriale Gewinn ist eine politische Belastung, die ein Gegengewicht im Zentrum erfordert. Ein solches besaß einst das langsam von Italien aus gewachsene Imperium Romanum, dessen Mitte in der Kaiserzeit gleichsam hohlbrannte und seit dem 3. Jahrhundert ökonomisch und militärisch keine Kraftquelle mehr war. In einer ähnlichen Entwicklung verlor die Hausmacht der Staufer in Schwaben und Deutschland an Bedeutung, als die Präsenz der Kaiser in Italien und dann in Sizilien erforderlich war.

Wie unwahrscheinlich eine Erneuerung der römischen Reichseinheit allein der Größe wegen war, lehrt bereits die Geschichte seit Diocletian um 300, der mit seiner Tetrarchie das legale Mehrkaisertum schuf, weil das von außen bedrohte Reich zu weiträumig war, um von einem einzigen Herrscher verteidigt werden zu können. Constantin teilte das Reich testamentarisch unter seine Söhne auf. Fortan gab es in aller Regel stets mehrere Imperatoren. Hat doch selbst Karl der Große mit der *Divisio regnorum* 806 eine Dreiteilung seines Reiches unter seine Söhne verfügt, so wie das schon bei den Merowingern üblich war. Ludwig der Fromme sollte Aquitanien und Südfrankreich erhalten; für Pippin waren im Südosten Italien, Alamannien und Bayern bis zum Burgenland vorgesehen; für Karl, den Ältesten, der Norden zwischen Atlantik und Elbe. Alle drei Landkomplexe waren in sich abgeschlossen und hätten sich unter einer dynastischen Herrscherfolge verfestigen können. Das Reich Pippins nimmt in etwa die Länder der Habsburger vorweg; das Reich Karls eröffnet die Aussicht auf einen französisch-niederdeutschen Staat ähnlich dem Machtbereich Napoleons, und das Reich Ludwigs zeigt den Ansatz zu einer Verselbständigung der Languedoc, die schon unter den Römern als *Provincia Narbonensis* eine Verwaltungseinheit darstellte. Da nur Ludwig den Vater überlebte, blieb die Reichseinheit zunächst erhalten, bevor sie dann 843 in drei und 870 in zwei Teile zerbrach. 885 konnte sie nur kurzzeitig erneuert werden. Während im westfränkischen Reich unter den mit Söhnen gesegneten Kapetingern und den mit ihnen verwandten Valois sich eine starke Zentralgewalt herausbildete, finden wir im ostfränkisch-deutschen Reich kurzlebige Dynastien und einen dauernden Dualismus zwischen dem König und den Fürsten.

## *Die kaiserliche Italienpolitik*

Der von Karl so erfolgreich eingeschlagene Weg in Richtung auf imperiale Größe wurde in den Wirren unter seinen Nachfolgern unterbrochen, durch die sächsischen Ottonen jedoch fortgesetzt. Sie gewannen eine Führungsposition in ganz Mitteleuropa unter

Einschluß von Frankreich, Italien und den westslawischen Ländern. Doch auch dies blieb eine prekäre Position. Unter den Saliern und Staufern sodann konnte der Primat des Kaisertums nochmals erneuert werden, ging aber im 13. Jahrhundert im Kampf mit dem Papst und den Königen von Frankreich für immer verloren. Daher stellte sich die Frage, ob die Fixierung der deutschen Könige auf Rom, ob der Plan einer *renovatio imperii* überhaupt sinnvoll war. Schon Herder verurteilte 1791 in harschen Worten die kaiserliche Italienpolitik. Soweit die weltliche Macht der Päpste auf dem Schutz durch die Deutschen beruhte, weist Herder diesen eine Mitschuld an allen Gewaltakten der Stellvertreter Christi zu, die anderenfalls nicht möglich gewesen seien. Den Sinn der Reichsidee hat dann ebenso Hegel 1831 bestritten, indem er den Kaisertitel für »hohle Anmaßung« und eine »leere Würde« erklärte, statt dessen Frankreich dafür beglückwünschte, »nicht zu dieser Ehre gekommen zu sein«. Die Italienpolitik mit dem Kampf gegen das Papsttum habe mit dem Aufstieg der Landesfürsten das Ende der deutschen Einheit herbeigeführt. Das war für ihn die »große Tragödie des Mittelalters«.

Im 19. Jahrhundert ging es in der Mediävistik um die Alternative: Sicherung Italiens für das römisch-deutsche Kaisertum oder Konsolidierung des Königtums in Deutschland nebst einer Kolonisation des Ostens? Es war gewissermaßen ein Streit zwischen Imperialismus und Nationalismus. Im Geiste der Romantik hatte der Berliner Rankeschüler Wilhelm Giesebrecht 1855 ein verklärendes Bild der altdeutschen Kaiserherrlichkeit entworfen. Dagegen wandte sich 1859 der in München lehrende, aber borussisch denkende Heinrich von Sybel ganz im Sinne Hegels mit einer scharfen Verurteilung der mittelalterlichen Kaiserpolitik. Ihre Ziele seien einerseits anachronistisch (weil römisch), andererseits utopisch (weil imperialistisch) gewesen. Um der Chimäre einer politischen Einheit der Christen willen hätten die deutschen Kaiser mit ihrer Italienpolitik endlose Opfer an Geld, Zeit und Menschen gebracht. Sie hätten bei den Italienern und Franzosen nur Neid und Haß gesät, seien mit dem Papst und dem selbstbewußten Bürgertum Norditaliens zusammengestoßen und notwendig gescheitert.

Sybels Sympathie gehörte Männern wie König Heinrich I dem Vogler, der die Grenze zum Osten sicherte, und Herzog Heinrich dem Löwen, der sich mehr um die Erschließung und Christianisierung des kaum entwickelten Ostens bemühte als um die Unterwerfung Reichsitaliens und die von den dortigen Städten einzutreibenden Tribute. Sybel erklärte, ein deutscher König habe nationalen Pflichten zu genügen, nicht universalen Phantasmen nachzujagen. Er bewunderte die konsequentere Politik der englischen und französischen Könige, denen die Herausbildung einer Hauptstadt, einer zentralen Macht und einer nationalen Einheit gelang. Als der Welfe 1176 dem Kaiser in Chiavenna die Heeresfolge nach Italien verweigerte, bahnte sich wieder ein Nord-Süd-Konflikt an. Er endete mit dem Sturz Heinrichs 1180. Barbarossa hätte damals laut Sybel die Lehen des Löwen einziehen und eine staufische Hausmacht ausbauen sollen. Barbarossas Enkel Friedrich II sodann hätte die kaiserlichen Hoheitsrechte nicht an die geistlichen (1220) und weltlichen (1231) Landesherren abtreten dürfen, bloß um in Italien freie Hand zu haben. Er hätte sich um Deutschland statt um Sizilien kümmern, Frankfurt statt Palermo zur Residenz wählen müssen. Als Hauptstadt hätte sich auch Nürnberg angeboten, nachdem Friedrich 1219 den großen Freiheitsbrief für die Stadt ausgestellt hatte. Später sollte hier jeweils der erste Reichstag abgehalten werden. 1424 kamen die Reichskleinodien in die Burg, Nürnberg wurde die gebietsmächtigste deutsche Reichsstadt. Für Sybel war die Italienpolitik der deutschen Kaiser ein Irrweg.

Zum Verteidiger der Italienpolitik erhob sich 1861/62 Julius Ficker in Innsbruck. Er suchte den deutschen Kaisern aus dem Geiste ihrer Zeit gerecht zu werden, betonte die kulturelle Überlegenheit des Südens, dessen Einfluß auf Deutschland unschätzbar war, und vertrat gegen die kleindeutsche Idee Sybels die imperiale großdeutsche Linie unter Habsburgs Führung. Wenn die deutschen Kaiser mit ihren übernationalen Bestrebungen auch gescheitert seien, so sei das Ziel einer Einheit des christlichen

Europa doch großartiger als der bloße Nationalismus, der um 1200 gewiß noch nicht an der Zeit war. Aber wie weit soll und kann der Blick eines Staatsmannes in die Zukunft reichen?

Als Höhepunkt der Reichsherrlichkeit gilt die Regierung Heinrichs VI; sein Tod, der die römisch-deutsche Kaisermacht beendete, erscheint als Wendepunkt der mittelalterlichen Geschichte. Dies war für die deutschnationale Historiographie die »furchtbarste Katastrophe der mittelalterlichen Geschichte Deutschlands«, so Karl Hampe 1929. Die Meinung, »daß die Dinge ganz anders hätten laufen können«, vertrat schon Johannes Haller 1922. So wie Ficker äußerte er Verständnis für die imperiale Politik aus dem Geist der Zeit. Er kannte den Haß auf die deutschen Barbaren bei den selbstbewußten Italienern, er wußte um die unbestrittene politische Autorität des Papstes und des hohen Klerus und bedachte ebenso die Eigeninteressen der deutschen Fürsten, die ihre Landeshoheit ausbauen wollten. Dennoch stellte er den Reichsgedanken höher. Hätten die Fürsten die Kaiser unterstützt, so wären diese nicht so bald gescheitert. 1834 beklagte Ranke, daß die »widerspenstigen Vasallen« die Entwicklung des Kaisertums nach Karl und Otto »zu vollkommen ruhigem und festem Bestande« verhinderten und die weltliche Macht der Päpste stützten. Aber die Konzentration der Fürsten auf die jeweiligen Länder muß man nicht als Treulosigkeit moralisch verurteilen. Sie kam der Staatsverwaltung zugute, denn sie war in kleineren Territorien leichter zu intensivieren als in dem riesigen Stauferreich mit seinen langen Verkehrswegen.

## *Die Doppelwahl von 1198*

Nach dem Tode Heinrichs VI gab es im Jahre 1198 eine folgenschwere Doppelwahl. Die staufisch eingestellten Fürsten in Oberdeutschland wählten Philipp von Schwaben, den jüngsten Sohn Barbarossas, zum König; die welfisch gesinnten Großen am Niederrhein entschieden sich für Otto IV von Braunschweig, den dritten Sohn Heinrichs des Löwen und der englischen Königstochter Mathilde. Philipp wurde von Frankreich begünstigt, Otto von England unterstützt. Um die Gunst des Papstes zu gewinnen, war Otto bereit, auf Italien zu verzichten, Innozenz III erkannte ihn in seiner Konsistorialrede von 1200 an. Otto revidierte aber seine Haltung, nachdem Philipp 1208 ermordet worden war, und erhob Anspruch auf Reichsitalien. Daraufhin unterstützte der Papst die Wahl Friedrichs II, des Sohnes Heinrichs VI, der nach der Niederlage Ottos gegen die Franzosen 1214 bei Bouvines bis 1250 regierte.

Da Friedrich sich ganz auf Italien konzentrierte, schwächte er die Reichsgewalt in Deutschland zugunsten der Landesfürsten. An dem geopolitischen Spagat zwischen Holstein und Sizilien mußte die Reichseinheit früher oder später zerbrechen. Daran hätte auch ein Sieg Konradins, der 1268 bei Tagliacozzo dem französischen König Karl von Anjou unterlag, nichts geändert. Hier ging es lediglich um die Vorherrschaft über Italien, das schon seit der Spätantike wehrlos zur Beute aller Nachbarmächte geworden war.

Eine andere reichspolitische Situation wäre entstanden, wenn Otto IV sich behauptet und, wie er zunächst beabsichtigte, Italien aufgegeben hätte. Das hätte eine Konzentration seiner Kräfte auf Deutschland erlaubt und damit zu einer stärkeren Zentralgewalt führen können. Ottos Hausmacht lag in Niedersachsen, als Residenz hätte er wohl Braunschweig gewählt. Wäre sein Geschlecht über mehrere Generationen mit Söhnen gesegnet gewesen, so hätte sich die Herrschaft der Welfen wohl konsolidieren können. Ob daraus aber der Nukleus für den im 19. Jahrhundert erträumten dauerhaften deutschen Nationalstaat entstanden wäre, ist nicht gesagt.

Wie brüchig die Lage in Deutschland war, das zeigen die Turbulenzen nach dem Tode Friedrichs II 1250. Erst 1273 beendete Rudolf von Habsburg mit seiner Wahl zum römisch-deutschen König das Interregnum: »Geendigt nach langem verderblichen Streit / war die kaiserlose, die schreckliche Zeit«, wie es bei Schiller in den »Xenien« heißt. Sie bot sehr unterschiedliche Ausblicke in die Zukunft des Reiches. Gute Startchancen hatte der schon 1247 zum Gegenkönig gewählte Wilhelm von Holland, der aber bereits 1256 fiel und seine Reichsreform mit ins Grab nahm. Geringe Aussichten hatten die Nachfolger Richard von Cornwall und Alfons von Kastilien. Erst mit Rudolf stabilisierte sich die Lage. Sie stand aber wieder auf der Kippe in der Schlacht auf dem Marchfeld 1278 gegen Rudolfs mächtigen Konkurrenten um die deutsche Königswürde, gegen Ottokar von Böhmen. Hätte sich Rudolf bei seinem Sturz vom Pferd in der Schlacht auch nur kampfunfähig verletzt, so war es um seinen Sieg geschehen. An die Stelle der Habsburger Dynastie wäre die der Pschremisliden in Prag getreten. Welche Zufälle zum Wechsel von Herrscherhäusern führen konnten, zeigte sich wiederum, als Kaiser Heinrich VII, der Luxemburger, 1313 auf seinem Italienzug der Hitze erlag und als Kaiser Ludwig der Bayer 1347 bei München auf der Bärenjagd umkam. Unter einer derart wankenden Spitze konnte kein solider Bau entstehen.

★

Wer die Geschichte überblickt, muß erkennen, daß der Veranlagung der Germanen wie der Deutschen weniger die zentralistische als die föderative Form der Zusammengehörigkeit entspricht. Das beginnt mit den frühen Stämmen und ihren kurzfristigen Konföderationen, erweist sich im Mittelalter in der stets prekären Befehlsgewalt der Kaiser gegenüber ihren Großen – verglichen mit der unbestrittenen Autorität der römischen Imperatoren bei ihren Statthaltern –, es kennzeichnet die bunte Landkarte des Deutschen Reiches und schließlich gemäß Artikel 20 (1) des Grundgesetzes die Bundesrepublik. Hat doch unsere Kanzlerin mit den Ministerpräsidenten der Länder ähnliche Probleme wie einst der Kaiser mit den Fürsten – zumal wenn es ums Geld geht.

Der bündische Zusammenhalt der deutschen Stämme hat gleichwohl nie zu einer völligen Loslösung der Teile geführt, sofern nicht fremde Mächte das erzwungen haben, denken wir an die Okkupation des Elsaß durch Ludwig XIV, an die von den

Franzosen 1919 erzwungene, von den Alliierten 1945 wiederum verfügte Abtrennung Österreichs und den Verlust der deutschen Ostgebiete jenseits der Oder-Neiße-Grenze sowie das mit der Wende 1990 glücklich überwundene sowjetische Protektorat über die DDR. Die allzeit vergleichsweise schwach ausgeprägte Zentralgewalt des Reiches hat Gebietsverluste an den Grenzen hinnehmen müssen, war aber die Voraussetzung für die Entstehung der zahlreichen Fürstensitze, Reichsstädte und Kulturzentren, die für die deutsche Geschichte kennzeichnend wurden. Für die Kulturgeschichte wäre der Zentralismus ein Nachteil gewesen, den kein Machtgewinn aufgewogen hätte. Die Stärke der Deutschen lag so gut wie nie auf dem Gebiet der Politik. Das meinte wohl Goethe, als er 1813 zu dem Jenenser Historiker Luden bemerkte, das deutsche Volk sei so »achtbar im Einzelnen und so miserabel im Ganzen«.

# IV. VARIANTEN ZUR NEUZEIT

Die politische Geschichte Deutschlands der Neuzeit ist eine Kette von Versuchen, einen neuen Anfang zu finden. Das beginnt mit der Reformation, wiederholt sich in den Friedensbemühungen in und nach dem Dreißigjährigen Krieg und prägt den Aufstieg Preußens. Hoffnungen weckten der Wiener Kongreß 1815, die Revolution von 1848 und Bismarcks Reichsgründung 1871. Nach den mißglückten Ouvertüren im August 1914 und im November 1918; unter anderen Vorzeichen im Januar 1933 und im September 1939; schließlich nochmals im Dezember 1948, als die SED einen »Deutschen Volkskongreß« nach Berlin einberief, aus dem dann die DDR hervorging, gelang erst mit der Gründung der Bundesrepublik am 23. Mai 1949 die Etablierung einer Staatsordnung, die sich über sechzig Jahre bewährt hat und weiteren Bestand verspricht, sofern sie nicht mit dem neuesten Projekt unserer politischen Glücklichmacher im vereinten Europa, unserem höheren Selbst, politisch aufgeht.

Der Grund für die lange Folge hinter uns liegender Startversuche war letztlich immer ein Ungenügen am Bestehenden, ein Mißstand, der sich aus dem vorherigen Ansatz ergeben hat, gepaart mit einer Hoffnung von Menschen, denen es in ihrem Neuerungsdrang zumeist an Urteilsvermögen und Augenmaß mangelte. Im Nachhinein erscheint jeweils der letztvergangene Start als ein Fehlschlag, und das weckt die Frage, ob er sich nicht hätte umgehen lassen. Jede Konstatierung eines Fehlers basiert auf der Annahme seiner Vermeidbarkeit, das heißt einer unverwirklichten

Alternative, hier auf derjenigen möglichen Maßnahme, die eine kontinuierliche, weniger kostspielige Entwicklung ermöglicht hätte. Wäre der heutige, uns allen erwünschte Zustand nicht schon früher oder wenigstens ohne die vergangenen Konvulsionen erreichbar gewesen?

*Karl V war der erste Despot*
*seit dem Fall des Römischen Reiches.*
Galiani

## 8. Karl V verliert die Kaiserwahl

Im Juni 1877 notierte Dostojewski in sein Tagebuch: »Deutschland hat nur eine Aufgabe, hat sie auch früher schon und immer gehabt. Das ist das Protestieren.« Gemeint ist der Protest gegen die Universalmächte, beginnend mit Arminius und seinem Kampf gegen das römische Weltreich, gefolgt von der Auseinandersetzung der deutschen Kaiser mit dem Papsttum und der Reformation der römischen Kirche durch Luther. Zu denken ist weiter an den Krieg gegen Napoleon, Bismarcks Kirchenkampf, der Dostojewski vor Augen schwebte, und nach ihm an die Opposition gegen die *Pax Britannica*, an die Frontstellung gegen den westlichen Kapitalismus und den östlichen Kommunismus im 20. Jahrhundert. Das bestimmende Denkmuster für Dostojewski war der Protestantismus des 16. Jahrhunderts. Hätte es anders kommen können?

Die Reformation wurzelt im Spätmittelalter. Die allgemeine Entwicklung in Deutschland war bestimmt durch den Aufschwung des Städtewesens, der Bildung und des Bürgertums, verbunden mit einer globalen Ausweitung des Handels, mit der humanistischen Bewegung der Renaissance und dem technischen Fortschritt. Zu diesen dominanten Tendenzen sind weitreichende Alternativen kaum zu denken. Hier bieten sich Ansätze zu Geschehensvarianten nur im einzelnen, indem etwa die führende Rolle der Fugger im Fernhandel von den Welsern hätte übernommen werden können, der Buchdruck mit beweglichen Lettern statt von Gutenberg durch seinen Mitarbeiter Peter Schöffer entwickelt, das griechische Neue Testament statt von Erasmus von Melanchthon hätte ediert werden können. All dies lag gleichsam in der Luft. Größere Spielräume der historischen Phantasie für kontrafaktisches Geschehen eröffnen sich zu Beginn der Neuzeit im Zeitalter der Glaubenskriege. Die Spaltung Deutschlands und Europas mit der Reformation, der gescheiterte Bauernkrieg, die entsetzlichen Opfer des Dreißigjährigen Krieges – waren sie unvermeidlich?

## *Reformbedarf an Haupt und Gliedern*

Beginnen wir mit der Reformation. Die allgemein beklagten Mißstände in der Kirche, die seit 1451 so genannten *Gravamina nationis Germanicae*, waren Thema der Konzilien von Pisa 1409, von Konstanz 1414 bis 1418 und von Basel 1431 bis 1449. Die Vorrechte der Geistlichkeit, zumal die vielfältigen Gebühren und Geldforderungen des Papstes erregten Unwillen, der wachsende Reichtum der Kirche weckte Begehrlichkeit. Aber die überfällige »Reform an Haupt und Gliedern« von oben scheiterte. Luther unternahm sie von unten, was eine regionale, das heißt unkatholische Lösung der Aufgabe bewirkte. Als er 1517 seine Thesen gegen den Mißbrauch des Ablaßwesens veröffentlichte, war die Lawine nicht vorauszusehen, die er damit auslöste.

Burckhardt fragte: »Wie es ohne Luther abgelaufen wäre?« Darauf hat der Reformator selbst geantwortet, der nach dem Thesenskandal im Begriff stand, nach Frankreich zu fliehen. Am 23. August 1520 schrieb er an Spalatin, werde er ausgelöscht, so stünden viele andere auf, um die Reform zu erzwingen. Der Basler äußerte die Überzeugung, daß ohne Luther mehr von der alten Dogmatik und Hierarchie erhalten geblieben wäre, daß es aber ebenfalls Angriffe auf den Kirchenstaat und die Kirchengüter gegeben hätte.

Für diese Annahme spricht schon die ganz allgemeine Gefährdung gottgeweihter Schätze. Das beginnt bereits in der Antike. Denken wir an die Plünderungen Delphis durch die Phoker 356 v. Chr. und durch die Kelten 278, an die von Antiochos IV begehrten Tempelschätze von Jerusalem 168 und Susa 164 sowie an das *aurum Tolosanum*, an das vom Konsul Caepio 106 v. Chr. in den keltischen Heiligtümern von Toulouse geraubte Gold.

Auch die Kirche hatte einen »guten Magen«. Bereits Karl Martell und Arnulf der Böse von Bayern griffen zu. Nachdem dann die protestantischen Fürsten sich die Liegenschaften und Einkünfte der Klöster – oft zu guten Zwecken – angeeignet hatten, waren auch in den katholischen Landen die geistlichen Güter nicht mehr sicher. Heinrich VIII annektierte sie in England, Joseph II in Österreich, Montgelas in Bayern.

Nicht beipflichten wird man der Ansicht Burckhardts, daß »einzig nur die Konfiskationen und die daran hängenden Interessen« die deutsche Reformation am Leben erhalten hätten. Es gab genuin religiöse Motive. Laienkelch und Priesterehe wurden weithin gefordert, Ablaß und Ohrenbeichte, Bilderdienst und Heiligenkult, Marienverehrung und Pilgerwesen abgelehnt.

Ebenso verdient Burckhardt Widerspruch zu seiner These von der destruktiven Wirkung der Reformation auf die Malerei. Gewiß entfielen hinfort in großem Umfang religiöse Themen für kirchliche Auftraggeber, aber es ist doch mehr als zweifelhaft, daß der »noch ungebrochenen Kraft der Deutschen«, wären sie katholisch geblieben, die »Aneignung der Renaissance und die Verschmelzung mit der großen italienischen Kunst ... völlig gelungen« wäre. Der »Halbstil wie in den Niederlanden« wäre, so der Basler, den Deutschen erspart geblieben. Seine Urteile über die Niederländer sind mitunter überzogen, so wenn er schreibt: »Brueghel ist kein achtbarer Maler«, oder wenn es heißt, Rembrandt sei der »Abgott der genialen und nichtgenialen Schmierer«. Doch zurück zur Reformationszeit!

## *Die Wahl Karls V*

Eine unvorhergesehene Situation trat ein, als zwei Jahre nach den Ablaßthesen Luthers Kaiser Maximilian sechzigjährig verstarb. Geben wir ihm noch zehn weitere Jahre, so verändern sich die Rahmenbedingungen für die Reformation. Maximilian rang in seiner letzten Zeit mit zwei Problemen: außenpolitisch mit dem alten, als dringend empfundenen Plan eines Türkenkrieges gegen den mächtig ausgreifenden Sultan Selim; innenpolitisch mit dem Fehdewesen im Reich und den Eigenmächtigkeiten der Landesherren. Auf dem Reichstag zu Augsburg 1518 fand er nicht die erforderliche Unterstützung, und auch der Papst enttäuschte ihn. Das Verhältnis zu Rom war gespannt wie meist, und das erklärt Maximilians Wort über Luther zu Friedrich dem Weisen: er möge den Mönch »fleißig bewahren«, man könne ihn wohl noch einmal brauchen. Ranke meinte mit Recht, daß die reformatorische Bewegung für die politische Opposition gegen das Papsttum nützlich gewesen wäre, »hätte es in diesem Augenblick einen mächtigen Kaiser gegeben«. Wie die Dinge lagen, war von Maximilian kein ernsthafter Widerstand gegen die reformatorischen Bestrebungen zu erwarten.

Mit dem Hinscheiden des Monarchen und der erforderlichen Neuwahl eines römischen Königs trat eine Weichenstellung ein, die sehr unterschiedliche Konsequenzen haben konnte. Hätte es für das Königtum ein dynastisches Erbrecht gegeben, wie in nahezu allen Monarchien weltweit bis heute, so wäre der Thron umstandslos an Maximilians Enkel, an Karl V, damals schon König von Spanien, übergegangen. Maximilian wünschte das, doch es lag nicht in seiner Macht. Das Reichsrecht, wie es im Sachsenspiegel von 1235 und in der Goldenen Bulle von 1356 festgeschrieben war, ließ den deutschen Kurfürsten weitgehend freie Hand bei der Wahl des Nachfolgers. Die Würde des »römischen Königs« mit dem unbestrittenen Anspruch auf die Kaiserkrönung durch den Papst war nicht so fest mit der »deutschen Nation« verbunden, als daß sie nicht auch im Ausland für erstrebenswert erachtet worden wäre. Das hatte sich schon am Ende des Interregnums gezeigt, als Richard von Cornwall und Alfons von Kastilien kandidierten.

Karl hatte zwei ernsthafte Konkurrenten, den selbstbewußten König Heinrich VIII von England, den schon Maximilian 1517 als Nachfolger in Betracht gezogen hatte, und den ehrgeizigen König Franz I von Frankreich, der mit der Ehre zugleich seinen Anspruch auf Mailand und Oberitalien stützen wollte. Beide Monarchen bewarben sich über ihre Agenten um die Krone. Papst Leo X, der die Autorität wenigstens über die drei geistlichen Kurfürsten Mainz, Köln und Trier beanspruchte, unterstützte zunächst den Engländer, dann aber den Franzosen, weil er in alter Tradition die Einkreisung durch den Habsburger fürchtete, dem ja als König von Spanien bereits Neapel gehörte. Franz gewann den Erzbischof von Trier; die Kurfürsten von Mainz und Köln schwankten. Die Gesandten aus Paris sparten nicht mit Versprechungen. Drei Millionen Krontaler wollte Franz aufwenden.

Dann aber änderte sich die Lage. Der Gesandte Heinrichs VIII fand aus kaufmännischer Sicht die Kosten für den Wahlkampf zu hoch, und die Fugger als die großen Geldgeber der Zeit verweigerten dem Franzosen die Kredite. Er hatte nichts dagegenzusetzen. Die Schweizer drohten mit Krieg; sie wollten zwar nicht unbedingt einen Österreicher, aber jedenfalls einen deutschen Kaiser. Als sich abzeichnete, daß weder Heinrich noch Franz eine Mehrheit finden würden, setzte der Papst, um Karl zu verhindern, auf einen der Kurfürsten. Das höchste Ansehen genoß Friedrich der Weise von Sachsen. Leo bot ihm, falls er sich bereitfände, sogar die Verfügung über einen Kardinalshut an, der natürlich nicht – wie man gemeint hat – für Luther gedacht war. Friedrich hätte als Kompromißkandidat alle Chancen gehabt, lehnte aber am Tag vor der Wahl das Angebot ab. Das berichtete Erasmus von Rotterdam am 17. Oktober 1519 an John Fisher, den Bischof von Rochester. Erasmus berief sich für die Nachricht auf Erhard von der Mark, den Bischof von Lüttich, der auf dem Reichstag in Frankfurt anwesend war, und setzte hinzu, daß Karl gegen Friedrich keine Chance gehabt hätte. Diesen aber habe sein großherziger Verzicht berühmter gemacht, als es die Annahme des Kaisertitels getan hätte. Friedrich, so Erasmus weiter, habe die Wahl Karls empfohlen, wofür ihm dessen Geschäftsträger 30 000 Gulden anboten. Als er diese ablehnte, habe man ihm wenigstens 10 000 für seine Diener aufdrängen wollen. Darauf habe Friedrich erklärt, wer von seinen Leuten auch nur einen Gulden nähme, würde auf der Stelle entlassen. Etliche Höflinge müssen das in Kauf genommen haben, denn die Rechnungsbücher der Fugger verzeichnen auch Ausgaben für Kursachsen.

Als Grund für den Verzicht rühmte Erasmus die angeborene Bescheidenheit Friedrichs. Doch gab es auch einen handfesten politischen Grund: das Fehlen einer Hausmacht, die ja längst angesichts der immer selbständiger gewordenen Reichsfürsten die eigentliche Machtgrundlage der Kaiser war. Ganz anders hätte die Lage für Friedrich ausgesehen, wenn es die Leipziger Teilung von 1485 nicht gegeben hätte. Drei Jahre zuvor war Thüringen durch Heimfall wieder an die Hauptlinie der Wettiner gekommen. Damit hatte das Kurfürstentum Sachsen seinen größten Territorialbestand erreicht – nach Bevölkerungszahl, Wirtschaftskraft und räumlicher Geschlossenheit sogar dem damaligen Stand der habsburgischen Hausmacht überlegen, um von Brandenburg zu schweigen, dessen Zukunft noch in weiter Ferne lag. 1482 bot sich den Sachsen der Aufstieg zur Führungsposition in Deutschland. Aber da beging Kurfürst Ernst in einer Anwandlung familiärer Gefühlspolitik den Kardinalfehler, das Land zu teilen, wodurch er die ernestinische Linie mit dem Kurfürstentum und die albertinische Linie mit der Herzogswürde begründete.

Begreiflich wird diese Erbregelung nur, wenn wir bedenken, daß deutsche Fürsten Familieninteressen gewöhnlich über die *raison d'état* gestellt haben. Auch Philipp der Großmütige, Landgraf von Hessen, hat die politische Rolle seines Landes testamentarisch beendet, indem er es 1567 vierteilte. Die Leipziger Teilung besiegelte die Zukunft Sachsens. Deren Folge war nicht nur der Dauerzwist innerhalb des Wettiner Hauses – schwerwiegend während des Schmalkaldischen Krieges –, sondern vor allem die für immer verspielte Chance, Vormacht in Deutschland zu werden. Mit dem bloßen Kaisertitel hätte Friedrich der Weise, wie er sehr wohl wußte, diesen Verlust nicht ausgleichen können.

Die Kaiserwahl zugunsten des Habsburgers wurde durch das führende Augsburger Bank- und Handelshaus entschieden. »Nach Golde drängt, am Golde hängt doch alles.« Die Fugger waren durch den Erwerb und Betrieb der Tiroler Silberminen reich geworden und zuvor schon in der Politik aktiv. Sie finanzierten dem Papst Julius II die Anwerbung der Schweizergarde, dem Kaiser Maximilian seinen Feldzug gegen Venedig und dem Brandenburger Albrecht 1515 die Gebühr von 48 000 Gulden, die Papst Leo X für die Zustimmung zur unkanonischen Pfründenhäufung des zweifachen Erzbischofs von Magdeburg und Mainz verlangte und erhielt. Im Gegenzug überließ der Heilige Vater den Fuggern die Hälfte der Einnahmen aus dem Verkauf der Ablaßbriefe, den der Dominikaner Tetzel mit großem Erfolg im albertinischen Sachsen betrieb. Denn »sobald das Geld im Kasten klingt, die Seele in den Himmel springt«. Das rief dann Luther auf den Plan.

Jakob Fugger, der zehntausend Arbeiter und Angestellte beschäftigte und dessen Finanzimperium von Krakau bis Lissabon reichte, hatte bereits Maximilian 50 000 Goldstücke für die Wahl zum Kaiser vorgestreckt. 1519 überließ der Kaisermacher dem jungen Habsburger für seinen Wahlkampf 852 000 rheinische Gulden, wiederum gegen Übereignung von Salz-, Kupfer- und Goldminen, nun in Spanien. Mit diesem Geld konnte Karl die Kurfürsten ködern. Der genannte Albrecht erhielt für seine Stimme eine »Handsalbe« von 113 200 Gulden, der Pfalzgraf gar 184 100 Gulden. Am 28. Juni 1519 wurde Karl in Frankfurt einstimmig gewählt. Sein Großkanzler Gattinara erklärte ihm: »So seid ihr auf dem Wege zur Weltmonarchie, zur Sammlung der Christenheit unter einem einzigen Hirten.« Und Luther bemerkte im folgenden Jahr, noch nicht im Bilde über die Transaktionen: »Gott hat uns ein junges edles Blut zum Haupt gegeben, damit viel Herzen zu großer guter Hoffnung erweckt.« Er wolle das Seine dazutun.

## *Zur Politik der Gegenkandidaten*

Ein anderer Ausgang der Wahl hätte tiefgreifende Folgen gehabt. Wäre das Kaisertum nach London gegangen, wo ja später ab 1714 das Haus Hannover regierte, wäre es allerdings auch damals nicht zu einem deutsch-englischen Doppelstaat gekommen. Die Abwehr der Türken hätte Heinrich VIII sicher nicht ernsthaft betrieben, während Franz I dies versprach. Die Kaisergewalt wäre in beiden Fällen, so wie 1648 geschehen, in Deutschland verblaßt, die Territorien hätten sich weiter verselbständigt, und die Habsburger hätten keine Handhabe besessen, auch außerhalb ihrer Erblande die Reformation zu bekämpfen. Heinrich VIII schrieb 1521 gegen Luthers Sakramentenlehre und erhielt vom Papst den Titel *Defensor fidei*, den noch heute Elisabeth II führt. Aber 1533 brach Heinrich mit Rom, erzwang seine Scheidung, erklärte sich zum Haupt der englischen Kirche und griff nach den Klöstern. Alles sehr protestantisch.

Wesentlich bessere Chancen hätten sich der Reformation auch bei einer Wahl von Franz I geboten. Zwar hielt er am katholischen Glauben fest, doch schwächten die »gallikanischen Freiheiten« den Einfluß des Papstes in Frankreich, zumal in der Personal- und Finanzpolitik. Ablaßhandel und Pfründensteuer waren dort unmöglich. So wie später die protestantischen Fürsten und Heinrich VIII war Franz I in administrativer Hinsicht Herr der Kirche in seinem Lande. Ein von Kaiser Franz geführter Schmalkaldischer Krieg ist kaum vorstellbar.

Aber wäre mit der Kaiserwürde von Franz I nicht das Reich Karls des Großen wiedererstanden? Dessen Erbe war nicht vergessen. Gattinara erinnerte seinen jüngst gewählten Herrn an dessen namensgleichen Vorgänger, an Karl den Großen, doch wäre dessen Reich weder von Westen noch von Osten aus erneuerbar gewesen. Die Vorstellung einer Wiedervereinigung der beiden fränkischen Reichshälften ist zu schön, um wahrscheinlich zu sein. Aber die deutsch-französische Feindschaft hätte sich nicht entwickeln müssen. Unvermeidlich war sie erst, seit der bisherige Pufferstaat Burgund und Spanien in der Hand der Habsburger vereinigt waren und Frankreich sich im Schraubstock fühlte. Die politische Lage konterkarierte die kulturelle, da der seit dem frühen Mittelalter bedeutsame künstlerische und literarische Einfluß Frankreichs auf Deutschland durch Karl V, der französisch schrieb, keineswegs abgeschnitten wurde, unter Ludwig XIV kulminierte und bis zu Napoleon anhielt. Dieser hat den Traum von König Franz I verwirklicht, hat als Franzose den Kaisertitel angenommen und sich auf Charlemagne bezogen. Freilich ist eine nationale Aversion gegen die »Welschen« in Deutschland schon im späten 15. Jahrhundert greifbar, wenn wir nur an die Publizistik des Humanisten Jakob Wimpfeling aus Schlettstadt denken, der mit seiner Streitschrift »Germania« für das Deutschtum im Elsaß kämpfte.

Die Rivalität zwischen Franz I und Karl V kam der Ausbreitung der Reformation in Deutschland zugute. Dazu äußerte Napoleon auf Sankt Helena einen kühnen Gedanken. Am 17. August 1816 bemerkte er zu seinem Sekretär Las Cases: »Franz I hätte den Protestantismus, sowie er auftauchte, annehmen und sich für das Oberhaupt desselben in Europa erklären sollen.« Das hätte seine Position und die der deutschen Protestanten gegenüber Karl V gestärkt und Frankreich später den Konflikt mit den Hugenotten erspart. 1525 geriet Franz vor Pavia in die Gefangenschaft Karls, der einen Mehrfrontenkrieg führte, in Spanien gegen die *Comunidades* und in Italien gegen den Papst, der 1527 den *Sacco di Roma* durch Karls spanische und deutsche Landsknechte hinnehmen mußte. 1526 eroberten die Türken das habsburgische Ungarn, drei Jahre später standen sie vor Wien. 1535 suchte Karl die Türken in Tunis zu treffen, um den Seeraub im Mittelmeer zu unterbinden. Diese außenpolitischen Konflikte, die sich aus Karls Reichsidee ergaben, hinderten ihn daran, seine gesamte Macht innenpolitisch zur Geltung zu bringen und den Protestantismus zu beseitigen, so wie er das auf dem Wormser Reichstag 1521 verkündet hatte.

Die Sache Luthers wäre am besten gelaufen, wäre 1519 statt Karl dessen dritter Konkurrent Kaiser geworden. Das war Friedrich der Weise. Er hatte – angeblich infolge eines Traums – 1517

Luthers Angriff auf den Ablaßhandel im Nachbarland begrüßt und hielt auch später als Landesvater die Hand schützend über den mutigen Mönch. Bei einer Wahl Friedrichs bot sich – so der Protestant Ranke 1840 – »eine der großartigsten Aussichten für die Geschichte der Nation«. Hätte Friedrich die ihm angetragene Kaiserkrone übernommen, so hätte sich die Bewegung Luthers vermutlich im gesamten Reich behauptet. Dafür hätte man Friedrich allerdings einen späteren Tod als 1525 gewünscht. Andere Chancen boten sich dem Protestantismus auch, wenn Johann von Sachsen und Philipp von Hessen 1547 im Schmalkaldischen Kriege über die spanischen Truppen Karls V gesiegt hätten und die Reformation sich landesweit erhalten hätte. Ob das aber in einem allgemeinen Sinne wünschbar ist, bleibt offen. Jacob Burckhardt, gleichfalls Protestant, hat es verneint. Er sah »Europa als alten und neuen Herd vielartigen Lebens, als Stätte der Entstehung der reichsten Gestaltungen, als Heimat aller Gegensätze ... Europäisch ist das Sichaussprechen aller Kräfte.« Man könnte auch sagen: »das Sichaustoben«.

## *Die Reichstage von Worms und Speyer*

Die Vorladung Luthers nach Worms war ein schwerer taktischer Fehler Karls. Denn damit bot er dem Ketzer das Forum für einen spektakulären Auftritt, der dessen Popularität reichsweit sicherte. Die Sache Luthers bewegte ohnehin schon alle Gemüter. Seine 95 Thesen hatten sich in Windeseile über Deutschland verbreitet, bis Ende 1520 hatte er dreißig Sendschreiben verfaßt, von denen in 400 Auflagen rund 300 000 Exemplare verkauft worden waren. Allein von seiner Schrift »An den christlichen Adel deutscher Nation von des christlichen Standes Besserung« waren fünf Tage nach Erscheinen zweitausend Stück abgesetzt. Luther hatte die Autorität des Papstes angegriffen, war von diesem mit dem Bann belegt worden und sollte nun auch vom Kaiser geächtet, das heißt für vogelfrei erklärt werden. Der Weg nach Worms ging in die Höhle des Löwen, gestaltete sich aber zu einem

Triumphzug durch die deutschen Lande. In Worms verweigerte Luther vor dem Kaiser den geforderten Widerruf und riskierte, als Ketzer auf dem Scheiterhaufen zu enden, so wie 1415 Jan Hus in Konstanz. Karls spanische Garde rief: *Al fuego!* Ins Feuer mit ihm! Der Kaiser verhängte die Acht, aber wahrte das versprochene freie Geleit – anders als Sigismund 1415.

Worms war eine Wegscheide deutscher Geschichte. Was wäre geschehen, wenn Luther damals verbrannt worden wäre? Ein Aufschrei wäre durch Deutschland gegangen; Luther, von den Massen bejubelt, wäre zum Märtyrer geworden. Seine Lehre wäre ebensowenig erledigt gewesen wie die von Jan Hus nach dessen Tod. Denn die Klöster begannen sich schon zu leeren, die Priester heirateten und reichten das Abendmahl in beiderlei Gestalt, bevor noch die Landesherren Stellung bezogen hatten. Die Bewegung war nicht aufzuhalten, wäre aber, wenn Luther in Worms widerrufen und sein Ansehen verspielt hätte, noch weiter zerfasert, als es wirklich geschah. Zentren waren Sachsen, die Niederlande und die Schweiz. Hier reformierten Zwingli und Calvin; auf letzteren geht die Bewegung der Puritaner in England zurück, die 1620 als evangelische Glaubensflüchtlinge auf der *Mayflower* die englische Besiedlung Nordamerikas eröffneten. So konnte Geoffrey Parker 2001 die These wagen, ohne die Reformation gäbe es die von den *White Anglo Saxon Protestants* geprägten Vereinigten Staaten, wie wir sie kennen, nicht.

Karl V hätte die Hinrichtung des »Teufels in der Mönchskutte« erzwingen können, doch war der Widerstand im Reichstag nicht zu unterschätzen. Karl benötigte für seine Politik die Unterstützung der deutschen Fürsten, deren angesehenster den Reformator schützte und ihn auf die Wartburg entführte. Hier übersetzte »Junker Jörg« das Neue Testament, dem 1534 auch das Alte folgte. Bei Luthers Tod 1546 hatte seine Bibel bereits 253 Auflagen erreicht, sie wurde zum meistgedruckten Buch in deutscher Sprache. Unstreitig ist, daß die Entstehung des Hochdeutschen auf Luthers Bibelübersetzung zurückgeht, da die dort verwendete sächsische Kanzleisprache, die man sowohl in Ober- wie in Niederdeutschland verstand, durch die Lektüre dieses Volksbuches verbreitet wurde. Folgenreich war ebenso, daß Luther die evangelische Kirchenmusik begründet hat und daß mit der Reformation zum ersten Mal ein deutsches Nationalbewußtsein volkstümlich geworden ist. Von Johann Walter, dem Freund Luthers und »Urkantor« der evangelischen Kirche, stammt das Lied »Wach auf, wach auf, du deutsches Land«. Es hat sich im Gesangbuch gehalten. All dies wäre umzudenken, wenn Luther 1521 den Auftritt in Worms nicht überlebt hätte.

Fünf Jahre später, auf dem Reichstag zu Speyer 1526, kam es in Karls Abwesenheit zu einer Annäherung der beiden Religionsparteien, die, wie Ranke gezeigt hat, eine Überwindung der Glaubensspaltung in greifbare Nähe rückte. Eine gemeinsame Kommission erarbeitete Vorschläge an den Kaiser, welche die Priesterehe und den Laienkelch empfahlen; Fastengebote und Beichtzwang sollten ermäßigt werden, bei Taufe und Abendmahl Latein und Deutsch nebeneinander zulässig sein; die Geistlichen sollten den bürgerlichen Pflichten und der weltlichen Gerichtsbarkeit unterliegen. Der Kaiser möge ein freies Nationalkonzil zur Vereinheitlichung der fälligen Reform berufen. Nach dem Scheitern der drei ökumenischen Reformkonzilien von Pisa, Konstanz und Basel erwartete der »christliche Adel deutscher Nation« in Gestalt der Reichsstände die Behebung der Mißstände nicht mehr vom Papst, sondern vom Kaiser. Für diesen aber waren Glaubensfragen keine deutsch-nationale Angelegenheit, denn katholisch hieß »universal«. Karl widersprach und schaltete seinen Bruder Ferdinand, den Erzherzog von Österreich, ein, der ihn unterstützte. Daraufhin beschloß man in Speyer, bis zu der erhofften Kirchenversammlung möge jeder Stand es halten, wie er sich vor Gott und Kaiser zu verantworten getraue. Mit dem Reichstagsabschied am 4. August 1526 trennten sich die Wege. Am 22. November schrieb Luther an den Kurfürsten Johann, er möge die Aufsicht über die Kirchen übernehmen, nachdem die Bauern sich von den Geistlichen nichts mehr sagen ließen und ihnen die Abgaben verweigerten. Der Kurfürst solle zum Unterhalt der Pfarrer, Schulen, Straßen und Brücken die Klostergüter verwenden, ehe der Adel sie an sich reiße.

Karl V verweigerte das Nationalkonzil und führte 1546/47 den Schmalkaldischen Bürgerkrieg gegen die Protestanten – siegreich, aber erfolglos.

## *Die Folgen der Reformation*

Eine Bewertung der Reformation hängt weniger vom jeweiligen konfessionellen Standpunkt ab als davon, welche hypothetischen Konsequenzen wir an ihren durchschlagenden Erfolg oder an ihr Ausbleiben beziehungsweise ihr Scheitern knüpfen. In jedem dieser drei Fälle wäre die Glaubenseinheit in Deutschland gewahrt geblieben. Hätte sich die neue Bewegung auch in Süddeutschland behauptet oder durchgesetzt, hätte sich der Barock in der Kirchenkunst nicht wie geschehen entfaltet. Die Kunstgeschichte ohne Vierzehnheiligen, ohne Steingaden, ohne die Wies – welch ein Verlust!

Wäre die Reformation in ihren Anfängen erstickt worden, so wären die mutmaßlichen Folgen strittig und je nach Standpunkt als Glück oder Unglück einzustufen. Lutheraner sind hier festgelegt, aber bei Freigeistern und strengen Katholiken gibt es Divergenzen. Sie beruhen auf unterschiedlichen, selten ausgesprochenen, aber immer vorhandenen Annahmen über das, was ohne die Reformation eingetreten wäre. Ein Freigeist, der Luther für Glaubenskriege und Hexenwahn verantwortlich macht, ihn gar schuldig am Dreißigjährigen Krieg spricht, muß zu einem negativen Urteil über die Reformation kommen und sie mit Nietzsche als Hindernis auf dem Weg vom Humanismus in die Aufklärung, als einen Rückfall in mittelalterliche Glaubensinbrunst ansehen. Der Pietismus wäre ein Beleg dafür, ebenso das aus dem Protestantismus erwachsene Sektenwesen mit seiner Bigotterie.

Wer hingegen meint, daß die Alternative zu Luther die fortbestehende geistliche Allmacht einer korrupten Papstkirche war, wird die Reformation bejahen. Er sieht die überwiegend von Protestanten getragene Aufklärung, die deutsche Klassik und die gesamte, gegen die Inquisition ertrotzte freie Wissenschaft als

Langzeitfolge Luthers. Das lag zwar nicht in dessen Absicht, doch hat er die Voraussetzungen dafür geschaffen, indem er die von der Kirche geübte Glaubenszensur aufbrach. Diese aber wurde von der romtreuen Seite entschlossen verteidigt. Das erste Bücherverbot ergab sich aus der Ächtung des Reformators, ein weiteres erließ Karl V 1524 in den Niederlanden, wo unter seiner Regierung an die zweitausend Protestanten um ihres Glaubens willen sterben mußten. 1559 publizierte die Inquisition unter Papst Paul IV den *Index librorum prohibitorum* mit den Titeln der verbotenen Schriften sowie den Namen der Verleger und Autoren, deren Werke sämtlich indiziert waren. Sie durften bei Strafe der Exkommunikation nicht verlegt, gelesen, aufbewahrt, verkauft, übersetzt oder anderen zugänglich gemacht werden. Der immer wieder überarbeitete und ergänzte Katalog umfaßte zunächst Werke der Reformatoren, dann die der Aufklärer, zuletzt überwiegend die der Sozialdemokraten. Unter den verbotenen Historikern steht Gibbon voran, unter den Philosophen Kant, unter den Dichtern Goethe. Erst im Jahre 1900 wurde seine Lektüre Katholiken gestattet. 1962 erschien die letzte Ausgabe mit etwa 6000 verteufelten Titeln. Es handelt sich um den wohl größten bisherigen Versuch, die Gedankenfreiheit zu unterdrücken. Aufgehoben wurde der Index 1967.

So wie bei freien Geistern gibt es auch bei gläubigen Katholiken Divergenzen im Urteil über die Reformation. Man wird Luthers Wirken bedauern, wenn man annimmt, daß die Kirche die Kraft zur Selbstreinigung besessen hätte, so daß die Glaubenseinheit hätte gerettet werden können, wäre Luther nicht voreilig dazwischengekommen. Diese Aussicht freilich war schwach. Eine weitergehende Kritik moniert, Luther habe nicht nur die Einheit der Kirche und die von ihr verbürgte Glaubensgewißheit zerstört, sondern ebenso durch die Anmaßung der »personalen Vernunft« mit der Hybris der Aufklärung ein »Fiasko der höheren Kultur« verschuldet – so der Begründer des Dadaismus Hugo Ball 1925.

Ein Katholik hingegen, der im Unterschied zu Ball die Lage der Kirche um 1500 pessimistisch sieht, wird Luthers Erfolge begrüßen, weil er den Anstoß zur inneren Erneuerung des Katholizismus gegeben hat, die dann auf dem Konzil von Trient durch die im Heiligen Geist gesetzmäßig versammelte ökumenische Synode erfolgte. Nachdem Karl V bereit gewesen war, durch das Zugeständnis von Priesterehe und Laienkelch die Glaubenseinheit zu retten, wurden derartige Konzessionen nun entschlossen abgewehrt und der tradierte Glaubensbestand des Katholizismus sowie die kirchliche Disziplin festgeschrieben. Der Pfarrerssohn Nietzsche erklärte, Luther hätte für diesen Dienst an der Kirche vom Papst längst heiliggesprochen werden müssen. Jede der vier genannten Positionen gegenüber Luther rechnet mit anderen unverwirklichten Möglichkeiten, kommt daher zu einem anderen Werturteil.

Karl V hat die Reformation nicht rückgängig machen können und zog sich 1556 nach dem Augsburger Religionsfrieden verbittert in die spanische Einsamkeit zurück. Sein Enkel Dom Sebastian jedoch, der 1578 im Kampf gegen die Mauren fiel, wurde nach dem Glauben der Portugiesen von Gott auf die Märcheninsel Incoberta versetzt, wo er in Gesellschaft zweier Löwen auf seine Wiederkehr wartet, um dereinst die Welt im Geiste Karls V zu erneuern.

*Und tausendjährige Bauernkraft*
*macht Schild und Schärpe zu Schande*
v. Münchhausen

# 9. Der Bauernkrieg hat Erfolg

»Ich meine, daß kein Teufel mehr in der Hölle sei, sondern daß sie allzumal in die Bauern gefahren sind.« So wetterte Luther im Mai 1525 in seiner Schrift »Wider die räuberischen und mörderischen Rotten der Bauern«. Noch im April jenes Jahres hatte er eine »Ermahnung zum Frieden auf die zwölf Artikel der Bauernschaft« veröffentlicht, worin er das Anliegen der Bauern unterstützte, sie jedoch vor »Rotterei und Aufruhr« warnte. Dies geschah, nachdem er 1523 in seiner Schrift »Von der weltlichen Obrigkeit« die Fürsten zu einem gerechten und maßvollen Regiment ermahnt hatte. Er wußte sehr wohl, daß sein Selbstvertrauen, mit dem er 1521 in Worms vor Kaiser und Reich todesmutig seine Sache vertreten hatte, nicht zuletzt darauf beruhte, daß der Bundschuh vor den Toren stand und drohte, alle Herren – außer Friedrich dem Weisen – zu erschlagen, wenn man mit Gewalt gegen den mutigen Mönch vorgegangen wäre. Freilich hatte sich inzwischen mit dem »Weinsberger Blut-Ostern« 1525 Schlimmes zugetragen, was Luthers Positionswechsel verstehen hilft.

## *Die zwölf Artikel*

Die Gärung unter den Bauern war schon früher mehrfach zum Ausbruch gekommen. Im Jahre 1476, als der Pfeifer von Niklashausen mit der Forderung nach gottgewollter Gleichheit aller Menschen das Taubertal in Aufruhr versetzte, und abermals, als sich 1514 in Württemberg der »Arme Konrad« erhob, galt unter den Bauern die Parole »Besser ein Ende mit Schrecken als ein Schrecken ohne Ende«. Sie wollten den wachsenden Druck, unter dem sie lebten und litten, nicht länger hinnehmen. Die Grundherren und ihre Vögte überdehnten ihre Forderungen nach Frondiensten und Abgaben, das adlige Waidwerk und der Wildschaden ramponierten die Felder, Einquartierung belastete Küche und Keller, die Kirche verlangte unerbittlich den Zehnten, und selbst der Tote wurde mit dem »Besthaupt« besteuert, indem dessen bestes Kleid und bestes Stück Vieh als »Todfall« von den Erben dem gnädigen Herrn abzugeben waren. Der Bauer, so hieß es, sei »witzig« geworden. Der vielfach auftretende Hinweis auf den »gemeinen Mann« in der politischen Argumentation zeigt zum ersten Mal die Stimme aus dem Volk als politischen Faktor.

Die an vielen Orten zwischen dem Elsaß, Thüringen und Tirol aufflackernden Unruhen erhielten neuen Aufschwung durch die Reformation. Luthers Ruf nach evangelischer Freiheit, seine Kritik an der Kirche und den Herren, »des Teufels Leckerbissen«, sowie die Erinnerung an die urchristliche Gleichheit boten Zündstoff, der das »größte Naturereignis des deutschen Staates«, so Ranke 1839, eine beispiellose politisch-soziale Massenbewegung auslöste. Sie wurde in der europäischen Vergangenheit erst von der Französischen Revolution übertroffen, in der deutschen Geschichte erst in der Agonie der DDR. Anders als 1989 aber lief es damals nicht ohne Gewalt ab. Burgen und Klöster gingen in Flammen auf; es kam zu Exzessen, namentlich durch die sich anschließende radikale Täuferbewegung, bis 1526 der Aufstand durch die Truppen der Landesherren erstickt war und Zehntausende von Bauern den Tod fanden. Die Gesamtzahl der Opfer wird auf über 70 000 geschätzt.

Drei Schüler Albrecht Dürers mußten sich 1524 vor dem Rat zu Nürnberg wegen ihrer Sympathie für die Bauern verantworten. Im folgenden Jahr entwarf der Meister ein Denkmal zum Gedächtnis an die Erhebung. Umlagert von Kühen, Schweinen und Schafen, sehen wir eine Säule, gebildet durch eine Mostkanne, einen Milchkrug, eine Garbe mit Dreschflegel, Mistgabel und

Hacke, darauf einen Hühnerkorb, auf dem ein Bauer kauert. Ein Schwert steckt ihm im Rücken. Auf dem Sockel steht ANNO DOMINI 1525.

In jenem Jahr, am 15. März 1525, waren die Forderungen der Bauern zuerst von den Abgeordneten der drei großen schwäbischen Bauernhaufen im Krämerzunfthaus zu Memmingen formuliert und beschlossen worden. Die zwölf Artikel sind später in Heilbronn erweitert worden und deswegen bemerkenswert, weil sie Ziele enthalten, die später, teilweise sehr viel später, verwirklicht worden sind: Aufhebung der kirchlichen Grundherrschaft, der weltlichen Funktionen des Klerus, der Binnenzölle, der Frondienste, der willkürlichen Strafgewalt, der Standesunterschiede und der Leibeigenschaft. Man forderte kommunale Nutzung des Waldes, Sicherung der Familie beim Tod des Mannes, Beschränkung des Zinsnehmens, eine neue Gerichtsverfassung, Vereinheitlichung von Münze, Maß und Gewicht.

Die Autorität des römisch-deutschen Kaisers tasteten die Bauern nicht an; vielmehr hofften sie auf seine Hilfe. Als politische Gegner erschienen die geistlichen und weltlichen Landesherren. In der erhofften Verbindung von Volk und Kaiser gegen die Zwischengewalt der Fürsten zeigt sich eine Konstellation, die sich nach 1813 wiederholte und gegen die sich die gekrönten Häupter 1815 in Wien nach unten wie nach oben abzuschirmen wußten.

Die 1525 von den Aufständischen gewünschte »Änderung aller Dinge«, die *omnium rerum vicissitudo*, sollte eine reichsweite Gerichtsreform bringen, zu der das von Maximilian eingerichtete unabhängige Reichskammergericht einen Ansatz bot. Zudem träumte man von einem Parlament, wie es die fränkischen Bauern schon in Heilbronn einrichteten. Zu diesen freiheitlichen Reformplänen hat die Schweizerische Eidgenossenschaft das Beispiel gegeben. Darauf berief man sich. Was dort gelungen war, das müßte auch hier möglich sein. Der Wunsch nach einer Reichsreform, nach einem Nationalkonzil, einer *Assemblée national* sozusagen, war, schon wegen der evangelischen Sache, in aller Munde.

## *Gemäßigte und Radikale*

Vehemenz verbürgt einer Bewegung den Erfolg nicht, wenn sie nicht gut organisiert ist. Daran haperte es bei den Bauern. Es kam zu einer Spaltung in Gemäßigte und Radikale. Die gemäßigte Richtung vertrat Michael Gaismair, den die rebellierenden Bauern Tirols zum Feldobersten gewählt hatten. Auf dem im Juni 1525 nach Innsbruck einberufenen Landtag forderte Gaismair von Erzherzog Ferdinand den Abbau der Adelsprivilegien, Rechtsgleichheit und ein allgemein verbindliches Gesetzbuch, außerdem Wahl und Besoldung der Richter, damit diese nicht auf die von ihnen selbst verhängten Strafsummen angewiesen seien. Weiterhin wünschte man eine Beschränkung der Kirche auf rein geistliche Belange, die Verwendung der Abgaben an die Kirche nur für wohltätige Zwecke und freie Pfarrerwahl durch die Gemeinde. Es sind die auch sonst erhobenen Postulate, die weit in die Zukunft weisen. Gaismair wurde verhaftet, konnte in die Schweiz zu Zwingli entkommen und entwarf hier 1526 mit seiner »Tiroler Landesordnung« die Verfassung einer christlichen Bauernrepublik nach dem Muster von Graubünden und Venedig. Nach einem erneuten vergeblichen Vorstoß gegen die Söldner Ferdinands von Salzburg aus mußte Gaismair nach Italien fliehen. Hier starb er 1532 durch zwei spanische Meuchelmörder im Auftrag der Innsbrucker Regierung.

Im Unterschied zu Gaismairs weitblickenden Reformvorschlägen gab es auch politische Irrwege von Radikalen. Dazu gehören die utopischen Experimente der Schwärmer und Wiedertäufer auf dem radikalen Flügel der Reformation. Im Thüringer Allstedt errichtete der vom Heiligen Geist erleuchtete Thomas Müntzer 1523 mit seinem Bund der »Auserwählten« eine theokratisch-kommunistische Diktatur auf der Basis der Bibel, wie er sie verstand. Er mußte sich aber dann in die damalige Großstadt Mühlhausen zurückziehen, wo er als politisch-sozialer Revolutionär ein kommunistisches Gottesreich errichtete und im Bunde mit den aufständischen Bauern den gewaltsamen Untergang aller »Gottlosen« predigte und praktizierte. Schon in seiner Allstedter

Fürstenpredigt hatte sich der »Erzteufel, der in Mühlhausen regiert«, so Luther 1525, auf das Herrenwort aus dem Lukasevangelium (19,27) berufen, mit dem Jesus die Abschlachtung seiner Widersacher fordert. Dieses Wort Gottes erfüllte sich dann an den Täufern selbst. Im Mai 1525 wurde die Bewegung durch Philipp von Hessen niedergeworfen. Das monumentale, 1987 vollendete Rundbild von Werner Tübke bei Frankenhausen verherrlicht den Schwärmer Müntzer als progressiven Revolutionär.

Ein zweiter Versuch, den Gottesstaat auf Erden zu verwirklichen, wurde durch niederländische Täufer im westfälischen Münster, dem »neuen Jerusalem«, unternommen. Hier sammelten sich die Dissidenten zu Tausenden, während ein Großteil der Bürger die Stadt verließ. Unter der apokalyptischen Naherwartung des Jüngsten Gerichts dekretierten die erleuchteten Fanatiker urchristlichen Gemeinbesitz, das heißt Alleinverfügung des »ewigen Rates« über alle Güter. Am 23. Juli 1534 wurden die Frauen Gemeinbesitz aller Männer. Der Bischof belagerte die Stadt, nahm sie am 25. Juli 1536 ein, ließ die Anführer zu Tode foltern und eröffnete die Gegenreformation.

Ein Nachspiel hatte der Bauernkrieg in Oberösterreich. Hier hatte die Reformation früh Fuß gefaßt und konnte sich im Ländchen ob der Enns um Linz und Steyr bis zur Schlacht am Weißen Berge 1620 behaupten. Die Gegenreformation hatte seit 1594 bereits ländliche Erhebungen hervorgerufen, sie kulminierten 1626, nachdem das Land an Bayern gekommen und der Rekatholisierung ausgesetzt war. Brutale Aktionen – so das »Frankenburger Würfelspiel« vom 15. Mai 1626 – führten zur Rebellion der Bauern unter Stefan Fadinger. Sie forderten Glaubensfreiheit, Ausweisung des »jesuitischen Pfaffengesindels« und anstelle des »Beyerfürsten« die Herrschaft des Kaisers – sie kannten Ferdinand schlecht! Mit dem Tod Fadingers brach der Aufstand noch im gleichen Jahr zusammen.

## *Die Aussichten*

Der Streit über die Aussichten der »politischen Revolution des deutschen Bauernstandes«, so Günther Franz in seinem Standardwerk von 1933, geht hin und her. Ranke schreibt 1847 von »unabsehbaren Möglichkeiten einer neuen Gestaltung der Dinge«, von »Ideen einer Umwälzung von Grund aus, wie sie erst in der französischen Revolution wieder zum Vorschein gekommen sind«. Mußten sie scheitern? Ranke verneint es: »Ohne Aussicht waren sie nicht.«

Abgesehen von den fundamentalistischen Auswüchsen und den radikalen Begleiterscheinungen enthielten Reformation und Bauernkrieg ein zukunftweisendes demokratisches Potential. Wie aber ist das zu werten? Stimmen aus katholisch-konservativen Kreisen, die in den Bauern nur »heilloses Gesindel« erblickten, blieben in der Minderzahl. Die Sympathisanten überwiegen bei weitem, stehen jedoch politisch auf verschiedenen Seiten, weit rechts und weit links. Die nationalistische Historiographie sieht in den Bauern die gesunde deutsche Volkskraft, sozialistische Autoren feiern sie als Vorläufer des Proletariats und Sturmvögel der Weltrevolution. Die liberal-demokratische Mitte stellt die zwölf Artikel in die Vorgeschichte der Menschenrechte – so Bundespräsident Johannes Rau am 10. März 2000 in Memmingen.

Fruchtbarer als die Grundsatzkontroverse darüber, wer mit welchem Recht sich auf die Bewegung berufen darf, ist die Aufzählung jener Bedingungen, die auf Seiten der Bauern hätten erfüllt sein müssen, um das von ihnen erstrebte »neue Reich« zu verwirklichen. Hierzu gehört eine überlegene Führung, eine sorgfältige Organisation und eine Mäßigung im Auftreten. Wäre die Zustimmung bei der Reichsritterschaft, bei den Städten und beim niederen Klerus größer gewesen und hätten sich Luther und die anderen Reformatoren mit der Bauernbewegung verbunden, so war ein Erfolg denkbar.

Mit solchen Voraussetzungen ist viel verlangt. Aber wer sie einbringt, dem geht es wie Moses auf dem Berg Nebo, von wo aus er das den Israeliten verheißene gelobte Land erblickte, ohne es selbst zu erreichen. Der moderne Betrachter sieht mit dem schwäbischen Pfarrer Wilhelm Zimmermann in seiner epochemachenden Darstellung des Bauernkriegs von 1841 damals verscherzte weitreichende Möglichkeiten, allen voran die politische und religiöse Einigung Deutschlands auf genossenschaftlich-demokratischer Grundlage. Der Umweg über den Territorialstaat und den Absolutismus wäre vielleicht unnötig geworden, die Glaubenskriege hätten sich erübrigt, das Eingreifen der europäischen Randmächte in die innerdeutschen Angelegenheiten wäre unmöglich geworden, die Emanzipation des Bürgertums hätte sich beschleunigt.

So wird es begreiflich, wenn Günther Franz sein Werk mit einem Ausspruch Alexander von Humboldts von 1843 zu dem Züricher Verlagsbuchhändler Julius Fröbel in Potsdam abschließt: »Der große Fehler in der deutschen Geschichte ist, daß die Bewegung des Bauernkrieges nicht durchgedrungen ist.« Humboldt prophezeite den späten Erfolg des Bauernkrieges und das »schmähliche Ende« der bestehenden Zensur samt der »ganzen hiesigen Wirtschaft«. Er schloß: »Sie werden es erleben!«

*Nacht muß es sein, wo*
*Friedlands Sterne strahlen.*
Schiller

# 10. Wallenstein behauptet sich

Die Zeit zwischen dem Augsburger Religionsfrieden 1555 und dem Ausbruch des Dreißigjährigen Krieges 1618 war mit 63 Jahren bis vor kurzem die längste Friedensphase der Deutschen Geschichte. Erst im Jahr 2009 wurde sie mit 64 Jahren seit 1945 überboten. So wie in diese zweite Friedenszeit der Kalte Krieg fällt, der sich glücklicherweise nicht entzündet hat, so wuchsen in jener ersten Ruhezeit die konfessionellen Spannungen, um sich an deren Ende desto fürchterlicher zu entladen. Der innerdeutsche Konflikt bot außerdeutschen Mächten den Anlaß zum Eingreifen. Im Namen universaler Prinzipien ging es um territoriale Interessen, und dies mit einer in der Kriegsgeschichte unerhörten Brutalität. Der in den Friedensjahren angesammelte Wohlstand reichte hin, in der Folgezeit die Kriegsvölker dreißig Jahre lang zu ernähren. Leider nur sie. Jeder Krieg entsteht im Frieden zuvor.

## *Der Kriegsausbruch*

Beginn und Verlauf des Dreißigjährigen Krieges haben in mehrfacher Hinsicht mögliche Andersentwicklungen der deutschen, ja der europäischen Geschichte einerseits eröffnet, andererseits abgeblockt. Der Protestantismus hatte neun Zehntel von Deutschland erfaßt und breitete sich unter Kaiser Maximilian II in den Jahren 1564 bis 1576 ebenfalls in der Donaumonarchie mächtig aus. Der größere Teil des höheren und niederen Adels wie in den Erblanden so in Böhmen war bereits evangelisch, in den Städten hatte die neue Lehre bei weitem das Übergewicht. Der ganze österreichische Landtag war protestantisch. Auch in Ungarn und Siebenbürgen drang die Reformation vor. Ein Zusammenschluß der evangelischen Opposition gegen Rom konnte das Ende des Papsttums in diesen Ländern bedeuten.

Der Umschwung kam 1619 mit Ferdinand II. Der von Jesuiten erzogene Thronfolger des kinderlosen Kaisers Matthias hatte bei einer Wallfahrt nach Italien der Mutter Gottes in Loreto geschworen, den Protestantismus in seinem Reich auszurotten; lieber wolle er über eine Wüste als über Ketzer regieren. Diese hatte er schon als Erzherzog in der Steiermark, in Kärnten und Krain ausgetilgt. Während Matthias die protestantischen Reichsstände geschont hatte, um Gelder für den Türkenkrieg bewilligt zu bekommen, zahlte umgekehrt Ferdinand dem Sultan in Istanbul Tribut, um sich dem gottgefälligen Glaubenskrieg in Deutschland widmen zu können. Nach dem Massenmord an den Hugenotten in der Pariser Bluthochzeit, der Bartholomäusnacht 1572, und dem rigorosen Versuch des Herzogs Alba, die protestantischen Niederlande zu bezwingen, ging es Ferdinand darum, mit Hilfe spanischer und kroatischer Truppen die Hoheit des Kaisers über die Fürsten und die Einheit des Reichs politisch zu sichern und religiös wiederherzustellen.

Die Chance, ganz Deutschland gewaltsam zu rekatholisieren, eröffnete im Jahr vor dem Thronwechsel der Prager Fenstersturz am 23. Mai 1618. Dabei landeten drei kaiserliche Würdenträger, die sich den Beschwerden der Protestanten widersetzten, auf einem Misthaufen vor dem Rathaus. Das war der Auftakt zum Kriegsausbruch, den auch ein beliebiger anderer Anlaß ausgelöst hätte. In seiner »Geschichte des Dreißigjährigen Krieges« von 1790 schreibt Friedrich Schiller: »Es ist schwer zu sagen, was mit der Reformation, was mit der Freiheit des deutschen Reichs wohl geworden seyn würde, wenn das gefürchtete Haus Österreich nicht Partei gegen sie genommen hätte.« Sicher schien Schiller, daß die »österreichischen Prinzen auf ihrem Wege zur Universalmonarchie« durch nichts mehr gehindert worden seien als durch den innerdeutschen Krieg.

Lassen wir das hochgesteckte Ziel einmal beiseite, so ist doch so viel klar, daß der ungeheure Kräfteverschleiß des Religionskrieges außenpolitische Erfolge für die Habsburger unmöglich gemacht hat. Während die westlichen Nachbarn in Übersee ihre Kolonialreiche aufbauten, stritt man in Deutschland um den rechten Weg ins Himmelreich. Anschließend mußten hierzulande nach den beispiellosen Verwüstungen des Krieges erst einmal die elementaren Lebensbedingungen gesichert werde. Fortan schienen die Deutschen im Vergleich zu England und Frankreich eine »verspätete Nation«. Und dies nicht nur in der Politik. So monierte schon Herder 1796 in seinem 100. Brief zur Beförderung der Humanität im Hinblick auf die Nachahmung der englischen und französischen Literatur: »Wir wachten auf, da es allenthalben Mittag war ... Wir kamen zu spät!« Freilich sollte man die Metaphernmagie auch eines Helmuth Plessner durchschauen, denn es gibt keinen welthistorischen Fahrplan, der »Verspätung« moniert. Jede Nation hat ihren eigenen Takt.

Eine erste Entscheidung fiel 1620 mit der Niederlage der Protestanten in der Schlacht am Weißen Berge bei Prag. Ein Sieg des zum böhmischen König gewählten Friedrich von der Pfalz über die katholische Liga hätte den Protestantismus in Böhmen zumindest vorläufig erhalten. Ein zweiter Versuch, ihn auszumerzen, wäre allerdings seitens Wiens zu erwarten gewesen. Er war nicht nötig. 1622 erstürmte Tilly Friedrichs Residenz Heidelberg und beförderte auf Befehl des Bayernherzogs Maximilian, der die Kurwürde Friedrichs erhalten hatte, dessen *Bibliotheca Palatina,* die größte Büchersammlung nördlich der Alpen, als Geschenk an den Papst auf 200 Mauleseln über die Alpen. Die großenteils theologischen Werke protestantischer Autoren wurden als ketzerisch beschlagnahmt. Den Schmerz über diesen Verlust mindert die Annahme, daß die kostbare Bibliothek die zweimalige Zerstörung der Stadt durch Ludwig XIV im Pfälzerkrieg 1689 und 1693 nicht überdauert hätte.

## *Wallenstein und Gustav Adolf*

Nach der Flucht des calvinistischen Winterkönigs wurden die rebellischen Adligen Böhmens hingerichtet, vertrieben, enteignet. Größter Kriegsgewinnler war der geschäftstüchtige Wallenstein, der 1606 zum Katholizismus konvertiert war und eine reiche Witwe geheiratet hatte. Wallenstein rüstete eine Privatarmee von 40 000 Mann aus und führte sie, nun als Herzog von Friedland, im Auftrag des Kaisers gemeinsam mit Tilly gegen König Christian IV von Dänemark, der als Herzog von Holstein 1625 an die Spitze der Protestanten getreten war, und drang bis Jütland vor. Wallenstein wurde von Ferdinand 1628 zum »Admiral über die Ostsee« ernannt, mit dem Herzogtum Mecklenburg belehnt und damit in den Reichsfürstenstand aufgenommen.

Ferdinand forderte nun mit dem 1629 erlassenen Restitutionsedikt die Rückgabe aller von den »Unkatholischen« seit 1552 säkularisierten Güter an die Kirche. Damit war nach einem Wort Rankes die »Axt an die Wurzeln der Reformation« gelegt. Wie in den Erblanden, so stand auch im Reich die gewaltsame Rekatholisierung bevor. Die Folge wäre vermutlich ein massenhafter Exodus gewesen, ähnlich der Flucht der Hugenotten nach der Aufhebung des Toleranzedikts von Nantes 1685 aus Frankreich. Tausende von Protestanten wären ins Baltikum, nach Skandinavien, in die Niederlande ausgewandert. Eine deutsche Klassik hätte es nicht gegeben, auch die Philosophie und die exakten Wissenschaften hätten mit dem *Index librorum prohibitorum* ihre Probleme gehabt. Und das protestantische Pfarrhaus, aus dem die namhaftesten Köpfe des 18. und 19. Jahrhunderts hervorgegangen sind, wäre entfallen.

1630 stand Ferdinand auf der Höhe seiner Macht. Das beunruhigte die um ihre »Libertät« besorgten Stände. Unter der Führung von Herzog Maximilian nötigten sie auf dem Regensburger Kurfürstentag den Kaiser, den Emporkömmling Wallenstein, seine eiserne Faust, zu entlassen. Er befand sich damals in Memmingen, wo ihn der Abschied erreichte. Hätte er in Mecklenburg gestanden, so hätte er den Schweden die Stirn geboten. Denn kurz vor der Verabschiedung des Generalissimus war der Lutheraner Gustav Adolf in Pommern gelandet. Er gilt als der Retter des Protestantismus in Deutschland, als Held der Glaubensfreiheit, doch Jacob Burckhardt zweifelte an dieser Einschätzung des Schweden. »Nun, wenn man sich ihn wegdenkt«, so schrieb er, und Wallenstein am Kommando geblieben wäre, so hätte dieser »Norddeutschland nach seinem Sinn geführt, wie wir ihn kennen: mit Nichtachtung des Restitutionsediktes, mit Parität, ja mit einem Staatsstreich, der durch die konfessionelle Indifferenz seiner Armee ihm recht wohl möglich wurde«. Selbst nach der Entlassung des Friedländers hätte sich, so Burckhardt, der Protestantismus ohne die Schweden behaupten können, wenn das Volk den »nationalen Kampf um die Religion« geführt hätte, was aber, wie der Basler wußte, kaum zu erwarten war.

Von Frankreich, England und Holland, den Gegnern Habsburgs, ermuntert, besiegte Gustav Adolf die Kaiserlichen unter Tilly 1631 bei Breitenfeld. Wallenstein, nun wieder als oberster Generalissimus des Reichs, Österreichs und Spaniens eingesetzt, unterlag jedoch im Jahr darauf bei Lützen. Hier aber ist Gustav Adolf mit 37 Jahren gefallen. Das wurde von protestantischer Seite als Unglück empfunden, doch scheiterte damit zugleich sein Plan eines großschwedischen Ostseereiches unter Einschluß der deutschen und baltisch-polnischen Küste, Dänemarks bis zum Belt und Norwegens. Damit wäre Gustav Adolf Kaiser von Skandinavien geworden. Zudem dachte er an ein Bündnis der evangelischen Fürsten unter seiner Führung. Dies hätte zu einer Querteilung Deutschlands geführt.

## *Der Friedensplan*

Eine andere Alternative, der Friedensplan Wallensteins, wurde durch dessen Sturz verhindert. Er hatte sich nach der Niederlage bei Lützen ins sichere Böhmen zurückgezogen und weigerte sich, mit seinem schwer angeschlagenen Heer den Kampf unmittelbar fortzusetzen, wie Ferdinand mitten im Winter ohne Rücksicht auf die militärischen Möglichkeiten forderte. Es kam zu einer Entfremdung zwischen dem Kaiser und dem General. Dieser begann ein doppeltes Spiel, denn er hatte erkannt, daß der von Wien geforderte Endsieg nicht zu erringen, das Restitutionsedikt nicht durchzusetzen war. Schon am trotzigen Widerstand der Niedersachsen war ihm klar geworden, wie unsinnig das Kriegsziel des fanatisch katholischen Ferdinand war. Ob dem Herzog persönlich ernst mit der Religion war, darf man bezweifeln. Das ihm von Kepler gestellte Horoskop und der enge Umgang mit dem – vom Kaiser bestochenen – Astrologen Zenno alias Seni deuten darauf hin, daß Wallenstein mehr an die Macht der Gestirne als an die der Heiligen glaubte.

Der Herzog verband persönliche und politische Ziele. Für sich erstrebte er den Aufstieg in den Kurfürstenstand, anstelle Maximilians als Pfalzgraf bei Rhein oder gar als König von Böhmen. Er hatte schon 1631 in Schlesien Kontakt mit Gustav Adolf und 1633 erneut Friedensfühler zu den Schweden und Sachsen auf der Gegenseite ausgestreckt, in der Absicht, den konfessionellen Stand von 1618 wiederherzustellen und mit einem katholisch-protestantischen Gesamtheer gegen diejenigen Mächte vorzugehen, die einen solchen Frieden nicht hinzunehmen bereit wären. Sogar eine Rückberufung der verbannten protestantischen Adligen Böhmens nebst der Rückerstattung ihrer Güter stellte er in Aussicht. Ihm selbst wurde eine Rückkehr zur evangelischen Konfession fraglos zu Unrecht nachgesagt, aber die weithin verhaßten Jesuiten wollte er verjagen; gewissermaßen in Vorwegnahme des Dekrets von 1773, mit dem Papst Clemens IV auf Druck von Frankreich und Spanien den Orden aufhob. Für das Reich wünschte der Herzog Schonung der Protestanten, reichsweit Frieden und Freiheit von ausländischen Mächten, auf die er doch nicht verzichten konnte. Aber er meinte, Schweden durch Geld abfinden zu können. Das Kriegsvolk sollte von ihm als dem Reichsfeldherrn gegen die Türken geführt werden. Den Kaiser wollte er notfalls zur Zustimmung zwingen. Das aber ging zu weit. Wallenstein überdehnte seine Kompetenz, er agierte nach eigenem Ermessen und wurde bei Hofe angeklagt. Da der Kaiser auf einer Vernichtung des Protestantismus wie in den Erblanden so im gesamten Reich bestand, mußte Wallenstein beseitigt werden. Dessen Neider am Hof taten das ihre dazu, wie Kardinal Richelieu in seinen *Mémoires* bemerkt. Dagegen suchte Wallenstein sich durch eine Loyalitätserklärung seiner Offiziere zu sichern, die bei dem »Konvent der Generale«, dem fatalen Bankett am 12. Januar 1634 zu Pilsen, dokumentiert wurde und eine Schlüsselszene in Schillers Drama darstellt.

Das war ohne Zweifel latenter Hochverrat, in den Augen des Kaisers sogar »notorische Rebellion«. Ferdinand sah in Wallenstein einen überführten Verräter und fand in dessen engster Umgebung seinerseits Verräter, die nach Wien berichteten, was in Pilsen besprochen wurde. Dabei kam es zu maßlosen Übertreibungen, die wesentlich auf das Konto des Generals Octavio Piccolomini gingen. Die von ihm dem Friedländer angedichteten Pläne bezeichnen eine eigene Kategorie ungeschehener Geschichte: objektiv mögliche Ereignisse, die subjektiv von niemandem gewünscht wurden, aber gefürchtet werden sollten. Diese Enthüllungen unterstellten dem Herzog nicht weniger als eine Umgestaltung Mitteleuropas. Dieser wolle die kaiserlichen Generale ermorden, sein Heer mit dem des Feindes vereinen und gegen Wien marschieren. Der Kaiser sollte verhaftet, das Haus Habsburg nebst allen Spaniern aus Deutschland vertrieben werden. Wallenstein wolle sich eigenmächtig zum König von Böhmen und Ludwig XIII von Frankreich zum römischen König, zum Kaiser erheben. Die Länder im Reich verteile er nach eigenem Wohlgefallen an seine Günstlinge, sogar an die Ketzer unter ihnen. Octavio lieferte dafür exakte »Pläne«. Die Italiener sollten gegen Österreich rebellisch gemacht werden, die Polen Teile von Schlesien, die Franzosen die Freigrafschaft Burgund um Besançon und Luxemburg erhalten, dafür die elsässischen Erwerbungen zurückgeben. Ist es nicht erstaunlich, wieviel politische Zukunft in dieser Falsifikation lag? Piccolomini, der sich unter den Günstlingen Wallensteins wußte, wollte von diesem die vergrößerte Grafschaft Glatz sich zugedacht wissen und beglaubigte mit dieser Behauptung den Inhalt seiner Denunziation.

Ferdinand legte noch zu, indem er verkündete, Wallenstein plane, »unser hochlöbliches Haus gänzlich auszurotten« und selbst den kaiserlichen Thron zu besteigen.

Diese später zur Verteidigung des Attentats publizistisch verbreiteten Verleumdungen schufen die Stimmung, in der auf Anraten der Jesuiten und mit Zustimmung der Hofjuristen die Ächtung verkündet werden konnte. Am späten Abend des 25. Februar 1634 wurde der verratene Verräter samt seinen engeren Anhängern von den Kaiserlichen in Eger ermordet.

Hätte Wallensteins Einsicht sich durchgesetzt und Ferdinand gegen das Veto seines Beichtvaters, des Jesuiten Wilhelm Lamormaini, Frieden geschlossen, so wären unserem »lieben Vaterland«, dem »guten Teutschland«, so Matthäus Merian 1652, die vierzehn letzten, schlimmsten Kriegsjahre erspart geblieben, die in religiöser Hinsicht doch kein anderes Ergebnis brachten als das von Wallenstein angestrebte, dafür aber fremde Mächte auf deutschem Boden verwurzelten. Die Mitwirkenden an dem Attentat von Eger beschenkte der Kaiser mit enormen Summen und den Gütern Wallensteins; die Erben der Mörder besaßen sie bis 1945.

## *Gewinner und Verlierer*

In der Schlußphase des Krieges machte auch das katholische Frankreich unter Richelieu offen Front gegen den Kaiser, um ein unter Habsburg als Großmacht geeintes Deutschland zu verhindern. Es handelt sich dabei, so wie das Streben nach der Rheingrenze, um eine Konstante der französischen Außenpolitik, die 1654 zur frankophilen Rheinischen Allianz und 1658 zum ersten gegen Österreich gerichteten Rheinbund führte, den unter anderen Vorzeichen Napoleon 1806 erneuerte. Napoleon III blockierte die deutsche Einigung unter Bismarck, Clemenceau untersagte 1919 die Aufnahme Deutsch-Österreichs ins Deutsche Reich und begünstigte 1923 die in Aachen proklamierte Rheinische Republik – aber selbst Mitterrand konnte mit seinem

Blitzbesuch in Ost-Berlin am 20. Dezember 1989 die Wiedervereinigung Deutschlands 1990 nicht mehr unterbinden.

Bismarck bemerkte einmal: »Es ist fast in jedem Jahrhundert einmal ein großer Krieg gewesen, der die deutsche Normaluhr richtig gestellt hat.« Wenn die Politiker versäumen, zu tun, was an der Zeit ist, werden die Verhältnisse von den Militärs zurechtgerückt. Bismarck ging davon aus, daß die Staatsmänner aufgerufen und grundsätzlich imstande seien, die Normaluhr auf Pünktlichkeit zu halten, ohne daß Kanonen sprechen müssen. Damit hatte er gewiß recht. Mit Weitblick für das Mögliche und Augenmaß für das Kräfteverhältnis hätte sich der Dreißigjährige Krieg vermeiden oder zumindest im Sinne Wallensteins abkürzen lassen. Die grundsätzliche Frage, ob Kriege die jeweils laufende Entwicklung hemmen, fördern oder verändern, stellt sich in unserem Fall besonders dringlich im Hinblick auf das krasse Mißverhältnis zwischen Verlust und Gewinn. Wenn die deutsche Bevölkerung um ein knappes Drittel geschrumpft ist, so war das ein Aderlaß, der den der beiden Weltkriege im Verhältnis ums Vierfache überstieg. Und was wurde gewonnen? Es gab keinen Sieger. Die Mächte mußten Frieden schließen, weil die schwedischen, französischen, kroatischen und spanischen Söldner in dem ausgebluteten Lande nichts mehr zu verzehren fanden.

Der Westfälische Friede von 1648 besiegelte ein religionspolitisches Patt. Die militärische Gegenreformation war steckengeblieben. Der Augsburger Religionsfriede von 1555 wurde erneuert und auf die Calvinisten ausgedehnt. Damit war – gegen den flammenden Protest von Papst Innozenz X in seinem Breve *Zelo domus Dei* – die Macht der katholischen Kirche über ganz Deutschland gebrochen. Als Normaljahr für die Konfessionszugehörigkeit wurde 1624 festgesetzt, die 24 Kriegsjahre danach waren mithin religiös folgenlos und hätten unterbleiben können.

Gewinner waren die Nachbarmächte. Frankreich erwarb in Lothringen und im Elsaß wichtige Positionen; Schweden erhielt Vorpommern und Bremen mit den Mündungsgebieten von Oder, Elbe und Weser; Dänemark behauptete Schleswig-Holstein und Oldenburg – Verluste, die Wallenstein hatte verhindern wollen.

Dies gilt ebenso für die Lösung der Niederländer und Schweizer aus dem Reichsverband. Ein Verbleib der Schweiz im Reich hätte einen Sieg Habsburgs unter Herzog Leopold 1386 bei Sempach über die Eidgenossen erfordert sowie ein weitgehendes Zugeständnis an deren Eigenentwicklung. Die Randgebiete des Reiches waren fortan oder wurden hinfort auf vielfältige Weise mit den Nachbarstaaten verflochten: Luxemburg mit den Niederlanden, Hannover mit England, Sachsen mit Polen, Österreich mit Ungarn und Italien. So entstand jener bunte Flickenteppich, der bis 1871 die deutsche Landkarte bestimmte.

Verlierer war der Kaiser. Er verkümmerte zur Symbolfigur. Die Reichsidee blieb lebendig, aber die Reichsgewalt erlahmte. Die Reichsfürsten wurden souverän, es gelang ihnen, ihre Landstände auszuschalten und stehende Heere zu schaffen. Der landesherrliche Absolutismus wurde damit vollendet.

In Münster und Osnabrück endete 1648 ein europäischer Nord-Süd-Konflikt, der hundert Jahre zuvor mit dem Schmalkaldischen Krieg begonnen hatte. Wien und Madrid im Süden vertraten den universalen Reichsgedanken aus der römischen Antike und die aus dem Mittelalter stammende katholische Staatsreligion, während sich im Norden, in England, den Niederlanden, Norddeutschland und Skandinavien Kräfte regten, die, protestantisch geprägt, auf den autonomen Nationalstaat zielend, in die bürgerliche, schließlich republikanische Neuzeit wiesen. In gewisser Weise ging es um den Vorrang zwischen Ordnung und Freiheit. Ein vergleichbarer Konflikt wiederholte sich mit ähnlichem geographisch-konfessionellem Hintergrund in der Ära Metternich, als Wien noch einmal versuchte, die Dinge in Deutschland im katholisch-konservativen Sinne zu lenken. In beiden Fällen ging es darum, dem Rad der Geschichte in die Speichen zu fallen. So möchte man fragen, ob es wirklich nicht auch hätte anders kommen können. »Das Wünschbarste nach unserm blöden Urteil«, schrieb Burckhardt, »wäre gewesen, einander gehen zu lassen. Allein die Menschen zwingen so gerne ihresgleichen zu ihrem Willen.« Hat sich das seitdem geändert?

*Und als bei Mollwitz um halber vier,*
*Die Heere sich hielten beim Schopf,*
*Kam's plötzlich ganz anders als auf dem Papier,*
*Und der König verlor den Kopf.*
Seeliger

# 11. Friedrich der Große fällt bei Mollwitz

Die Alternativen zur deutschen Geschichte seit dem 18. Jahrhundert müssen wieder eingeordnet werden in die großen europäischen Zeitströmungen, die als ganze kaum umzulenken waren und nicht umzudenken sind, aber im einzelnen durchaus anders hätten verlaufen können. Im Geistesleben dominierten Aufklärung und Romantik, in der Innenpolitik Nationalismus und Liberalismus, in der Außenpolitik herrschten Imperialismus und Kolonialismus, in der Zivilisation Industrialisierung und Modernisierung, und alles steht im Zusammenhang eines beschleunigten Bevölkerungswachstums.

Weniger klar vorgezeichnet als die genannten Tendenzen war die konkrete politische Entwicklung. Sie hing damals – wie immer – weitgehend von den führenden Staatsmännern ab, von deren individuellen Fähigkeiten, deren persönlichen Einstellungen und Entscheidungen. Hier öffnet der Zufall Spielräume. Es zeigen sich verschiedene Möglichkeiten für den Fortgang der Dinge neben dem Verlauf, den die Geschichte tatsächlich genommen hat.

## *Maria Theresia*

Die politische Geschichte Deutschlands in der Neuzeit wurde bestimmt durch einen Nord-Süd-Konflikt, wie er schon zwischen Franken und Alamannen, zwischen Heinrich dem Löwen und Friedrich Barbarossa aufgetreten ist, und der sich nun in verschiedenen Formen viermal wiederholt hat: im 16. Jahrhundert mit dem Schmalkaldischen Krieg, im 17. Jahrhundert mit dem Dreißigjährigen Krieg, im 18. Jahrhundert mit den Schlesischen Kriegen Friedrichs gegen Maria Theresia und im 19. Jahrhundert mit dem Krieg Bismarcks gegen Österreich 1866.

Treibender Faktor war der Aufstieg Preußens zur europäischen Großmacht. Er begann mit dem Großen Kurfürsten und seinem Sieg bei Fehrbellin 1675 über die Schweden, setzte sich fort mit der Krönung Friedrichs I am 18. Januar 1701 in Königsberg und mit dem Aufbau der preußischen Armee durch den Soldatenkönig Friedrich Wilhelm I. Aber erst sein Sohn hat die übernommenen Machtmittel genutzt und seinem Land die stärkste Stellung in Deutschland verschafft. Dabei ist ihm mehrfach seine *fortune* zu Hilfe gekommen, ohne die er seine Ziele nicht erreicht hätte. »Der Gipfel der Staatskunst besteht darin, die Gelegenheit abzuwarten und sie nach Gunst der Umstände zu benutzen«, so steht es in seinem Politischen Testament von 1768.

Am 20. Oktober 1740 starb in Wien Karl VI. Mit ihm erlosch das Haus Habsburg in männlicher Linie. Folglich war der Kaiserthron vakant, die Nachfolge wurde akut. Der erste unter den weltlichen Kurfürsten, der Markgraf von Brandenburg, war in Personalunion der König von Preußen. Seit dem 31. Mai regierte dort Friedrich II der Große, dem es wahrlich nicht an Ehrgeiz fehlte. Seine nächsten Freunde rieten ihm, sich um die Kaiserwürde zu bewerben. Am 31. Oktober schrieb ihm sein väterlicher Freund und Lehrer Voltaire, der Thron gebühre niemand anderem als *Frédéric*, der die Charaktere eines Titus, Trajan, Marc Aurel und Julian vereine. Friedrich aber wußte sehr wohl, wie er in seinem Testament von 1752 schrieb, daß der bloße Titel wenig Wert besaß, daß es allein auf die Hausmacht als Landesherr ankomme. So wie 1519 Friedrich der Weise wies er den Gedanken ab. Für einen deutschen Kaiser aus dem Hause Hohenzollern war es im 18. Jahrhundert noch zu früh, er hätte eine breitere Machtbasis, ein stärkeres Preußen benötigt als jenes, das sein Vater hinterlassen hatte. Das aber galt es zu schaffen.

Karl VI hatte in weiser Voraussicht bereits 1713 mit seiner Pragmatischen Sanktion die Nachfolge in den Erbländern auch für die weibliche Linie eröffnet. Das widersprach dem Reichsrecht. Gegen seine Tochter Maria Theresia erhob sich Widerspruch, unter anderem durch den erbberechtigten Wittelsbacher Karl Albrecht von Bayern. Er fand Unterstützung bei Friedrich, namentlich aber in Frankreich und wurde 1742 von den Gegnern Habsburgs zum Kaiser gewählt. Kardinal Fleury, der starke Mann in Versailles, plante damals eine Vierteilung Deutschlands in Preußen, Österreich, Sachsen und Bayern, um die französischen Einflußmöglichkeiten zu optimieren. Der Wittelsbacher aber starb bereits 1745, so daß die Chance für München, deutsche Kaiserstadt zu werden, dahin war. Kaiser wurde 1745 der Mann Maria Theresias, Franz Stephan von Lothringen, von dem die späteren – zu Unrecht so genannten – »Habsburger« abstammen.

Die Bedrängnis der Königin nutzend, richtete Friedrich sein Augenmerk auf Schlesien, das nach drei Kriegen in 23 Jahren schließlich ihm gehörte. Der Konflikt hätte sich erübrigt, wenn Friedrich Maria Theresia geheiratet hätte. Der Gedanke stand im Raum. Zunächst war eine von Friedrichs Mutter befürwortete Verbindung mit England geplant, eine Doppelhochzeit zwischen den Königskindern der Häuser Hannover in London und Brandenburg in Berlin. Als die Väter aus persönlichen Gründen 1730 davon abrückten, erklärte Friedrich gegenüber dem österreichisch gesinnten General Grumbkow, er sei einverstanden, wenn seine Vermählung mit der Thronerbin in Wien zustande käme, von der die Rede gehe. Friedrich Wilhelm aber entschied anders und erzwang 1733 die Ehe Friedrichs statt mit der Tochter des Kaisers mit der Nichte der Kaiserin und daher der Cousine Maria Theresias, mit Elisabeth Christine von Braunschweig, der »dummen Gans«, wie Friedrich durchaus zu Unrecht klagte.

Das Wiener Eheprojekt war zugestandenermaßen vage, eröffnete aus späterer Sicht aber weitreichende Konsequenzen, zumal dann, wenn Friedrich nicht, wie er gegenüber Grumbkow erklärte, sein Erbrecht auf Preußen seinem zweitgeborenen Bruder August Wilhelm abgetreten hätte. Haupthindernis bei der Heirat wäre die Konfession gewesen, da Friedrich niemals katholisch geworden wäre. Unüberwindbar aber war das nicht, wenn wir bedenken, mit welcher Distanz später der aufgeklärte Thronfolger Maria Theresias seinen Katholizismus praktiziert hat. Fraglos hätte Friedrich dessen Reformen, den Josephinismus, vorweggenommen. In jedem Falle hätte es keine Schlesischen Kriege gegeben. Bei einer Personalunion zwischen Preußen und Österreich wäre eine europäische Großmacht entstanden, die sich wohl gegen Frankreich und Rußland hätte behaupten können und auch England nicht hätte fürchten müssen, das traditionell gegen die stärkste Kontinentalmacht eingestellt war. Schließlich wäre auf dieser Basis im 19. Jahrhundert eine großdeutsche Lösung der territorialen Frage möglich geworden.

Die kleindeutsche Lösung erforderte ein starkes Preußen. Dazu wäre es nach einem Tod des Königs bei Mollwitz in der ersten Schlacht des Ersten Schlesischen Krieges am 10. April 1741 nicht gekommen. Dreimal geriet Friedrich in Lebensgefahr. Schon an der Grenze zwischen Schlesien und Glatz verfehlte ihn ein österreichisches Husarenkommando. In Jägerndorf hätte, wie Friedrich in seiner »Histoire de mon temps« selbstkritisch anmerkt, Graf Neipperg ihn leicht überrumpeln können. Und die Schlacht bei Mollwitz selbst erlebte eine für die Preußen derart bedenkliche Phase, daß der König auf Anraten Schwerins während der österreichischen Kavallerieattacke fluchtartig die Walstatt verließ. Er ritt nach Oppeln, wurde am Stadttor aber nicht, wie erwartet, von Preußen, sondern von Österreichern empfangen und entging ihren Kugeln nur durch die Schnelligkeit seines Pferdes.

Zwei Tage vor der Schlacht schrieb Friedrich seine Wünsche für den Fall seines Todes an seinen Bruder und präsumtiven Erben August Wilhelm. Hätte dieser 1741 die Nachfolge Friedrichs angetreten, so wäre die spätere Rolle Preußens bei der Vereinigung Deutschlands entfallen. August Wilhelm war seinem kriegerischen Bruder gegenüber kritisch eingestellt und wurde von diesem nach dem verlustreichen Rückzug aus Böhmen 1757 als militärischer Versager betrachtet. Preußen wäre keine Großmacht geworden, wenn Friedrich nicht 1763 Schlesien und 1772 nicht Westpreußen gewonnen hätte. Sein Erfolg war lange in der

Schwebe, denn die Entscheidung im Felde, ja das Leben des Königs stand mehrfach auf des Messers Schneide.

## *Das Wunder des Hauses Brandenburg 1762*

In seinem »Grundriß der preußischen Regierung« von 1776 bemerkte Friedrich: »Die Politik soll möglichst weit in die Zukunft blicken.« Hätte er selbst dies 1740 getan und vorausgesehen, wer und was sich ihm bei seinem Griff nach Schlesien entgegenstellen würde, so hätte er ihn kaum gewagt. Angesichts der ungeheuren Übermacht, gegen die er sich behaupten mußte, gehört sein Erfolg zu jenen Ereignissen, die trotz ihrer evidenten Unwahrscheinlichkeit eingetreten sind. Gerettet hat ihn nicht nur sein unbeugsamer Wille, nicht nur der Vorzug des eisernen Ladestocks der Preußen vor dem hölzernen der Österreicher, sondern nicht zuletzt eine Kette von Zufällen. Der bekannteste ist das »Wunder des Hauses Brandenburg« im letzten Jahr des Siebenjährigen Krieges 1762. Die Ressourcen Friedrichs waren weitgehend erschöpft, der Kampf gegen die vereinten Großmächte Österreich, Frankreich, Schweden und Rußland schien aussichtslos. Selbst der alte Bundesgenosse England schwenkte unter Pitts Nachfolger Lord Bute auf die Gegenseite um. Denn jetzt war Preußen die Vormacht in Mitteleuropa und daher Englands »natürlicher« Gegner. »Nichts Geringeres war zu erwarten«, schrieb der Zeitgenosse Archenholtz, »als das Ende der Monarchie.« Da starb Friedrichs erbitterte Feindin, die Zarin Elisabeth, am 5. Januar 1762. Am Tage bevor der König die erlösende Nachricht erhielt, schrieb er an den Marquis d'Argens, nur ein Wunder des Glücks könne ihn noch retten, er sei – wie immer – bereit zu sterben. Das Glück erschien. »Seine Majestät der Zufall« trat ein. Elisabeths Neffe und Nachfolger Peter III bewunderte Friedrich, dessen Bild er vor den Augen der Russen küßte. Der junge Zar schloß ein Bündnis mit Friedrich, zog seine Truppen aus Ostpreußen und Pommern zurück und sandte ein Hilfskorps von 15 000 Mann nach Schlesien. Das brachte die Wende. Nach weiterem Schlagabtausch gab Maria Theresia auf und machte 1763 Frieden. In Hubertusburg wurde Friedrichs Besitz von 1756 ratifiziert. Der Siebenjährige Krieg war für Österreich und Preußen ein realpolitisches Nullsummenspiel.*

Kriege, die bloß einen Besitzstand bestätigen, beruhen auf mangelnder Aufklärung des Angreifers. Er hätte sich die Attacke sparen können. Um seinen Gegner zu bezwingen, muß man ihn besser kennen, als er sich selber kennt. Dennoch ist das Ergebnis oft schwer vorhersehbar, so auch hier. Kurz vor der Wende des Glücks, am 2. November 1762, schrieb Friedrich an seinen Bruder Heinrich, während des Krieges sei er »mit seinem Heer der gänzlichen Vernichtung oft nur zwei Schritt entfernt entgangen«. Wäre dies eingetreten oder er schon bei Mollwitz gefallen, so wäre Schlesien bei Österreich verblieben. Unter Friedrich Wilhelm (II), dem Neffen und Nachfolger Friedrichs, wäre Preußen nicht zur Vormacht in Deutschland aufgestiegen. Die deutsche Einheitsbewegung im 19. Jahrhundert hätte weder auf die Vormacht Preußens noch auf den Mythos vom Alten Fritzen bauen können. Er wurde in ganz Europa, selbst in Übersee bewundert. Sein Vater hatte ihm 1730 befohlen, ein »deutsches Herz« zu haben. Eher aber hatten die Deutschen ein Herz für ihn. In Goethes Elternhaus war man »fritzisch« gesinnt, Friedrich war für den Dichter so wie schon für Herder der »größte Mann seiner Zeit«, ja der »Polarstern« der Deutschen. Derartige Stimmen sind zahllos. »Der einzige feste Punkt in Deutschland ist aber der Staat Friedrichs des Großen und die preußische Armee.« Dieses um

* Es erinnert an die Fabel mit den zwei Fröschen bei Siegfried Lenz. Bauer A konnte sein Kalb auf dem Markt nicht verkaufen. Er treibt es heim, will es aber eigentlich loswerden. Er trifft den Bauern B und bietet ihm das Kalb an, wenn er einen Frosch frißt. Der tut's und erhält das Kalb. Nun reut es den Bauern A, und er will sein Tier wiederhaben. Bauer B erklärt, wenn auch A einen Frosch fräße, bekäme er das Kalb zurück. Der tut's und erhält es. Jetzt blicken die Bauern sich an und fragen: »Wozu haben wir eigentlich die Frösche gefressen?«

1833 gesprochene Wort seines Vaters nannte Werner von Siemens eine »große Wahrheit«, und so dachten damals viele, die auf die deutsche Einheit hofften.

## *Der Fürstenbund*

Friedrich hat nicht nur mit der Begründung der Großmacht Preußen die Voraussetzung für die deutsche Einigung hundert Jahre später geschaffen, er hat auch ein Vordringen Österreichs nach Deutschland verhindert. Schon bei seiner Zusammenkunft mit Joseph II in Neiße 1769 bemerkte er, daß der junge Kaiser »vom Ehrgeiz verzehrt« werde und einen »großen Plan« wälze, von dem Friedrich nur nicht wußte, ob er sich auf Venedig, Bayern, Schlesien oder Lothringen richtete. Tatsächlich hoffte Joseph auf die Gewinnung Bayerns, das im Jahre 1156 von Österreich getrennt worden war. Als die Wittelsbacher 1777 ausstarben, marschierten die Österreicher ein. Der Erbe, Karl Theodor von der Pfalz, setzte ihnen keinen Widerstand entgegen. Ihm hatte Joseph dafür die habsburgischen Niederlande versprochen, gewissermaßen das altfränkische Reich vom Mittelrhein bis zu Kanalküste. Erst als der alte Friedrich mobil machte und der nur aus Truppenbewegungen bestehende »Kartoffelkrieg« ausbrach, bewog Maria Theresia ihren Sohn zum Rückzug aus Bayern.

Im Jahre 1785 wiederholte Joseph, nun Alleinherrscher, den Griff über die Grenze. Der in Bayern erbberechtigte Herzog Karl von Zweibrücken wandte sich erneut Hilfe erheischend an Friedrich, den »Schirmherrn deutscher Freiheit«, um zu verhindern, daß Österreich ein »zermalmendes Übergewicht« in Deutschland gewänne. Dies wurde erreicht, als Friedrich dem 1783 von den kleineren Mächten, dem »dritten Deutschland«, gestifteten Fürstenbund beitrat. Man suchte einen Protektor in Preußen. Dabei traten bereits deutschnationale Motive zutage. Die mit dem Bund verknüpfte Hoffnung auf die »Erweckung des Nationalgeistes in unserem Vaterlande« beflügelte nicht nur Carl August, den borussophilen Großherzog von Weimar und Gönner Goethes. Der Dichter Schubart, als Herausgeber der liberalen »Teutschen Chronik« Gefangener des Herzogs von Württemberg auf dem Hohenasperg, rief dem neuen *liberator Germaniae* zu: »Sey unser Führer, Friedrich Hermann!« Hier kündigt sich eine politische Konstellation an, die nach den Befreiungskriegen weiteste Kreise zog. Friedrich freilich war es nicht um die Reichsverfassung, geschweige denn um das deutsche Vaterland zu tun, sondern um die Eindämmung der österreichischen Expansion. Er durchkreuzte mit dem Bund die Annexionspläne Josephs. Eine Grundmaxime aller Politik lautet: das Wachstum der Nachbarn verhindern, ganz gleich welcher. In diesem Sinne prophezeite Friedrich bereits 1768 ein dermaleinstiges Bündnis zwischen Berlin und Wien gegen das »ungeheure Anwachsen Rußlands«.

Friedrich hat jedenfalls Bayern vor dem Zugriff Wiens gerettet. Wäre es dem Kaiser gelungen, das Nachbarland seinem Reich einzuverleiben, so hätte das weitreichende Folgen sowohl für die innerdeutschen Verhältnisse als auch für die Donaumonarchie gehabt. Mit dem Erwerb Bayerns hätte Joseph eine territoriale Verbindung zu den vorderösterreichischen Besitzungen geschaffen und einen geschlossenen Länderkomplex besessen, der die Vormacht Preußens in Deutschland in Frage gestellt oder gar beendet hätte. Das hat Friedrich schon früh gesehen, als er 1779 seinem Bruder Heinrich schrieb, mit dem Gewinn Bayerns würde Wien im Reich eine »despotische Macht« erwerben, die Preußen zu spüren bekäme. Damit hätte sich zugleich das Kräfteverhältnis zu Ungunsten Berlins verschoben, spürbar, als es 1848 in der Paulskirche um die Entscheidung zwischen Großdeutsch und Kleindeutsch ging. Für Österreich im engeren Sinne hätte die Vergrößerung durch Bayern die Stellung Wiens im Vielvölkerstaat verbessert und die Pläne Josephs gegenüber Italien begünstigt. Ob das die Donaumonarchie langfristig gerettet hätte, ist freilich mehr als unsicher. Die Agonie hätte sich verlängert.

Andererseits hätte eine Niederlage Friedrichs und die Fortdauer der Kleinstaaterei Deutschland ohne Großpreußen schon im 18. Jahrhundert zum Interessengebiet der Randmächte machen können. Rußland hätte das 1758 besetzte Ostpreußen behalten und vermutlich ganz Polen und Westpreußen hinzugewonnen; Schweden hätte Vorpommern, Dänemark hätte Schleswig-Holstein und England hätte Hannover beherrscht; das Rheinland und Süddeutschland wären unter französischen Einfluß geraten. Brandenburg, Sachsen und Bayern hätten als kleindeutsche Pufferstaaten zwischen Ost und West fungiert. Ohne Friedrich den Großen, so Meinecke 1949, wäre Deutschland unter seinen Duodezfürsten ein »Depressionsgebiet« geblieben, »in das die Winde der Macht vom Ausland her – Österreich hier mit inbegriffen – ständig hineingeweht und auch Sturm und Verderben genug hätten bringen können«.

Neben der innerdeutschen Lage hat sich ebenfalls die internationale Mächtekonstellation durch Friedrichs Kriege verschoben. Rußland wurde durch sie in die europäische Politik hereingezogen, es gehörte fortan – neben Österreich, Frankreich, England und Preußen – zur Pentarchie und gewann in Europa einen Einfluß, der bis in die Zeit von Glasnost gewachsen ist. Die während des Siebenjährigen Krieges durch Friedrich in Deutschland gebundenen französischen Streitkräfte fehlten Frankreich unterdessen zur Verteidigung seiner Kolonien in Übersee gegen die Briten, so daß Lord Clive 1757 Indien und James Wolfe 1760 Kanada erobern konnte. William Pitt der Ältere meinte darum am 13. November 1761: *America has been conquered in Germany.* Insofern hat Friedrich der Große unwillentlich-unwissentlich Geburtshilfe geleistet, innenpolitisch für die Einigung Deutschlands und außenpolitisch sowohl für die russische als auch für die anglo-amerikanische Großmacht, die sich nach dem Intermezzo Napoleons herausbildeten. Hätte ein Todesschuß bei Mollwitz Friedrich ins Schattenreich befördert, wo er Lucrez, Vergil und Marc Aurel zu treffen hoffte, dann hätte dies die weltpolitische Großwetterlage erheblich modifiziert, zumindest ihre Entwicklung verzögert. Wesentlich gefördert wurde der Aufstieg der Weltmächte dann ebenfalls unfreiwillig durch zwei andere, allerdings weniger erfolgreiche Kriegsherren: durch Wilhelm II und Hitler – Musterbeispiele für die Ironie der Geschichte.

*De caelo et patria*
*nunquam desperandum.*
Arndt

# 12. Metternich kommt nicht zum Zuge

Im Urteil des Historikers über einen Staatsmann ist das, was dieser gewollt hat, unerheblich. Statt dessen ist stets dreierlei abzuwägen: das, was er geleistet hat (was ohne ihn nicht zustande gekommen wäre); das, was er zerstört hat (was ohne ihn erhalten geblieben wäre); und das, was er verhindert hat (was ohne ihn eingetreten wäre). Die ersten beiden Punkte lassen sich in der Regel klären, denn sie betreffen geschehene Geschichte. Allerdings ist die Bilanz oft schwer zu ziehen, da die Bewertung von Nutzen und Kosten gewöhnlich an vorgegebene Standpunkte gebunden bleibt. Im Hinblick auf die Leistung gibt es eine zusätzliche Schwierigkeit bezüglich der Frage nach den mittel- und langfristigen Folgen, weil dabei Mitakteure ins Spiel kommen, deren Anteil am Geschehen nicht immer einfach abzugrenzen ist. Das Problem sodann, was alles durch einen einflußreichen Politiker verhindert wurde, fällt in den Bereich der ungeschehenen Geschichte; es erfordert einen Blick auf seine Widersacher, auf ihre mißlungenen Pläne und deren Erfolgsaussichten.

Die skizzierten drei Fragen sind im Hinblick auf den jeweiligen Typus von Politiker unterschiedlich bedeutsam. Bei einem Feldherrn wie Napoleon stellt man seinen Erfolgen die Opfer gegenüber, hier steht Tatsache gegen Tatsache. Die 1803 durch den Reichsdeputationshauptschluß erfreulich verminderte Masse der deutschen Miniaturstaaten und die in den Fürstentümern des Rheinbundes nach französischem Vorbild durchgeführten Modernisierungen wurden erkauft mit Hunderttausenden von Toten zumal in Rußland – Toten, denen Napoleon keine Träne nachweinte, gemäß seinem Wort gegenüber Metternich am 26. Juni 1813 im Palais Marcolini zu Dresden: »Einem Mann wie mir ist das Leben von einer Million Menschen egal.«

## *Der Alptraum vom Liberalismus*

Bei einem Staatsmann wie Metternich sodann vergleicht man sein Werk mit den Entwicklungen, die er abgeblockt hat. Hier stehen Tatsachen gegen Möglichkeiten, die aus dem, was die unterlegenen Gegner gewollt haben, und dem, was sich später zugetragen hat, erschlossen werden müssen. Das ist im Falle Metternichs durchaus machbar. Denn die demokratische und nationale Strömung, gegen die er angekämpft hat, ist bestens bekannt und hat sich schließlich durchgesetzt. Metternich hat mit dem Gedanken der Pentarchie ein bis zum Krimkrieg 1853 stabiles europäisches Konzept verfolgt und den 1830 und 1840 drohenden Krieg mit Frankreich, als es wieder um die Rheingrenze ging, abwenden können. Damit hat Metternich den deutschen Landen den Rahmen für das romantische Zeitalter des Biedermeier beschert. Das aber war mit Barrikaden und schwedischen Gardinen möbliert. Hier ist materieller Wohlstand und bürgerliches Behagen gegen polizeilich unterdrückte Geistesfreiheit, gegen Willkür »gottgegebener« Staatsgewalt abzuwägen. Der äußere Frieden ging auf Kosten der inneren Freiheit, zu Lasten von politischer Selbstbestimmung; die Idylle der Goethezeit hatte ihren Preis. Ob sie dessen wert war? Goethe würde es bejaht haben, und angesichts der Umstände, in denen er in Weimar lebte, verwundert das nicht.

Metternich war wie Goethe ein Mann der Ordnung, wie er sie verstand. »In Carlsbad sah ich Fürst Metternich«, schrieb er 1819, »und fand in ihm einen gnädigen Herrn.« Metternich hatte Goethe 1813 in Weimar besucht, ihm einen Orden zukommen lassen und ihn 1818 in Karlsbad zu einem Hauskonzert mit der Sängerin Catalani empfangen. Wie Napoleon schätze er den Verfasser des »Werther«. Die dann von den Karlsbader Beschlüssen geforderte Einsetzung eines Kurators für die Universität Jena lehnte Goethe ab – so weit ging sein Ordnungsbedürfnis doch nicht. Die Erwartung, »daß Deutschland eins werde«, teilte auch er. »Unsere guten Chausseen und die künftigen Eisenbahnen werden schon das ihrige tun«, so 1828 zu Eckermann.

Als Student in Straßburg hatte Metternich die Revolution erlebt und war durch die *Terreur* der Jakobiner lebenslang geprägt, ja traumatisiert. Er hätte sich auf Luther berufen können: »Man darf dem Pöbel nicht viel pfeifen, er tollet sonst gern.« Metternichs Alptraum war die nationalliberale Bewegung, der er ihre Herkunft aus der Französischen Revolution nicht verzieh. Bloß keine Pöbelherrschaft! Demokratie und Liberalismus erschienen ihm Vorformen der Anarchie und der daraus erwachsenden Tyrannis. Nichts Schlimmeres gebe es als den »mißberatenen Durst nach Freiheit«, als den »Schwindelgeist« des Liberalismus. Parlamentarismus und Repräsentativsystem, wovor er Friedrich Wilhelm IV bei dessen Thronbesteigung 1840 eindringlich warnte, seien Vorboten revolutionären Terrors. Damit würde jede Monarchie, insbesondere das Habsburgerreich, sich auflösen in Nationalstaaten, die sich gegenseitig bekämpften und ihre Minderheiten unterdrückten.

Metternich hat sich mit den konträren politischen Ideen seiner Zeit auseinandergesetzt und in seinen »Denkwürdigkeiten« unmißverständlich Stellung bezogen. Montesquieus Prinzip der Gewaltenteilung fand er unpraktisch, weil es einen Antagonismus der Kräfte voraussetzte. Die Geschichte habe bewiesen, daß die Monarchie der Republik überlegen sei, da sie jene Ordnung gewährleiste, ohne welche Freiheit unmöglich sei, während die Freiheitsparole als Larve des Despotismus durch eine Partei mißbraucht werde. Wohlfahrt erfordere Ruhe, und diese zu gewährleisten stehe allein den legitimen Fürsten zu, die niemandem als Gott verantwortlich seien. Das war die christliche Philosophie des Ancien Régime, ja schon die des Apostels Paulus: »Jede Obrigkeit ist von Gott«, so die Bibel. Das meinte auch Metternich, obschon er ein lauer Christ war. »Wem Gott ein Amt gibt, dem gibt er auch Verstand«, so das Establishment. Aber vergibt Gott die Ämter, oder werden sie nicht von Menschen vergeben? Ohne Ironie ist im Vormärz – nicht nur bei Georg Herwegh – vom »beschränkten Untertanenverstand« die Rede.

Seine Mission formulierte Metternich 1826 in einem Schreiben an den österreichischen Gesandten in der Schweiz. Das Ziel aller europäischen Regierungen müsse es sein, den revolutionären Geist auszurotten, der erschreckende Fortschritte gemacht habe. Metternich spricht von Fanatismus und Entsittlichung, vom lichtscheuen Treiben und den verbrecherischen Unternehmungen jener gottlosen Sekte. Durch Unglauben und Freigeisterei werde die Jugend korrumpiert; diese destruktive Kraft sei auszutilgen. Das war sein Credo, doch stand er damit gegen den Geist der Zeit. Dieser war geprägt durch das auf Hölderlin zurückgehende Bild des Völkerfrühlings.

Es gärte in deutschen Landen schon seit der Französischen Revolution. Ein Beispiel bietet das 1792 veröffentlichte politische »Glaubensbekenntnis« des Freiherrn Adolf von Knigge. Das deutsche Staatsoberhaupt nebst seinem Stellvertreter solle wählbar sein, vom ganzen Volk und aus dem ganzen Volk. Es regiere mit seinem Staatsrat sechs Jahre lang mit allen Vollmachten, müsse aber anschließend vor der Nationalversammlung Rechenschaft ablegen. Dann gibt es Neuwahlen für den »König« und die Nationalräte, die aus allen Provinzen kommen müssen. Die Nationalversammlung entscheidet über Krieg und Frieden und andere wichtige Fragen, wozu sie jeweils einberufen wird. Sie ernennt die Generale, während die niederen Staatsdiener von ihren jeweiligen Körperschaften gewählt werden. Der König erhält ein maßvolles Jahresgeld, zeigt sich ohne Abzeichen und besitzt keine Leibwache. Die Residenz wechselt mit jeder Amtsperiode durch die zwölf Hauptstädte des Landes. Knigge denkt hier an Amerika.

## *Der nationale Gedanke*

Die Erhebung gegen Napoleon 1813 war getragen von einer breiten Begeisterung für die Idee der deutschen Einheit. Die war keineswegs neu. Zeugnisse für ein ausgeprägtes Nationalbewußtsein gibt es vereinzelt im Mittelalter, etwa bei Walther von der Vogelweide, lebhaft bei den Reformatoren und den Humanisten und dann wieder seit Beginn der Romantik im späteren 18. Jahrhundert, so bei Schlözer, Klopstock und Herder, zumal in dessen »Briefen zur Beförderung der Humanität« von 1795/96. Herders »Vaterland« war Deutschland, die Länder »Provinzen«. Er schrieb: »Ruhm und Dank verdienet ein jeder, der die Gemeinschaft der Länder Deutschlands ... zu befördern sucht.« Weder die separaten Fürstentümer noch ein paneuropäisches Reich waren erwünscht, sondern ein Volksstaat. Es überzeugt nicht, wenn Metternich schrieb: Hätte Napoleon 1806 innegehalten, so hätte er ein »unermeßliches Gebäude«, ein neues Reich Karls des Großen errichten können, das, wie der Staatskanzler vermutete, von Dauer gewesen wäre.

Die Wende brachte der Untergang der *Grande Armée* 1812 in Rußland. Napoleon hatte den Zaren zwingen wollen, die Kontinentalsperre durchzuführen, um so England zu überwinden. Am Horizont zeigte sich der Korse als Kaiser von Europa, der im Sinne eines aufgeklärten Absolutismus die Hegemonie über die Völker ausübte. Das verhinderte die Beresina. Im Juni 1813 bot Metternich im Namen der abgefallenen Bündner dem noch nicht ganz geschlagenen Kaiser einen Frieden an. Er forderte den Rückzug nach Frankreich hinter die Grenzen von 1792 und die Auflösung des Rheinbunds. Empört lehnte Napoleon ab. Hätte er eingewilligt, so hätte es keine Völkerschlacht bei Leipzig gegeben, die wie kein Ereignis zuvor den deutschen Patriotismus entflammt hat. Napoleon glaubte später, den Sieg damals verschenkt zu haben, da er mit dem Waffenstillstand von Pläswitz in Schlesien am 4. Juni 1813, den er selbst zur Rekrutierung benötigte, dem Gegner die Möglichkeit gab, sich zu versammeln. Dies, so meinte er rückblickend auf Sankt Helena, sei der »größte

Fehler seines Lebens« gewesen, größer als der des Rußlandfeldzugs!

Hätte der Korse die Völkerschlacht bei Leipzig gewonnen, so wäre es ihm gelungen, wie er am 3. März 1816 zu Las Cases bemerkte, »Europa zu seiner Wiedergeburt zu verhelfen.« Er sei nahe daran gewesen, sie »von Norden nach Süden durchzuführen, unter monarchischen Prinzipien: wieviel Leiden, die uns bekannt sind, wieviel Leiden, die wir noch nicht kennen, wären dem armen Europa erspart geblieben! Niemals ist ein für die Interessen der Zivilisation großartigerer Plan mit so viel edelmütigen Absichten entworfen worden und ist seiner Ausführung so nahe gewesen.« Die »Universalmonarchie« habe er nicht von sich aus erstrebt, so versicherte er am 1. Mai, vielmehr hätten die Feinde sie ihm aufgenötigt und ihm Schritt für Schritt nähergebracht. Mit den Deutschen habe er »große Absichten gehabt«, erklärte er am 16. Juni.

Diese aber dachten anders. Hätte Napoleon bei Leipzig gewonnen, so hätte dies die französische Hegemonie über Deutschland keineswegs dauerhaft gesichert, sondern die nationale Bewegung allenfalls verzögert. Sie war eine Massenerscheinung. Man träumte von einem »über alle deutschen Staaten waltenden Kaisertum« deutscher Zunge und von einer Reichsverfassung, wie es bei Varnhagen von Ense heißt. Schon 1791 hatte sich Herder für das Jahr 1800 wieder einen deutschen Karl den Großen gewünscht. Wie im Bauernkrieg ging es um eine Allianz von Volk und Krone auf Kosten der Zwischengewalten. An der Spitze der Bewegung standen die Studenten, geführt von der Jenenser Burschenschaft. Ihr hatte der Turnvater Jahn die Farben des staufischen Wappens Schwarz-Rot-Gold empfohlen, die dann auch die Lützower Jäger für ihre Uniform wählten. »Das ist das alte Reichspanier, das sind die alten Farben«, heißt es bei Freiligrath. Ein Wort für viele ist der Schluß der Schwanenrede des Turnvaters Jahn vom 18. September 1848: »Deutschlands Einheit war der Traum meines erwachenden Lebens, das Morgenrot meiner Jugend, der Sonnenschein der Manneskraft und ist jetzt der Abendstern, der mir zur ewigen Ruhe winkt.« Für Metternich war das bloß modische »Teutomanie«. Seine Ordnungskategorie war das Recht der Regierung, nicht der Wille des Volkes. Der aber machte sich allenthalten bemerkbar. Mit ihrem Streben nach Einheit holten die Deutschen nur das nach, was in England, Frankreich, Spanien, Schweden und Griechenland längst geschehen war und was ebenso in den Vereinigten Staaten von Lincoln und schließlich auch in Italien von Garibaldi mit Blut und Eisen vollzogen wurde. So bestätigte sich eine alte Einsicht Luthers: »Änderung der Regiment und Rechte gehen ohn groß Blutvergießen nicht ab, wie alle Historien zeugen.«

Die plausiblen Alternativen zum faktischen Verlauf der deutschen Einigung beschränken sich auf den Zeitpunkt und die Form. Sie waren variabel. Der Wiener Kongreß der deutschen Fürsten unter Metternichs Führung machte die weitgehenden Hoffnungen der Männer, die 1813 Napoleon besiegt hatten, zunichte. Metternich verhinderte, daß »unser Volk«, so Varnhagen 1816, das »noch so viel zu leisten und die höchsten Stufen seiner wahrscheinlichen Weltbestimmung noch in weiter Ferne zu ersteigen hat«, auf diesem Wege weiterkam. Der Deutsche Bund unter Österreichs Vorsitz etablierte das Ancien Régime in Deutschland. Der Bund war die Schwundstufe des Heiligen Römischen Reiches Deutscher Nation, nicht die Keimzelle eines deutschen Nationalstaates. Denn dafür hätte neben die Vertreter der Regierungen im Frankfurter Bundestag ein Landtag mit Repräsentanten des Volkes treten müssen, wie es schon Justus Möser in seiner »Patriotischen Phantasie« für den Immerwährenden Reichstag zu Regensburg gewünscht hatte. Man empfand es als Demütigung, daß England den Franzosen Elsaß und Lothringen zusicherte und daß Wien mit der Rückendeckung von Petersburg die deutschen Belange lähmte. War es nicht anachronistisch, daß gemäß der Bundesakte jeder Duodezfürst mit jedem außerdeutschen Staat nach Laune ein Bündnis abschließen konnte; daß so wie jeder der zwölf Kaisersöhne des Hauses Habsburg mit einer eigenen Herrschaft versorgt werden mußte, auch in Deutschland Territorien nach dem Gusto fürstlicher Heiraten verbunden und in Erbfällen geteilt wurden? So entstanden noch 1827 die drei thüringischen »Staaten« Coburg-Gotha, Altenburg und Meiningen. Jeder der 38 »Staaten« mit seinen Zollgrenzen, mit eigenem Recht, mit eigener Streitmacht, eigenen Maßen und Münzen, eigener Uhrzeit!

In der Studentenschaft brodelte es. Auf dem Wartburgfest 1817 huldigte sie ihren nationalen und liberalen Ideen. Die Entwicklung drängte. In Koblenz hatte der kämpferische Joseph Görres 1818 ein von Tausenden unterzeichnetes Reformbegehren an den preußischen König gerichtet, das publiziert wurde und stürmischen Beifall in der Öffentlichkeit erhielt. Der Zar versprach den Russen ein Parlament und den Polen unverhoffte Freiheiten. Bayern erhielt am 26. Mai 1818 eine Verfassung und prägte eine Münze mit einem Kubus, der die Inschrift trägt CHARTA MAGNA BAVARIAE und eine Umschrift, die nach Vergils viertem Hirtengedicht den Anbruch eines neuen Zeitalters verkündet. Es folgten die Verfassungen in Württemberg, Hannover und Hessen-Darmstadt. Die freisinnigste Konstitution hinsichtlich der Volksrechte erließ der Großherzog von Baden. Er wagte es sogar, einen Bürgerlichen zum Minister zu ernennen! All dies hatte Signalwirkung, die Camarilla an den Höfen verlor an Einfluß. Doch dann kam der Rückschlag.

## *Die Karlsbader Beschlüsse*

Am 23. Mai 1819 erstach der Theologiestudent Karl Ludwig Sand den Dichter August von Kotzebue. Dieser war ein Agent des Zaren, der seinerseits liberalen Ideen durchaus zugänglich war, ihnen aber Schranken setzte. Alexander hatte 1815 zwischen dem militärisch dominanten Rußland und dem politisch führenden Österreich mit Preußen im Schlepptau die Heilige Allianz zum Schutz von Thron und Altar gestiftet. Kotzebue galt nicht nur bei der akademischen Jugend als Symbolfigur für die finsterste Reaktion. Varnhagen bietet eine vernichtende Charakteristik des Charakterlosen. Dessen Mörder, der die Tat nicht aus dem Hinterhalt, sondern mit seiner eigenen Hinrichtung vor Augen begangen hatte, wurde als Märtyrer der Freiheit gefeiert. Selbst Erzherzog Johann, der Bruder des Kaisers und spätere Reichsverweser, notierte: »Sand scheint mir einer der größten Männer seines Jahrhunderts« und bewunderte dessen »freien Heldentod zu des Vaterlandes Heil«. Metternich aber witterte eine deutschlandweite Verschwörung blutgieriger Jakobiner zur Ausrottung des Adels. Er sprach von »Terrorismus« und benutzte die Tat dankbar und wirksam zur Panikmache unter den Fürsten, um »die möglichste Partie aus ihr zu ziehen«, so am 9. April 1819 zu Friedrich von Gentz, der ihm geraten hatte, den Fall propagandistisch auszuschlachten. Dem stimmte Metternich zu. In dieser Sache werde er »nicht lau vorgehen«.

Die Folge waren die von Metternich angeregten, von Gentz formulierten und durch den Frankfurter Bundestag prompt abgesegneten Karlsbader Beschlüsse. Die deutsche Burschenschaft, die Professoren als »Ideengeber« und mit ihnen die akademische Welt überhaupt, die Turner- und Sängerbewegung gerieten unter Terrorismusverdacht und wurden von den obrigkeitlichen Signatarmächten von Karlsbad kriminalisiert, polizeilich überwacht und verfolgt. Die populärsten Patrioten, die alles andere als Jakobiner waren, wurden als »Demagogen« gebrandmarkt: Ernst Moritz Arndt kam vor Gericht, der Turnvater Jahn in Spandau hinter Schloß und Riegel, der Nationalökonom Friedrich List wurde zu Festungshaft verurteilt, der Germanist Hoffmann von Fallersleben amtsenthoben und verbannt, der Theologe Schleiermacher und andere Professoren wurden ihrer Papiere beraubt. Presse und Buchdruck standen unter Zensur, die öffentliche Meinung war zum Schweigen gebracht. In Mainz wurde als »Inquisitionsbehörde« eine Zentraluntersuchungskommission eingesetzt. Das hielt sich bis zur Märzrevolution 1848. Sie zeigte, daß die nationalliberale Bewegung nicht endgültig aufzuhalten war.

Der fortschrittliche Geist ging auch an der katholischen Kirche nicht vorüber, scheiterte aber dort ebenso wie in der Politik an den konservativen Kräften. Nachdem bereits in Österreich Joseph II und in Bayern der Geheime Staatsminister Montgelas Klöster säkularisiert und Reformen im Sinne der Aufklärung durchgeführt hatten, bemühte sich Ignaz Heinrich von Wessenberg als Generalvikar des Konstanzer Fürstbischofs Dalberg um eine Erneuerung des Katholizismus. Auf dem Wiener Kongreß versuchte er, nach dem Vorbild des Gallikanismus in Frankreich, eine deutsch-katholische Nationalkirche zu gründen. Sie sollte unter der losen Oberhoheit des Papstes von einem deutschen Primas geleitet werden. Eine deutsche Liturgie anstelle der lateinischen, eine aktive Beteiligung der Gläubigen, die Einführung eines Gesangbuches, ein Theologiestudium für angehende Priester und eine Verminderung der Kirchenfeste – all dies deutete in Richtung auf die Ökumene.

Wessenberg hatte unter Katholiken wie Protestanten – unter ihnen Varnhagen – glühende Verehrer, selbst der Großherzog von Baden verwandte sich 1818 vor dem Frankfurter Bundestag für seine Vorschläge. Aber trotz offenkundigem Regelungsbedarf scheiterte der Ansatz, nicht zuletzt am trägen Hoffnungsträger Preußen. Eine damals – wie schon 1526 in Speyer – greifbare und gebotene Zuständigkeit des Staates für die Grundlagen, Grenzen und Rahmenbedingungen kirchlichen Lebens blieb im Raume stehen. So wurde 1873 der »Kulturkampf« möglich. Wessenberg nahm Ideen vorweg, die erst 150 Jahre später im Zweiten Vatikanum zur Geltung kamen. 1821 wurde er mit der Aufhebung des Bistums Konstanz durch Pius VII aus dem Amt entlassen, nachdem der Papst den Jesuitenorden wiederhergestellt hatte. Die ultramontane Wende lief parallel zur politischen Reaktion Metternichs. Dieser versuchte laut Wessenberg, mit seiner Staatskunst »Windeier« auszubrüten, was ihm auch dann nicht gelänge, wenn er »Jahrzehnte« auf ihnen sitze.

## *Freiherr vom Stein*

Metternichs Antipode war Karl Freiherr vom Stein. Gewiß war er kein gleichrangiger Gegenspieler auf der großen politischen Bühne, wohl aber vertrat er ein alternatives, weiterblickendes Konzept für die erforderliche Neugestaltung Deutschlands. Es gab mancherlei Parallelen zwischen den beiden Westdeutschen, so der familiäre Hintergrund. Die Metternichs kamen aus der Nähe von Koblenz, waren seit dem hohen Mittelalter Erbkämmerer des Kölner Erzbischofs und blieben katholisch; die Steins mit dem Stammsitz bei Nassau waren protestantische Reichsritter, die unmittelbar dem Kaiser unterstanden. Steins Vater diente dem Erzbischof von Mainz, dem *archicancellarius* des Kaisers, und hatte, so wie Metternichs Vater, an den Kaiserkrönungen von 1790 und 1792 mitgewirkt. Gemäß der traditionellen Verbindung mit den zwei vornehmsten Kurfürsten blieb das Alte Reich für beide Staatsmänner eine Ordnungskategorie. Gleichwohl bewunderten sie die englische Verfassung. Beide waren Gegner der Französischen Revolution und Napoleons, aber sprachen und schrieben mehr französisch als deutsch.

Stein war fasziniert von Friedrich dem Großen, trat als Jurist in preußische Staatsdienste und verwaltete Westfalen, wo er den Straßenbau, die Aufforstung und zur Kohlegewinnung im Bergbau die Einfuhr englischer »Feuermaschinen« förderte. 1804 wurde Stein preußischer Finanz- und Wirtschaftsminister. Als unbequemer Kritiker der Höflinge Anfang 1807 entlassen, kehrte er nach sieben Monaten ins Amt zurück. Die Niederlage bei Jena und Auerstedt gegen Napoleon 1806 hatten den Modernisierungsbedarf Preußens offenbar gemacht, nicht nur im Heerwesen. Die Berliner Universität wäre bei einem Sieg schwerlich entstanden, sollte sie doch im Reich des Geistes ersetzen, was auf dem Feld der Politik verlorengegangen war. Ein Erfolg Preußens gegen Frankreich hätte die Rückständigkeit des Staates vermutlich verschleiert und die verkrusteten Strukturen konserviert.

Mit seinem spektakulären Oktoberedikt von 1807 leitete Stein im Geist der Aufklärung die preußischen Reformen ein. Die Erbuntertänigkeit der Bauern mit der Schollenpflicht und den Frondiensten wurde abgeschafft, die innerpreußischen Zollgrenzen verschwanden. Die Selbstverwaltung der Städte wurde eingeführt, ein Staatsministerium mit Fachressorts geschaffen. Stein setzte auf ausgewiesene Fachkräfte in der Verwaltung, auf kollegial zusammengesetzte Behörden anstelle von starren Hierarchien; er bekämpfte den Einfluß der Camarilla auf den König und scheute selbst vor einer Kritik am Despotismus Friedrichs des Großen nicht zurück. Sein Credo: »Man muß die Nation daran gewöhnen, ihre eignen Geschäfte zu verwalten und aus jenem Zustand der Kindheit hinauszutreten, in dem eine immer unruhige, immer dienstfertige Regierung die Menschen halten will.« Hier spricht Kant aus Steins Worten. Die zwanzigjährige ersprießliche Zusammenarbeit mit den Ständen, den Vertretern des Adels, der Bauern und der Städte in Westfalen hatten ihn davon überzeugt, daß sie unentbehrliche Elemente in einem freiheitlichen Staatswesen seien.

Grundgedanke Steins war das Subsidiaritätsprinzip, wonach alles, was auf der unteren Ebene geregelt werden kann, dort, und nicht auf der höheren, erledigt werden soll. Diese Richtlinie findet sich noch in unserem Grundgesetz (23,1a), wird jedoch durch den wachsenden Wust an Vorschriften – nicht zuletzt aus Brüssel – zunehmend ausgehöhlt. Jedenfalls geht die Struktur der deutschen Gemeindeverfassungen auf die Steinschen Reformen zurück. Freilich übersah Stein auch nicht, daß es am deutschen Nationalcharakter hapert, wenn er über das »Phlegma der nördlichen Deutschen, die Weichlichkeit der oberen Stände und den Mietlingsgeist der Beamten« klagt. Was diese als Pflichtbewußtsein betrachten, ist nicht selten ein Mangel an Entscheidungsbereitschaft und Zivilcourage.

Zu der von Stein vorgesehenen Abschaffung der Patrimonialgerichtsbarkeit, bei der ein Gutsherr Kläger und Richter zugleich sein konnte, und zur Durchführung der Einkommensteuer für die Adligen kam es jedoch nicht mehr, denn bereits im folgenden Jahr 1808 wurde Stein auf Druck Napoleons von Friedrich Wilhelm III verabschiedet; das Reformwerk wurde mit einigen Kompromissen ab 1810 durch Karl August von Hardenberg weitergeführt. Er wollte Preußen zu einem liberalen Verfassungsstaat erheben, »demokratische Grundsätze in einer monarchischen Regierung« verwirklichen, doch stand dem wie anderenorts die Hofpartei entgegen. Immerhin gelangen ihm die Aufhebung des Zunftzwangs und die Judenemanzipation. Stein unterdessen, von

Napoleon geächtet, lebte als Flüchtling, bis ihn Kaiser Alexander 1812 nach Rußland berief, wo er den Zaren bewog, den Kampf gegen Napoleon über Rußlands Grenzen hinaus in Deutschland fortzusetzen und sich mit Preußen zu verbünden. Das führte zum Sieg in der Völkerschlacht bei Leipzig 1813. Steins Beitrag zum Sieg bestand in der Planung des Nachschubs für die Truppen.

Als Stein daraufhin die Verwaltung der von den Franzosen befreiten Gebiete außer Preußen und Österreich übertragen wurde, stand er auf der Höhe seiner Macht. Ricarda Huch geriet 1925 ins Schwärmen: »Es war die wunderbare Mitternacht, wo die versunkene Krone aus unerreichbaren Abgründen an das Licht der Sterne stieg und von der Hand eines glücklichen Furchtlosen ergriffen und entzaubert werden konnte. Ein Augenblick mußte benutzt werden ...« Jetzt hätte Stein seine Reformen weiterführen, die Autonomie der Rheinbundstaaten brechen können, wäre es ihm möglich gewesen, die allgemeine Aufbruchstimmung im Lande gegen die Fürstlichkeiten auszuspielen. Diesen jedoch ging es beim Wiener Kongreß mitnichten um die Rechte des Volkes, sondern um ihre höchst persönlichen territorialen Interessen. Stein konnte nur als Berater des russischen Kaisers teilnehmen. Von seinen kühnen Plänen vermochte er einzig den Artikel 13 mit dem Versprechen von Länderverfassungen in die Bundesakte einzubringen, denn in Wien dominierte Metternich, der Steins Ideen entschieden ablehnte. Stein mußte sich enttäuscht ins Privatleben zurückziehen. Als er einmal in Rom mit Niebuhr über die christlich gebotene Feindesliebe sprach und letzterer fragte, ob Stein als überzeugter Christ keinen Haß gegen den Grafen Metternich verspüre, antwortete Stein: »Haß? Nein! Aber wenn ich ihm auf der Straße begegnete, würde ich ihm ins Gesicht spucken.«

### *Demokratische Reformpläne*

Steins Bedeutung erschöpft sich nicht in dem, was er geleistet hat, sondern zeigt sich ebenso in seinen Zukunftsentwürfen, deren Realisierung er nicht mehr erlebte. Sie standen den Vorstellungen Metternichs diametral entgegen. Dieser setzte auf Ordnung und Obrigkeit, Stein dagegen auf Freiheit und Mitbestimmung. Er war gewiß kein Revolutionär, aber sein Herz schlug für die unterdrückten Völker: für die von den Österreichern beherrschten Italiener, für die von den Spaniern dominierten Südamerikaner, für die von den Briten entmündigten Iren und insbesondere für die von den Osmanen geknechteten Griechen. Metternich hingegen votierte für den Sultan und verurteilte die Erhebung der Griechen und der Serben als Rebellion. Wenn das Osmanische Reich zusammenbräche, fürchtete er nicht ohne Grund, sei auch das Ende der Habsburger Monarchie besiegelt. Stein hingegen bemühte sich, ein deutsches Freikorps für die Griechen aufzustellen. Auch die gegen den Zaren revoltierenden Polen genossen seine Sympathie. Friedrich Wilhelm solle für preußisch Polen den Ländernamen wieder zulassen, sich selbst »König von Polen« nennen und die Polen an der Verwaltung beteiligen.

So wie Stein das bei den friesischen Bauern und der Mitwirkung der Stände in Westfalen erlebt hatte, sollte allenthalben das Volk an der Regelung der öffentlichen Angelegenheiten mitarbeiten. Ihm ging es im Gegensatz zu Metternichs Untertanenideal um die »Belebung des Gemeingeistes und Bürgersinns«. In offener Frontstellung gegen die Autokratie der 36 »Häuptlinge« im Reich, ihre Günstlinge und Bürokraten, »eine Peitsche Gottes für Deutschland«, forderte Stein bereits in seiner Nassauer Denkschrift von 1807 parlamentarische Selbstregierung wie in den Städten so in den Landgemeinden, Kreisen und Provinzen. Aus der Masse gehorsamer Untertanen sollte – im Geiste Montesquieus – eine Gemeinschaft freier Bürger werden, deren Rechte zum Schutz der Personen und ihres Eigentums durch Verfassungen in der Art der Habeas-Corpus-Akte gesichert werden sollten. Der Adel sei nicht abzuschaffen, wie er selbst einmal erwogen hatte, sondern müsse für jeden Bürger durch Leistung offenstehen. In einem Oberhaus möge er die Politik mitbestimmen. In Deutschland sollte ein Bundesstaat unter einem Kaiser in Wien und einem Reichstag in Regensburg entstehen, eine handlungsfähige konstitutionelle Monarchie, so wie Stein das 1786/87 in England gesehen hatte.

Nur so könne sich Deutschland mit seinen 15 Millionen Einwohnern zwischen den auf Ausdehnung bedachten Nachbarstaaten Frankreich und Rußland behaupten. Im November 1808 forderte er eine allgemeine Nationalrepräsentation. Denn davon hinge das »Wohl und Wehe unseres Staates« und die Erweckung des »Nationalgeistes« ab.

Gewiß war das Stein vor Augen schwebende altdeutsche Reich unter Einschluß der Niederlande, des Elsaß und der Schweiz ein romantisches Ideal; gewiß auch war seine Abneigung gegen eine primär auf Produktion und Konsum gerichtete Politik eine etwas weltfremde Haltung; gewiß schließlich war ebenso der Glaube an die sittliche Veredelung des Volkes durch die von ihm erstrebte Staatsordnung ein kaum erreichbares Ziel – dennoch wiesen die von ihm geplanten Maßnahmen in die Zukunft. Dazu gehörten ein Zweikammersystem, eine Kodifizierung der Grundrechte, eine Aufwertung des Landsturms, eine einheitliche Zollverwaltung, eine gemeinsame Währung, eine reichsweite Post, eine zentrale Wehrverfassung und eine starke, aber konstitutionell gebändigte Reichsgewalt. Bürgersinn und Gemeingeist sollten die Grundlage des Staates bilden. All das stand im krassen Widerspruch zu den Zielen Metternichs. Anders als diesem der Kaiser in Wien und später einem Bismarck der König in Berlin stand dem Freiherrn vom Stein kein mächtiger Monarch im Rücken. Seine Hoffnung, der Zar als »Schiedsrichter Europas« würde ihn bei der Reorganisation Deutschlands unterstützen, trog – so weit ging die Sympathie des Monarchen zu Stein dann doch nicht. Steins Vaterland hieß – trotz höchster Wertschätzung – nicht »Preußen«, sondern, wie er betonte, »Deutschland«.

Der Freiherr vom Stein stand mit seinen Reformideen keineswegs allein, die besten Köpfe der Zeit vertraten sie mit nur geringfügigen Unterschieden. Zu ihnen zählten der mit Stein befreundete Ernst Moritz Arndt, der in seinem Werk »Geist der Zeit« in deutsch-nationaler Gesinnung Pressefreiheit und eine liberale konstitutionelle Monarchie forderte; Steins Nachfolger Hardenberg, weiterhin der von Kant geprägte ostpreußische Offizier Hermann von Boyen, der sich schon 1808 für die Einführung einer Volksvertretung einsetzte und 1814 die allgemeine Wehrpflicht in Preußen einführte; und namentlich Wilhelm von Humboldt.

Keine Frage hat Humboldt so intensiv beschäftigt wie die der künftigen Staatsverfassung Deutschlands. Schon im Dezember 1813 richtete er aus der alten Kaiserstadt Frankfurt eine Denkschrift an den Freiherrn vom Stein. Es schien ihm »die wichtigste Angelegenheit, die ein Deutscher behandeln kann. Denn das Gefühl, daß Deutschland ein Ganzes ausmacht, lasse sich aus keiner deutschen Brust vertilgen.« Anstoß war eine Sicherung gegen einen erneuten Angriff Frankreichs, doch sei die seit der Reformation prekäre politische Einheit ebenso um der inneren Entwicklung willen erforderlich. Humboldt empfiehlt einen ewigen Bund, in dem Preußen und Österreich über Krieg und Frieden, zusätzlich Hannover und Bayern über inneren Zwist entscheiden. Die kleineren Staaten werden diesen zugeordnet. Überall sollen landständische Vertretungen geschaffen werden. Ein höchstes Bundesgericht soll eine allgemeine Gesetzgebung vorbereiten. Innerhalb Deutschlands herrscht Freizügigkeit und freie Wahl der Universität für Studierende. Eine gemeinsame Handels- und Finanzbehörde regelt die einschlägigen Fragen.

Humboldt wußte, daß die kleineren Fürsten auf ihre Hoheitsrechte nicht freiwillig verzichten würden: »Eine wahrhaft sichere Verbindung kann nur durch physischen Zwang oder moralische Nötigung zustande gebracht werden.« Sein Verfassungsentwurf aus dem Jahr seines Wirkens als preußischer »Verfassungsminister« 1819 enthielt Grundrechte auf Eigentum, Gewissens- und Pressefreiheit sowie eine landständische Vertretung mit gesetzgebender Beschlußkraft. All das lag auf der Linie Steins. Humboldt opponierte nur, als Stein die Wiederherstellung der Kaiserwürde forderte und diese Wien zudachte. Humboldt wußte die Interessen Deutschlands bei Preußen besser aufgehoben.

Die preußischen Patrioten Gneisenau, Scharnhorst und Boyen reformierten die Armee, um gegen die Franzosen mit ihrem periodischen Drang nach Osten gerüstet zu sein. Stein, Hardenberg und Humboldt hingegen erzielten im zivilen Bereich nur halbe

Erfolge. Sie alle erstrebten durch eine grundlegende Modernisierung eine in und für Deutschland führende Stellung ihres Landes auf militärischem, wissenschaftlichem und politischem Gebiet. Ihr bester Verbündeter war die öffentliche Meinung, die, wie auch Varnhagen von Ense anmerkte, in jenen Jahren einen erkennbaren, aber letztlich nicht entscheidenden Einfluß auf die Politik besaß. Die fortschrittlichen Stimmen wurden 1819 durch die Karlsbader Beschlüsse abgewürgt, mit denen Metternich das Ende der Reformära besiegelte. Nun wurden auch Humboldt und Hardenberg entlassen. Stein sparte nicht mit Kritik.

## *Die Ära Metternich*

Die »Ära Metternich« trägt ihren Namen zu Recht. Wie Bismarck die zweite Hälfte des 19. Jahrhunderts, so hat Metternich die erste geprägt, »dem alle Kabinette sich in Ehrfurcht beugten«, wie Varnhagen schrieb. Ehrlich überzeugt von der verderblichen Wirkung der nationalen und liberalen Ideen, hat Metternich es verstanden, die konservativen Gegenkräfte zu bündeln und in Gang zu setzen. Auf ihn zielte das Wort von Blücher: »Was die Schwerter errangen, haben die Federn verdorben.« Metternichs enormer Erfolg versperrte ihm freilich nicht die Einsicht, auf verlorenem Posten für ein todgeweihtes System zu stehen. 1830 bemerkte er: »Mein geheimster Gedanke ist letztlich der, daß das alte Europa am Anfang des Endes ist. Entschlossen, mit ihm unterzugehen, muß ich meine Pflicht erfüllen« – das heißt: das Chaos verhindern.

Nun könnte man Metternich insoweit Recht geben, als er die Konflikte zwischen und in den von seinen Gegnern erstrebten liberalen Nationalstaaten voraussah und daher das Prinzip des Vielvölkerstaates verfocht. Zu dessen Bewahrung aber mußte er den Bürgerkrieg in Kauf nehmen, zumal er am traditionellen Gottesgnadentum festhielt. Damit stand er nicht allein, auf die Armee konnte er zählen. Metternich hat das Beste gewollt, indes: »Das gute Meinen macht viel Leute weinen«, wie Luther schrieb.

Das traurige Ende war gekommen, als Metternich in der Märzrevolution vor der Volkswut der Wiener durch die Hintertür flüchten mußte und auf abenteuerlichem Weg mit falschem Paß am 20. April 1848 London erreichte.

Vermutlich wäre es keinem anderen gelungen, 47 Jahre lang dem Streben von Millionen nach Freiheit und Einheit, nach Gleichheit und Mitsprache Einhalt zu gebieten, so daß wir uns, wäre er nicht zum Zuge gekommen, eine durchaus andere, eine raschere Entwicklung vorstellen dürfen. Zwar gingen die Tendenzen der Zeit nicht sämtlich genau in die gleiche Richtung, doch weisen die Maßnahmen und Ansätze Steins, Hardenbergs und Humboldts den Weg in die Moderne. Er ist durch die Politik Metternichs abgeblockt worden, bis die Spannungen 1848 zum Ausbruch kamen. Rückblickend leichter als vorausschauend ist erkennbar, daß Krisen vermieden oder doch abgeschwächt werden können, wenn den treibenden Kräften durch rechtzeitiges Einlenken der Wind aus den Segeln genommen wird. Leider gibt es zur These von Jacob Burckhardt, daß herrschende Kasten »absolut inkorrigibel« seien, wenig Gegenbeispiele.

»Wären die Reformen im gleichen Geiste fortgesetzt worden«, schrieb Hagen Schulze 1984, »wären Freiheit der Rede und des Geistes geblieben, wäre alles das durch eine Verfassung gekrönt worden, die wenigstens dem gebildeten, besitzenden und wirtschaftenden Bürgertum zur Repräsentation im Staate verholfen hätte – die Loyalität der politisch aktiven Bevölkerung den jeweiligen Landesherren gegenüber wäre erhalten geblieben, die Legitimität der deutschen Territorialstaaten wäre wohlfundiert gewesen, ihnen und dem Deutschen Bund hätte die Zukunft gehört. Die Chance wurde verspielt.« Nicht nur diese.

*Es baute Barrikaden,*
*das Volk von Gottes Gnaden.*
Glaßbrenner

# 13. Die Achtundvierziger Revolution gelingt

Die halkyonische Ruhe deutscher Innerlichkeit und Gemütlichkeit in den Jahrzehnten nach dem Wiener Kongreß trog. Zwar gab es in Deutschland keinen Krieg, doch war der Aderlaß durch, für und gegen Napoleon nur allzu schmerzhaft noch fühlbar, und im Innern gärte es mächtig. In der Ära Metternich unterdrückte Hoffnungen rumorten. Die Unzufriedenheit war sehr begründet und weitverbreitet. Das gebildete Bürgertum mit der studierenden Jugend wandte sich allenthalben gegen den Spätabsolutismus und das Gottesgnadentum der deutschen Fürstenherrlichkeit, forderte Verfassungen und Volksvertretungen, bestand auf der Einigung Deutschlands zum Nationalstaat nach französischem Muster und forderte Meinungsfreiheit und Mitsprache nach englischem Vorbild. Nachdem Westeuropa in der Vergangenheit kulturell Vorbild war, müßte in der Gegenwart das, was dort politisch wirklich war, doch ebenso in Deutschland möglich sein!

## *Der Kampf um die Verfassung*

Im Kampf gegen Napoleon war das deutsche Nationalbewußtsein zur politischen Kraft gereift. Es ging um »Einigkeit und Recht und Freiheit«, wie es Hoffmann von Fallersleben 1841 im Exil auf Helgoland formulierte, und zwar verbrieft durch Grundgesetze, die am 8. Juni 1815 in Wien von den Landesherren versprochen, 1816 in Weimar und dann in den meisten süd- und westdeutschen Staaten erlassen, in Preußen und Österreich aber verweigert wurde. Die Forderung stand im Raum und wurde laut nach der französischen Julirevolution von 1830. Damals wurde in Paris die Barrikade erfunden. Die Unruhe wuchs. Das beweist die Massenkundgebung unter schwarz-rot-goldenen Fahnen beim Hambacher Fest 1832, das bestätigt die in deutschen Landen breite Zustimmung zum Protest der Göttinger Sieben 1837 gegen den Verfassungsbruch des Königs von Hannover, der das 1833 erlassene Grundgesetz aufhob. Das billigte nicht einmal Friedrich Wilhelm IV von Preußen, der sich doch selbst nach seiner Thronbesteigung 1840 standhaft weigerte, eine Verfassung zu dekretieren. In seiner Rede vor dem Vereinigten Landtag am 11. April 1847 versicherte er, nie werde sich ein Blatt Papier zwischen Gott im Himmel und das Land drängen. Dabei sah er sich selbst – preußische Bescheidenheit hintangesetzt – als die rechte Hand Gottes.

Lebendig wurde der politische Wille der Nation in der Märzrevolution 1848. Dieser »erste Aufschwung deutscher Kraft und Einheit« – so Bismarck am 20. April 1848 an die »Magdeburger Zeitung« – hätte der beiden ungeklärten Schüsse an der Langen Brücke über die Spree nicht bedurft, die nach dem Bericht des Augenzeugen Fontane am 18. März die Erhebung ausgelöst haben. Die Pariser Februarrevolution hatte die Patrioten alarmiert. Allenthalben ging man auf die Straße, um die liberalen und nationalen Ziele durchzusetzen. In dieser hochgespannten Situation hätte auch ein beliebiger anderer Anlaß den Gewaltausbruch bewirkt, vielleicht ein provokantes Wort des »Kartätschenprinzen« Wilhelm (I) oder des Berliner Stadtkommandanten Prittwitz, eine Extrapost, ein Demagogenauftritt oder was auch immer. Die Stadt tobte. Der König dachte an Flucht, die Wagen standen im Schloßhof gepackt, die Kronjuwelen waren auf Kähne verladen, der Abtransport kam in Gang – doch Majestät waren unentschlossen, wollten weder fliehen noch nachgeben, weder die Kanonen sprechen lassen noch die Wünsche der Bürger erfüllen. Diese richteten sich nicht gegen, sondern an den König. Es kam zu Barrikadenkämpfen, zu einem Militäreinsatz, den Friedrich Wilhelm weder befohlen noch verhindert hat. Immerhin hat er das von konservativen Ratgebern geforderte radikale Durchgreifen verhütet. Zu solchen Strafmaßnahmen, wie sie damals Prag und Wien unter dem hochdekorierten »Metzger« Windischgrätz erlebten, kam es in Berlin nicht.

In der Nacht vom 18. auf den 19. März erließ Friedrich Wilhelm seine Proklamation »An meine lieben Berliner«, und am folgenden Tag entblößte er sein Haupt vor den im Schloßhof aufgebahrten »Märzgefallenen«. Sein Umritt mit schwarz-rot-goldener Schärpe und sein Aufruf vom 21. März »An mein Volk und an die deutsche Nation« versprachen, Preußen in Deutschland aufgehen zu lassen. Dahin gingen die Erwartungen. Höchste Hoffnungen knüpften sich an die nun zusammentretenden Volksvertretungen. In ganz Deutschland hatten Bürgerunruhen und Sturmdeputationen von den Fürsten die Genehmigung von Wahlen erzwungen. In den Ländern bildeten sich Märzregierungen. Zunächst ging es um die Form der Abstimmung für die Nationalversammlung. Ein allgemeines Wahlrecht wurde selbst von Marx, Engels und Wilhelm Liebknecht verworfen – anders Lassalle –, weil man die Verführbarkeit »politisch unreifer Massen« fürchtete. Dennoch wurden die 585 Volksvertreter nach allgemeinem und freiem Wahlrecht gewählt. Am 18. Mai 1848 hielten sie feierlich Einzug in der Paulskirche zu Frankfurt – eine Sternstunde der deutschen Geschichte. Endlich konnte, so schien es, die heißersehnte Einheit der Nation in Freiheit hergestellt werden.

Vorab war ein gemeinsamer Wille zu bilden, denn die Vorstellungen der Revolutionäre wiesen in verschiedene Richtungen. Drei Wege in die Zukunft, drei Formen des Gelingens schienen möglich. Am weitesten gingen die Ideen der Sozialisten; sie forderten Abschaffung der Monarchie, Aufhebung des Adels und die Errichtung einer deutschen Republik nach den Idealen der Französischen Revolution. Die weniger radikale Alternative war die nationale Einheit unter einer konstitutionellen Monarchie in zwei Varianten: entweder großdeutsch mit Einschluß Österreichs unter einem Habsburger Kaiser in Wien oder kleindeutsch ohne die Donaumonarchie unter einem preußischen Kaiser aus dem Hause Friedrichs des Großen in Berlin.

Die Vertreter einer republikanischen Verfassung kämpften am entschlossensten für ihre Idee, hatten aber den geringsten Rückhalt in der Bevölkerung. Friedrich Hecker und Gustav Struve in Baden fanden nicht genügend Mitstreiter und sind gescheitert. Hätte die Revolution das Proletariat zur Herrschaft gebracht, wie Karl Marx erwartete, und in seinem Sinne regiert, so wären die 1847 von ihm und Friedrich Engels im »Kommunistischen Manifest« niedergelegten Maßnahmen durchgeführt worden: Verstaatlichung des Grundeigentums und Verpachtung der Parzellen, Abschaffung des Erbrechts, Errichtung einer Nationalbank mit Monopol, Zentralisation des Transports, Gründung von Nationalfabriken, Arbeitszwang für alle, Schaffung »industrieller Armeen«, Ausgleich des Gegensatzes von Stadt und Land, staatliche unentgeltliche Erziehung der Kinder in Verbindung mit der »materiellen Produktion«, der weithin als unerläßlich betrachteten Kinderarbeit.

Unter den Programmpunkten des Manifests steht unter Nummer 4 »Konfiskation des Eigentums aller Emigranten und Rebellen«. Damit deuten die beiden Verfasser an, was zu erwarten war, wenn es gelungen wäre, die Diktatur des Proletariats zu errichten und die angekündigten »despotischen Eingriffe in das Eigentumsrecht und in die bürgerlichen Produktionsverhältnisse« vorzunehmen: nämlich Niederwerfung der bürgerlichen »Rebellen« im Bürgerkrieg und Emigration eines erheblichen Teiles der Bevölkerung, zumal der Intelligenz. Genau so ist es dann ja bei der Machtergreifung der Bolschewiki in Rußland gekommen.

Wenn Marx und Engels mit ihrem Aufruf keinen Erfolg hatten, so deshalb, weil ihre Ziele allein Teile der Arbeiterklasse ansprachen, nicht aber das Bürgertum, nicht die Landbevölkerung und vor allem nicht die Armee. An der Haltung des Militärs scheiterte die badische Revolution am 20. April 1848 und später ebenso die Pariser Commune am 28. Mai 1871. Die wurde von Marx enthusiastisch gefeiert: »die Geschichte hat kein ähnliches Beispiel ähnlicher Größe«, schrieb er am 12. April 1871. Was damals in Paris unter den Communarden geschah, das hatte er sich schon für die Märzrevolution in Deutschland gewünscht. 1872 allerdings meinte er, von den im Manifest erhobenen Forderungen zeitgemäße Abstriche machen zu müssen.

Bemerkenswert bleibt, daß einzelne Postulate der Kommunisten auch unter bürgerlichen Vorzeichen zukunftsfähig waren, so die Progressivsteuer, die Verstaatlichung von Bahn und Post, die Industrialisierung der Landwirtschaft und die Minderung des Unterschieds von Stadt und Land. Das von den Kommunisten 1848 angestrebte republikanische Prinzip kam erst sehr viel später zum Durchbruch: in jeweils verschiedener Form mit der Gründung der Weimarer Republik 1919, der Bundesrepublik und der DDR jeweils 1949. Noch zwanzig Jahre später realisierte sich das seit 1850 von Ferdinand Lassalle vehement propagierte Prinzip der freien Liebe, das »Recht zum Ehebruch«, die »Freigebung des Fleisches« als Ausweis der »freien Persönlichkeit«. Lassalle berief sich auf Goethes »Römische Elegien« und auf Saint-Simon, der erklärt hatte, nur auf dem Fundament einer »Emanzipation des Fleisches« sei die neue Gesellschaftsordnung zu errichten. All das war 1848 Schnee von übermorgen.

Anders als die Republikaner hatten die Anhänger einer konstitutionellen Monarchie für das gesamte Deutschland reale Chancen. Zur Bestellung des Reichsoberhauptes mit der Exekutivgewalt lagen der Paulskirche mehrere Anträge vor, deren jeder ausführbar war: die Wahl eines deutschen Fürsten oder eines beliebigen Deutschen oder die Bestellung eines Reichsdirektoriums von fünf Männern, darunter der Kaiser von Österreich und der König von Preußen, die in zweijährigem Turnus sich im Vorsitz abwechseln sollten. Zusatzanträge betrafen die Dauer (sechs oder zwölf Jahre oder Lebenszeit) und die Nachfolge (Erb- oder Wahlkaiser). Österreich empfahl eine jährlich zwischen dem Kaiser und dem preußischen König wechselnde Reichsstatthalterschaft. Ungelöst aber war die Aufgabe, die von Wien beherrschte nichtdeutsche Bevölkerung in einen deutschen Nationalstaat einzugliedern. Sie umfaßte mehr als drei Viertel der Untertanen. Diese Völker in die Freiheit zu entlassen und die Deutschen Österreichs ins Reich aufzunehmen, wie es der weitblickende Lassalle mit Nachdruck forderte – das hätte das Ende des brüchigen Habsburger Vielvölkerstaats schon 1848 bedeutet.

Die Gegenposition vertrat Metternichs Nachfolger Felix Fürst von Schwarzenberg. Der starke Mann am Ballhausplatz forderte die Aufnahme der gesamten Donaumonarchie in den neuen Staat, der dann eher ein Großösterreich als ein Großdeutschland geworden wäre. Heinrich von Srbik meinte 1925, Schwarzenberg hätte diese Vision auch durchgesetzt, wenn er nicht schon 1852 gestorben wäre. Aber hätten die Nachbarn einen solchen 70-Millionen-Machtblock hingenommen? Eine Zwischenlösung wäre der Plan des Parlamentspräsidenten Heinrich von Gagern gewesen. Er wünschte einen engeren Bund mit Deutsch-Österreich und einen weiteren Bund mit der Habsburger Monarchie insgesamt.

Noch ehe diese Frage entschieden war, kam es zu einem Testfall für die Paulskirche. Sie hatte den österreichischen Erzherzog Johann zum Reichsverweser, das heißt zum provisorischen Reichspräsidenten gewählt. Die Landesherren aber weigerten sich, diesem ihre Truppen zu unterstellen, und die Soldaten standen zu den Fürsten. Als der dänische König sich Schleswig einverleiben wollte, mußte Preußen um Militärhilfe gebeten werden. Sie wurde gewährt, hatte zunächst auch Erfolg, aber auf Druck von England und Rußland zog sich Friedrich Wilhelm wieder zurück, ohne nach der Meinung der Nationalversammlung zu fragen. Trotzdem blieb er *faute de mieux* Spitzenkandidat als Reichsoberhaupt.

## *Das Angebot der Kaiserkrone*

Am 28. März 1849 wurde in Frankfurt die Reichsverfassung verkündet und der preußische König mit 290 Stimmen gegen 248 Enthaltungen zum deutschen Erbkaiser gewählt. Hätte sich dagegen die großdeutsche Partei durchgesetzt, so hätte dem Kaiser in Wien das militärische Potential des gesamten Deutschland zur Verfügung gestanden, um die Freiheitsbestrebungen der

Ungarn, Serben, Kroaten, Slowenen, Böhmen und Italiener zu unterdrücken. Es wäre erheblich mehr Blut geflossen, ohne daß ein dauerhafter Bestand des Vielvölkerstaates mit seinen 20 Volksvertretungen und 27 politischen Parteien gesichert worden wäre. Denn die Nationalstaatsidee, die das deutsche Bürgertum begeisterte, war in den von Wien abhängigen Völkern ebenso lebendig, ohne daß die dortige Hofpartei ihren Herrschaftsanspruch aufzugeben bereit war.

Angesichts dieser Lage setzte sich in Frankfurt mit guten Gründen die kleindeutsche Konzeption durch. Die Nationalversammlung entsandte eine Deputation nach Berlin, an ihrer Spitze stand Eduard Simson, ein hochangesehener Professor der Rechte, damals Präsident der Nationalversammlung, dem Kaiser Friedrich III 1888 den erblichen Adel verlieh. Am 3. April 1849 wurde dem König die deutsche Kaiserkrone angetragen. Damit stellt sich die Frage: Was wäre geschehen, wenn Friedrich Wilhelm angenommen hätte?

Schon am 26. Januar 1847 hatte Varnhagen von Ense seine Hoffnung auf Friedrich Wilhelm zu Papier gebracht. »Deutschland könnte er zu Preußen machen, er hätte ein Los in Händen, dem des Kaisers Karl des Großen vergleichbar.« Ernst Moritz Arndt hatte den König in einem bewegenden Brief beschworen, zur Rettung der Reichsidee die Krone anzunehmen. Aber der griff nicht zu. Seine Weigerung besiegelte das Scheitern der Revolution. Auch sein Bruder Wilhelm (I), der Prinz von Preußen, Alexander von Humboldt und andere einflußreiche Personen am Hof hatten sich für die Annahme eingesetzt. »An und für sich wäre nun auch König Friedrich Wilhelm IV fähig und selbst geneigt gewesen, die höchste deutsche Würde anzunehmen«, so Ranke. Der König, der am 21. März 1848 öffentlich versprochen hatte, sich zur Rettung des »teutschen« Volkes an die Spitze der Gesamtnation zu stellen, schreckte nun, als es ernst wurde, vor der Aufgabe zurück, ohne sie gleichwohl für unlösbar zu halten. Er sei eben kein Friedrich der Große, soll er zu Hermann von Beckerath, nach anderer Überlieferung zu Alexander von Humboldt gesagt haben.

Die Selbsteinschätzung Friedrich Wilhelms IV war gewiß treffend. Er war kein Staatsmann, sondern machte Gefühlspolitik. Realpolitik, ein »starkes langsames Bohren von harten Brettern mit Leidenschaft und Augenmaß«, wie Max Weber 1919 formulierte, das war des Königs Ding nicht. In einem Brief an Josias von Bunsen äußerte er die Befürchtung, das »eiserne Halsband der Revolution« tragen zu sollen. Die Krone verbreite den »Ludergeruch der Revolution«, so am 13. Dezember 1848. Gegenüber dem Großherzog in Darmstadt sprach er von einer »Schweinekrone«. Trotzdem hat bis zu seiner endgültigen Ablehnung am 28. April 1849 die Möglichkeit eines konstitutionellen Nationalstaates unter einem preußischen Erbkaiser bestanden. 28 Landesregierungen hatten die Reichsverfassung bereits anerkannt.

Die erforderliche Verfassungsreform des Deutschen Bundes und der Widerstand seitens der letzten widerstrebenden Fürsten Deutschlands hätten sich mit einiger Umsicht und Entschlossenheit erledigen lassen. Auf ein Wort des Königs trat die stärkste Armee Deutschlands ins Gewehr. Der unvermeidliche Widerspruch Österreichs unter Schwarzenberg hätte kaum den 1866 erfolgten militärischen Konflikt vorweggenommen. Das Risiko zu einem neuen Siebenjährigen Krieg, den der mit dem »Romantiker auf dem Thron« eng befreundete Joseph Maria von Radowitz nun von seiten Wiens fürchtete, hätte man wohl auf sich nehmen können. Aber die Gunst der Stunde verstrich. Schon am 8. August 1847 hatte Karl Marx geschrieben: »Unsere Deutschen haben immer tausend Weisheitssprüche in petto, um zu zeigen, warum sie die Gelegenheit ungenutzt vorübergehen lassen müssen.«

Die Weigerung Friedrich Wilhelms IV ist überwiegend beklagt worden, zumal in der deutschnationalen Historiographie, so bei Heinrich von Sybel und Heinrich von Treitschke. Sie hatten die »Wiedergeburt des Deutschen Bundes zu einem Reiche« erhofft. Deutschland wäre eine konstitutionelle Monarchie geworden, die Nationalversammlung vermutlich von Frankfurt nach Berlin umgezogen. Luxemburg, bis 1866 zum Deutschen Bund gehörig, wäre beim Reich verblieben; Schleswig – wie 1850 mißlungen, aber 1864 geschehen – wäre hinzugekommen. Die im

Dezember 1848 von der Paulskirche verkündeten »Grundrechte des Deutschen Volkes« als Teil der Reichsverfassung wären in Kraft getreten. Sie hätten es verdient. Gewährt wurden durch sie Freizügigkeit und das Recht zur Auswanderung ohne Abzugsgeld, Meinungs- und Pressefreiheit, Glaubensfreiheit und Gleichberechtigung der Religionen, Versammlungs- und Vereinsfreiheit, Gewerbefreiheit und freie Berufswahl. Garantiert wurden zudem allgemeine Rechtsgleichheit, die Unabhängigkeit der Justiz, das Briefgeheimnis, die Unverletzlichkeit des Eigentums und Schutz vor Polizeiwillkür. Aufgehoben wurden die Adelsprivilegien, Personal- und Grundlasten sowie die Patrimonialgerichtsbarkeit. Todesstrafe, Körperstrafen und Aberkennung der bürgerlichen Ehrenrechte wurden abgeschafft. Eingeführt wurden die Zivilehe, die staatliche Schulaufsicht, Lehrmittelfreiheit und die allgemeine Wehrpflicht. Welche Auseinandersetzungen hätten sich erübrigt, wären diese Bestimmungen damals eingeführt worden! Der Katalog war schon damals in manchen Punkten moderner als viele spätere Verfassungen. So ist beispielshalber in unserer Bundesrepublik Auswanderung gesetzesabhängig, kein Grundrechte, wie das die Weimarer Verfassung, ja schon der Augsburger Religionsfriede vorsah. Offenbar haben die Väter des Grundgesetzes 1949 eine Massenauswanderung aus dem zerbombten Land gefürchtet, obschon doch gerade eine Masseneinwanderung im Gang war.

## *Olmütz und die Folgen*

Nach der Abstimmung zugunsten Preußens verließen die Österreicher die Paulskirche, nach dem Nein Friedrich Wilhelms folgten die Erbkaiserlichen. Das geschrumpfte Parlament radikalisierte sich und rief zur Gewalt. In vielen Städten brachen Straßenkämpfe aus, in Berlin herrschte Belagerungszustand. Die Revolutionäre aber wurden von preußischen Truppen besiegt. Nachdem so die Landesherren von Sachsen, Baden, Hessen, Württemberg und Bayern gerettet waren, bot sich der deutschen

Sache eine zweite Chance. Nun hätte Friedrich Wilhelm von seinen fürstlichen Vettern Anerkennung als Oberhaupt der Deutschen fordern können. So Varnhagen am 12. Mai 1849, der freilich von einem solchen »bedrückenden Oberherrn« als Kaiser der Deutschen nicht eben entzückt gewesen wäre. Gewiß hätte dieser Preußen gern an der Spitze eines einigen Deutschlands gesehen und verkündete das auch, verfolgte aber den Plan einer politischen Union nur mit halber Kraft. Er schloß mit Hannover und Sachsen ein Dreikönigsbündnis auf der Basis eines Verfassungsentwurfs für Gesamtdeutschland, Ende September hatten sich 21 Staaten angeschlossen.

Österreich indessen, schon seit Gründung des preußisch geführten deutschen Zollvereins 1834 verstimmt, konterte trotz seiner Bedrängnis in Ungarn, machte seinen Einfluß in Hessen und Schleswig geltend und fand Hilfe in Rußland. Am 29. November 1850 kam es zur Olmützer Punktation. Preußen gab nach und verzichtete kleinmütig auf seine hoffnungsvoll begonnene Unionspolitik. Die Enttäuschung der deutschen Patrioten – und wer war das nicht? – war groß. Der von Wien geführte Deutsche Bund – besser: das Deutsche Bündel – war wiederhergestellt. Er stand auf dem Umweg über die Heilige Allianz unter dem Protektorat der Russen. Das bemerkte Varnhagen schon 1818 zur badischen Frage in Frankfurt, das bestätigte Donoso Cortès 1850 zu Olmütz. So wenig wie Frankreich wollte Rußland ein Deutsches Reich, wollte Österreich ein starkes Preußen als Nachbarn haben.

Zu den entschiedensten Kritikern einer Olmützpolitik gehörte Bismarck. Er klagte beim Rückblick auf die Versäumnisse der preußischen Politik in der Zeit von Nikolaus I: »Unter seiner Regierung haben wir als russische Vasallen gelebt.« Bismarck sah in der Revolution von 1848 und ihren Folgen eine verpaßte Gelegenheit zur Einigung Deutschlands, die allerdings nicht durch die »Frankfurterei«, sondern nach dem Sieg über die Republikaner durch Preußen zu bewirken gewesen wäre. »Wenn es zu dem nach einer Erklärung der preußischen und der österreichischen Regierung vom 10. März auf den 20. März nach Dresden berufenen

Fürstenkongreß gekommen wäre, so wäre nach der Stimmung der beteiligten Höfe eine Opferwilligkeit auf dem Altar des Vaterlandes wie die französische vom 4. August 1789 zu erwarten gewesen.« Damals hatten in Paris die Abgeordneten der ersten beiden Stände auf ihre Adelsprivilegien verzichtet. Hätte Preußen mit derselben Energie die Niederwerfung der radikalen Revolutionäre und zugleich die deutsche Einigung betrieben, so wäre letztere laut Bismarck »in strengerer Form zu erreichen« gewesen als 1871. Die Kriege gegen Österreich und Frankreich hätten sich allerdings, so meint Bismarck, in keinem Falle vermeiden lassen. Das klingt nach Selbstentlastung, ergibt sich aber aus dem tätigen Mißtrauen der Nachbarn gegenüber einem starken Deutschland. Es handelt sich um ein Dauerphänomen europäischer Geschichte bis hin zur Einführung der Eurowährung, wodurch die Dominanz der Deutschen Mark verhindert wurde.

Die Herstellung eines großdeutschen Staates, »so weit die deutsche Zunge klingt und unserm Herrgott Lieder singt« (Arndt emendatus), wäre erheblich schwieriger gewesen, als eine Beschleunigung des kleindeutschen Reiches es war. Während den Interessen Österreichs mit dem Deutschen Bunde bestens gedient war, mußte Preußen schon wegen seines zerstückelten Territoriums auf Einigung hinarbeiten. Wäre sie durch Friedrich Wilhelm IV 1850 geschaffen worden, so bliebe durchaus zweifelhaft, ob die Kriege von 1866 und 1870 tatsächlich unvermeidbar waren. Denn mit einer unbequemen Tatsache findet man sich eher ab, wenn sie kurzentschlossen vollzogen ist, als wenn sie erwartet wird. Wahrscheinlich wäre es bei einer Drohung aus Petersburg geblieben. Ebenso hätten Österreich, in Böhmen, Ungarn und Italien herausgefordert, und Frankreich vor dem Staatsstreich Napoleons III die frühe Reichseinigung grollend hingenommen. Berlin hätte gewiß von sich aus nicht nach Straßburg gegriffen. Damit wäre das Kriegsziel Frankreichs 1914 entfallen. Welche Aussicht! Freilich wäre Bismarck um seinen Ruhm als »Schmied des Reiches« gekommen. Darauf hatte er durch seine Bemerkung über das Versäumnis hypothetisch Verzicht geleistet, denn er hätte sich mit einer Reichsgründung 1849 überflüssig gemacht.

Das aber wäre nicht im Sinne seiner Bewunderer gewesen. Aus einer borussischen Sicht, wie sie Max Lenz 1898 vertrat, war die Weigerung Friedrich Wilhelms ein Glück. Denn sie eröffnete den Weg zu jenem preußischen Deutschland, das durch die Siege Bismarcks und das persönliche Regiment Wilhelms II endlich auf dem stolzen Weg zur wohlverdienten Weltgeltung war. Dessen Ende lag weit hinter dem Horizont der Zeitgenossen.

Die 1849 verpaßte Gelegenheit zur Reichseinigung änderte nichts an dem Wunsch danach – im Gegenteil. Die nationale Begeisterung kulminierte ein weiteres Mal in den Schillerfeiern 1859. Damals schrieb der nationale Sozialist Lassalle: »Wenn jetzt Friedrich der Große auf dem preußischen Thron säße, so kann wenig Zweifel daran sein, welche Politik er befolgen würde. Er würde erkennen, daß jetzt der Moment gekommen sei, den deutschen Einheitsbestrebungen endlich einen Ausdruck zu geben ... Ja, noch einmal liegt die deutsche Kaiserkrone auf der Straße.« Lassalle träumte von einem Sozialismus unter einem preußischen Volkskaiser.

Die folgenden Entscheidungssituationen, die zur deutschen Einheit führten, waren Krisen, die Bismarck zu nutzen verstand. Das begann mit dem preußischen Verfassungskonflikt 1862, der ihm die Position als Ministerpräsident in Berlin verschaffte, es folgte der Krieg mit Dänemark 1864, der klarmachte, daß ein deutsches Reich mit zwei Köpfen nicht funktionierte und daß Berlin längst die bessere Position besaß als Wien. Bei einem dritten Wendepunkt deutscher Geschichte, 1866 bei Königgrätz, wurde das offenkundig. Hätte Moltke die Schlacht verloren, so wäre sie wiederholt worden. Der von Berlin dominierte Norddeutsche Bund wäre etwas später entstanden. Den Anschluß der süddeutschen Staaten beschleunigte sodann ein durchaus vermeidbarer außenpolitischer Vorfall: die Kriegserklärung Napoleons III vom 19. Juli 1870 an Preußen. Sie beruhte auf der von Bismarck geschickt geschürten und genutzten Eitelkeit des prestigesüchtigen Monarchen. Dessen Kriegserklärung wurde in Erinnerung an den ersten Napoleon von ganz Deutschland als Herausforderung empfunden und bot Bismarck die höchst willkommene Chance, die Deutschen zunächst militärisch und dann politisch zu einigen. Das geschah am 18. Januar 1871 in Versailles. Die vorangegangenen Versuche zeigen, daß dies am runden Tisch nicht gelingen konnte. Wie oft war Gewalt vonnöten, um den Staatsmännern die Augen zu öffnen!

So gewiß die Reichsgründung 1871 das Werk Bismarcks war, so entschieden hat er selbst bestritten, Geschichte machen zu können. Während Metternich, der gegen den Zeitgeist operierte, 1844 von sich behauptete, selbst Geschichte zu machen, glaubte Bismarck, lediglich das zu tun, was an der Zeit war. Genauer als andere Staatsmänner kannte er den Rahmen, innerhalb dessen politisches Handeln Erfolg verhieß, doch sah er auch schärfer als andere, welche Gelegenheiten sich boten und dann entschlossen erfaßt werden mußten, wenn sie sich nicht ins Reich der unverwirklichten Möglichkeiten verflüchtigen sollten. Das erinnert an die gleichlautende Maxime Friedrichs des Großen. Man denkt zugleich an Bismarcks berühmtes, durch Paul Liman 1901 überliefertes Gleichnis vom Staatsmann, der warten muß, bis er den Schritt Gottes in den Ereignissen hört, dann aber vorspringen muß, um einen Zipfel seines Mantels zu erhaschen.

*Der Krieg ist der Rabenvater aller Dinge,*
*doch der Friede ist ihre Mutter*
Nach Heraklit

# 14. Der Erste Weltkrieg entfällt

»Alle Friedensschlüsse in dieser Welt sind Provisorien, gelten nur bis auf weiteres«, schrieb Bismarck. Die Zeit nach ihm hat das in bestürzender Weise bestätigt. Sechzehn Jahre nach seinem Tod ereignete sich die »Urkatastrophe des 20. Jahrhunderts«, wie George Frost Kennan 1979 den Ersten Weltkrieg nannte. Er habe das Versagen und den Niedergang der westlichen Zivilisation eingeleitet. Mit dieser Zäsur hat Kennan einen langfristigen Prozeß auf den Punkt gebracht. Denn der Krieg hatte einen langen Vorlauf und ein längeres Nachspiel. Den Aufstieg der Vereinigten Staaten hat er beschleunigt und den Abstieg der europäischen Kolonialmächte besiegelt. Diese verloren in Übersee ihr Ansehen, da sie gegen Deutschland Eingeborene rekrutieren mußten. Wer Hilfe heischt, erweist sich als schwach und macht sich abhängig. So hat der Krieg, der die Weltgeltung Deutschlands beweisen sollte, die Weltgeltung Europas besiegelt.

Verursacht aber hat der Krieg weiterhin, außer den horrenden Verlusten, die aus den zusammengebrochenen Monarchien erwachsenen totalitären Systeme, die in Deutschland, Österreich, Italien und Osteuropa solch verhängnisvolle Auswirkungen gezeitigt haben. Daher bleibt die Frage akut, ob es zum Ersten Weltkrieg keine Ausweichmöglichkeiten gab, und wenn, wie sie aussahen. Sie betreffen nicht nur Überlegungen darüber, wie er zu verhindern gewesen wäre, sondern auch solche über einen früheren oder späteren Kriegsausbruch sowie Erwägungen über einen denkbaren ganz anderen Ausgang.

## *Das Wachstum der Industriemächte*

Im August 1914 entzündeten sich zwei Konfliktherde, ein älterer, nationaler: die von Frankreich nicht verschmerzte Rückgabe von Elsaß-Lothringen an Deutschland, und ein jüngerer, internationaler: der deutsche Anspruch auf einen »Platz an der Sonne«, wilhelminisch: auf »Weltgeltung«. Die Krise im Verhältnis zu Frankreich begann 1875 mit der »Krieg-in-Sicht-Affäre« und wiederholte sich 1887. Die Lage hatte sich so zugespitzt, daß die Schlagzeilen »Auf des Messers Schneide« und ähnlich lauteten. Der Reichstag debattierte über eine weitere Heeresvermehrung. Der Student Aby Warburg schrieb am 13. Februar aus Bonn nach Hamburg, er werde sich, »falls es losgehen sollte«, bei den Husaren als Freiwilliger stellen, und bat um Geld für Reitstunden. Bismarck konnte die Gefahr abwenden. Solange Frankreich keinen Bundesgenossen gegen Deutschland fand, war die Kriegsgefahr nicht akut. Wäre es dennoch zum Schlagen gekommen, so hätte sich im Endeffekt am Status quo vermutlich nichts geändert.

Der ernstere Konfliktherd lag in den sich aufbauenden weltpolitischen Spannungen. Sie wurden im Geiste des Darwinismus als Naturgesetz der Geschichte zugerechnet. Der Trieb zur Selbsterhaltung der Staaten sei gleichbedeutend mit ihrem Willen zur Ausdehnung. Daraus folge ein allseitiges, unablässiges Ringen um Macht, das ganz naturgemäß Zusammenstöße bewirke. Die Kriegsdrohung stieg mit dem sprunghaften inneren und äußeren Wachstum der Großmächte in der zweiten Hälfte des 19. Jahrhunderts. Die Industrialisierung und die Bevölkerungszunahme drängten überall zum Imperialismus, zur Expansion. Die Vereinigten Staaten dehnten sich nach Süden aus auf Kosten von Mexiko und Spanien, sie erwarben Alaska, Hawaii und die Philippinen. Japan annektierte Korea und kam mit China und Rußland in Konflikt. Rußland vergrößerte sein Territorium nach allen Seiten und stieß mit den Türken und den Briten zusammen. Diese sicherten sich Ägypten und Afghanistan, teilten sich mit Rußland Persien und zwangen im Sudan die Franzosen zum Rückzug.

Diese wiederum nahmen sich Marokko und verhandelten mit den Briten über die Aufteilung von China und der Türkei. Italien griff nach Abessinien und Tripolis hinüber; Österreich okkupierte und annektierte das türkische Bosnien. Aber inzwischen gelang es nicht mehr, die »Nationalitäten einzustampfen in den Mörsern der einmal vorhandenen Staatsgebilde«, wie Meinecke 1916 schrieb.

Im folgenden Jahr, als es um die Reform des Wahlrechts in Preußen ging, äußerte sich Meinecke über die Voraussetzungen des deutschen Aufstiegs nach 1871 und stellte dafür kontrafaktische Überlegungen an. Bismarck hatte 1867 für den norddeutschen und 1871 für den gesamtdeutschen Reichstag das allgemeine, gleiche und direkte Wahlrecht eingeführt, nicht wie in Preußen ein Dreiklassenwahlrecht, das von konservativer Seite ebenso für den Reichstag gefordert wurde. Hätte sich dies durchgesetzt, so Meinecke, dann hätte das die Arbeiterschaft verbittert. Anstelle des inneren Friedens wäre eine »revolutionäre Grundstimmung« entstanden, eine innenpolitische Belastung, die wesentliche Kräfte absorbiert und die außenpolitische »Geltendmachung unserer Lebens- und Machtinteressen in der Welt« erschwert oder gar verhindert hätte. Daß dies möglich wurde, sei dem von Bismarck weise eingeführten allgemeinen Wahlrecht zuzuschreiben. War dies dessen Zweck?

Zugleich warnte Meinecke vor dem Mißbrauch, den der moderne National- und Großstaat mit seinen ungeheuren Machtmitteln treiben könne. Das hatte Bismarck vermieden. Er hatte Deutschland 1874 für »saturiert« erklärt, äußerte dies aber, weil es andere Erwartungen gab, die im Gegensatz zu ihm mit dem Erreichten keineswegs zufrieden waren. Wer ist das schon? Fritz Fischer hat die Zeugnisse für das Mehrhabenwollen 1961 zusammengestellt und etwas vollmundig als »Griff nach der Weltmacht« bezeichnet. Das Wort ist schwammig, aber wirkungsvoll. Nach Bismarcks Abgang am 20. März 1890 drängte Wilhelm II, genannt der Plötzliche, mit »Volldampf voran!« in die Weltpolitik. Deutschland, die »verspätete« Nation, bemühte sich um die Reste der noch nicht ganz aufgeteilten Dritten Welt, was die

Nachbarn ihre Gegensätze untereinander vergessen ließ. Man fühlt sich an das Wort des Tacitus aus seinen »Historien« erinnert: »Das uralte und den Menschen eigentümliche Streben nach Macht wuchs mit der Größe des Reiches und kam zum Ausbruch, während unter bescheidenen Verhältnissen eher Maß und Gleichheit gewahrt werden.«

Seit eh und je galt der Krieg als Teil der politischen Normalität. Jede Regierung hatte damals ihr Kriegsministerium, die Rüstungsindustrie florierte. Das Militär war allseits hochgeachtet und wartete auf eine Gelegenheit zur Bewährung. Orden und Adelsprädikate zählten. Es blieb ein frommer Wunsch, wenn der alte Fontane bemerkte, das erste, was wir bei uns abschaffen müßten, sei der Militarismus. Bei diesen Erfolgen? Seit hundert Jahren hatte Preußen-Deutschland jeden Krieg gewonnen: 1813 Leipzig, 1815 Waterloo, 1864 Düppel, 1866 Königgrätz, 1870 Sedan. Und nun war man stärker als je zuvor. Freilich sprach niemand von Angriff oder Eroberung; die Waffen sollten ausschließlich der Verteidigung und dem Schutz der »berechtigten eigenen Interessen« dienen. Da nun aber jeder Staat sich vorbehielt, diese selbst zu definieren, überkreuzten sie sich mit denen der anderen. Infolgedessen konnte die Defensive offensive Formen annehmen und damit zu politischer Kosmetik degenerieren. Die Hemmschwelle zum Losschlagen war flach. Das wurde nicht einmal durchgängig beklagt. 1881 erklärte Theodor Mommsen in seiner Festrede zu Kaisers Geburtstag: »Der ewige Friede ist unter allen Umständen nicht bloß ein Traum, den heute auch Kant nicht träumen würde, sondern nicht einmal zu wünschen.« Äußerungen dieser Art waren vor 1914 nicht selten. In seiner Freiburger Antrittsrede von 1895 erklärte Max Weber: »Für den Traum von Frieden und Menschenglück steht über der Pforte der unbekannten Zukunft der Menschengeschichte *lasciate ogni speranza.*« Weber erwartete Dantes Inferno. Max Lenz, der 1900 einen Blick in das zwanzigste Jahrhundert wagte, zählte den Traum vom ewigen Frieden zu den »Seifenblasen« der Diplomaten, die doch eher »deutsche Macht und Ehre« im Auge haben sollten. Die Verhandlungen zwischen den Großmächten mit ihren ständig wechselnden Bündnissen vollzogen sich unter Säbelgerassel, ein allgemeines Wettrüsten war im Gang.

An Zündstoff fehlte es nicht, weder zwischen den Großmächten untereinander noch zwischen diesen und Deutschland. Latente Konflikte lagen in dem ungestillten Revanchebedürfnis der Franzosen, der *Grande Nation*, mit ihrem periodischen Drang zum Rhein und ihrer gewöhnlichen Opposition gegen den stärksten der deutschen Staaten; weiterhin in der sehr einflußreichen panslawistischen Bewegung Rußlands, die nicht nur den Anspruch Serbiens auf Bosnien unterstützte und sich damit und überhaupt gegen Österreich auf dem Balkan richtete, sondern, wie Dostojewski 1877 ausführte, eine »allmenschliche Vereinigung« im Geiste der Bruderliebe herbeiführen wollte; und *last not least* in der Seeherrschaft Englands und der dauernden Frontstellung gegen die jeweilige Vormacht auf dem Kontinent. Schon 1852 schrieb Bismarck weitsichtig aus Frankfurt: »England kann uns weder unsere industrielle noch eine maritime Entwicklung in Handel und Flotte gönnen.« Diese Vorgänge hätte Bismarck als Reichskanzler Wilhelms II nicht aufgehalten und daher die Spannung zu England nicht behoben. Für Burckhardt stand schon 1867 »am Horizont ein großer europäischer Krieg« nebst dem Ende der Dynastien, und 1872 sah er Deutschland zur Rivalität mit den angelsächsischen Nationen genötigt »in der Handelsmarine und in der Kriegsmarine«. Das hätte auch der anglophile Friedrich III nicht verhindern können, wenn er länger gelebt hätte. Nur ein Thomas Carlyle begrüßte Deutschland als die »Königin des Kontinents«. Bei den Staatsmännern in London herrschte seit Sedan Mißtrauen.

Die Konkurrenz verschärfte sich. England fühlte sich seit 1898 vom deutschen Flottenbau akut bedroht. Das gilt nicht zuletzt für die rasch expandierende zivile deutsche Seefahrt, die den Briten Handelsrouten abnahm, ja ihnen den Rang abzulaufen drohte. Hätte Berlin hier eingreifen sollen? Welche Regierung der Welt bremst den Aufstieg ihrer Wirtschaft, nur um den Neid der Nachbarn zu meiden? Unter der Devise *»Rule Britannia, rule the waves!«* hatten englische Kanonen seit dem 16. Jahrhundert

Flotten anderer Seemächte konsequent versenkt, so die der Spanier, Franzosen, Holländer und Dänen. Das sollte auch der deutschen blühen. Vielleicht hätte Berlin weniger Kriegsschiffe auf Kiel legen und darauf vertrauen sollen, daß die zivile Schiffahrt unbehelligt blieb. Daran aber zweifelte man. Mochte Berlin noch so treuherzig versichern, die eigenen Schlachtschiffe dienten einzig und allein dem Schutz der Heimat, der Handelsrouten und der Kolonien, so wurde doch schamhaft verschwiegen, vor wem diese denn geschützt werden sollten. Das »perfide Albion« wurde mitgedacht, die Panzerkreuzer waren der Stolz der Nation. Zaghaftes Entgegenkommen von Tirpitz bei der Haldane-Mission 1912 genügte London nicht für ein Neutralitätsversprechen bei einem weiteren deutsch-französischen Krieg. Also ging der Flottenbau weiter.

Die Engländer hatten schon immer die stärkste Kontinentalmacht bekämpft, und das war nun Deutschland. Nach Bernard Shaw konnten Edward Grey und Winston Churchill, Außen- und Marineminister, es kaum erwarten, den unbequemen deutschen Konkurrenten zu beseitigen, der das Monopol der Briten auf die Hochsee bedrohte. Am Queens College in London war 1913 der bevorstehende Entscheidungskampf mit Deutschland akademisches Thema. Die Generalstabspläne lagen vor. Rußland war von Berlin enttäuscht, wo man mit Rücksicht auf England den russischen Wunsch nach den Dardanellen nicht unterstützte und Wien den Rücken stärkte. In Sankt Petersburg kochte die von der russischen Presse hochgepeitschte deutschfeindliche Stimmung. Bei Kriegsausbruch stürmten die aufgeputschten Massen die deutsche Botschaft und schlugen in einem Ausbruch von Vandalismus die Residenz nebst der Kunstsammlung des Grafen Pourtalès kurz und klein. Es wäre anders gekommen, wenn sich Deutschland dauerhaft entweder mit Rußland oder aber mit England verständigt hätte, anstatt zwischen beiden so lange zu pendeln, bis diese sich untereinander zusammentaten.

## *Grautoff und Peters*

Die Vorwegnahme des Ersten Weltkriegs wurde detailgenau durchgespielt von dem Leipziger Journalisten Ferdinand Grautoff alias Seestern in seinem faszinierenden Zukunftsroman »1906. Der Zusammenbruch der Alten Welt«. Das Vorwort ist datiert auf 1907, das Buch erschien 1905. Der Krieg bricht aus infolge einer englisch-amerikanischen Provokation in der deutschen Kolonie Samoa in der Südsee. Abgesehen von dieser Infamie gegenüber den Feinden Deutschlands schildert der Autor außerordentlich kenntnisreich und einleuchtend die Haltung der damals amtierenden Staatsmänner – keiner ist erfunden – und beschreibt fachmännisch die grausame Wirkung der bereitstehenden Waffen im Einsatz.

Der Krieg verläuft wie folgt: London verweigert die Satisfaktion. Der Reichstag erwägt den Waffengang. August Bebel beantragt blauäugig, den Fall vor das Haager Schiedsgericht zu bringen. Er hält eine fulminante Rede für den Frieden und gegen »unsere sogenannte Weltpolitik« und wird von den Patrioten niedergebrüllt. Frankreich und Deutschland machen mobil. In der allgemeinen Kriegsbegeisterung versinkt »das ganze Leben der Kulturwelt in einem Augenblick in Vergessenheit, das Leben der europäischen Völker wird in einer Stunde zurückgeschraubt um Jahrzehnte, um Jahrhunderte«.

Die Engländer greifen an. Sie besetzen Antwerpen und landen in Vlissingen. Die Niederlande werden auf die deutsche Seite gedrängt, Belgien öffnet sich den Gegnern. Die britische Kriegsflotte bombardiert Cuxhaven und Kiel. Im Kampf zur See wird die deutsche Flotte fast gänzlich vernichtet, die englische schwer angeschlagen. Die Franzosen aber werden zu Lande besiegt. Paris wird wie 1870/71 eingeschlossen. Italien, von den Briten an seinen Küsten bedroht, und Österreich, auf dem Balkan bedrängt, schließen sich Deutschland an. Die Russen, in Asien mit den Briten überquer, warten ab. Die Amerikaner beliefern England heimlich mit Kriegsmaterial gegen klingende Münze.

Während die Europäer einander zermürben, bricht in der gesamten Dritten Welt der Aufstand gegen die Kolonialherren los. Die neue Großmacht in Fernost – Japan – zieht die Fäden. In China und Indien operieren japanische Agenten, in Afrika islamische Fundamentalisten. Allenthalben werden die Europäer massakriert, zu Tausenden. Nun lenkt London ein. Um die Kolonialherrschaft zu retten, verständigt man sich mit Berlin. Briten und Deutsche kämpfen jetzt Schulter an Schulter in Afrika, beide gemeinsam mit Russen und Franzosen in Ostasien gegen die aufbegehrenden Völker.

Die heikle Frage nach dem langfristigen Erfolg läßt der Autor offen. 1905 war das noch unklar. Als Sieger in dem Krieg aber erscheinen die USA als die neue Seemacht und Rußland als die beherrschende Landmacht, beide ungeschwächt durch den Bruderkrieg in der Alten Welt. Europa hat seine dominante Rolle in der Weltpolitik ausgespielt, aber in der Allianz zwischen England und Deutschland die Basis für eine europäische Einigung geschaffen. Wir fragen: Wäre eine solche Entwicklung nicht möglich gewesen? Man hat die Gefahr doch kommen sehen!

Gleichzeitig mit der wachsenden Kriegsdrohung gab es eine Reihe von Friedensinitiativen. Sie gingen von einzelnen Staatsmännern oder Idealisten aus, hatten aber keine Massenbasis. Schon 1889 publizierte Bertha von Suttner ihre Schrift »Die Waffen nieder!«, die ihr 1905 den Friedensnobelpreis einbrachte. Am 29. November 1899 propagierte der britische Kolonialminister Joe Chamberlain in Leicester eine Tripelallianz der drei germanischen Großmächte England, Amerika und Deutschland, die hier aber höhnend abgelehnt wurde, da Chamberlain soeben den Krieg gegen die gleichfalls germanischen Buren Südafrikas eröffnet hatte. Ebenfalls 1899 tagte auf Anregung von Zar Nikolaus die Haager Friedenskonferenz. Sie erklärte Theodor Mommsen gemäß dem Protokoll in der Berliner Mittwochsgesellschaft vom 7. Mai 1902 für einen »Druckfehler der Weltgeschichte«. Die Mächte wollten sich nicht binden. Die Wiederholung der Konferenz 1907 demaskierte der deutsche Kolonialpionier Carl Peters als »humanitäres Theater«.

Die von Peters seit 1908 in London geschriebenen, 1912 als Buch publizierten Zeitungsartikel spiegeln eine zu seiner Zeit verbreitete Stimmung. Seit 1900 sah er wie so viele andere den von ihm schon so genannten »Weltkrieg« heraufziehen, einen Volkskrieg, in den mehr oder weniger alle Nationen verwickelt sein würden. Denn Rußland, immer erpicht auf Konstantinopel und die Meerengen, erhoffe sich, so meinte er, aus einem äußeren Sieg zusätzlich die Überwindung der inneren Krise; England erstrebe durch einen demonstrativen Kraftakt eine Stabilisierung des Empire im Sinne eines Commonwealth und die Sicherung der maritimen Hegemonie nicht nur in der Nordsee, ohne welche die lebensnotwendige Zufuhr für die Insel nicht gewährleistet sei. Die wachsende Konkurrenz durch Deutschland werde als unerträglich empfunden. Deutschland könne den Frieden haben, wenn es die Kriegsflotte abrüste und den Franzosen Elsaß-Lothringen herausgebe. Das hätte geheißen: wesentliche Bedingungen des Versailler Vertrages im voraus erfüllen. Peters bot eine realistische Prognose, aber 1912 war das eine Zumutung im blendenden Lichte von Wilhelms »schimmernder Wehr«.

Angesichts der Unerfüllbarkeit dieser Konditionen – nicht nur durch den von Peters so genannten »Herdeninstinkt des Patriotismus«, sondern vorab durch die angeblichen Erfordernisse des inneren Wachstums – stieg die Spannung. Da Deutschland laut Peters bei der Verteilung der Kolonialgebiete zu kurz gekommen sei, werde die »grauenvolle Idee« eines deutsch-englischen Krieges wirklich, die »kommende Weltkatastrophe« unvermeidlich. Der Anlaß, »aus welchem jeden Augenblick der Weltkrieg emporflammen könne«, erschien beliebig. Grautoff lokalisierte ihn 1905 in Samoa, Peters 1908 treffender in Serbien. Die politische Gesamtsituation vor 1914 zeigt somit keinen einfach gangbaren Nebenweg zum Kriegsausbruch. Der Waffengang war hochgradig determiniert und hätte des Attentats von Sarajewo nicht bedurft. Es bot die allseits erwartete, vielfach begrüßte Gelegenheit zur Klarstellung der Kräfte. Ein beliebiger anderer Zwischenfall wenig früher oder später hätte nach aller Voraussicht dieselbe Wirkung ausgelöst. Vermutlich hatte Theodor Lessing recht, als er 1927 in seiner »Geschichte als Sinngebung des Sinnlosen« schrieb: »Wenn Wilhelm II oder Nikolaus II im Jahre 1914 in den Weltkrieg nicht eingewilligt hätten, dann wären sie glatt von ihren Thronsitzen hinweggefegt worden; aber das hindert nicht, daß sie, nachdem der Krieg unglücklich auslief, darum hinweggefegt wurden, weil sie eingewilligt hatten.«

## *Das Attentat von Sarajewo*

Auslöser für den Weltkrieg war das Attentat auf den österreichischen Thronfolger Franz Ferdinand am 28. Juni 1914 durch serbische Nationalisten in Sarajewo. Bagatellen hätten den Mord verhindern können: beispielshalber der mühsam verhinderte Entschluß Franz Ferdinands vom Vorabend, im Anschluß an das soeben beendete Manöver unverzüglich nach Wien zurückzukehren, oder ein Verzicht auf die kurzfristig vorgenommene Routenänderung der Stadtrundfahrt, die zur Begegnung mit dem Todesschützen führte. Ebenso hätte eine erhöhte Wachsamkeit den Anschlag vereitelt: so der Abbruch der Fahrt nach dem ersten mißlungenen Bombenwurf, der den nachfolgenden Wagen traf, oder ein sofortiges Verhör des Täters, der sich später als gesprächig erwies. Dennoch war der Erfolg der Verschwörer zu erwarten, denn die bewaffneten Serben, alle mit Zyankalikapseln zum Selbstmord versehen, hatten an jenem Sonntagmorgen bereits sieben Gelegenheiten knapp verpaßt, ehe der Mord gelang. Wie sie eingestanden, wollten sie damit den Feind der Slawen töten, das Habsburgerreich auflösen und einen »Weltenbrand« entfachen. Mit dieser Prognose verrieten sie mehr Weitblick als die Staatsmänner der Zeit.

Trotz allem hätte die Tat noch nicht zum Kriege führen müssen. Wäre Wien sofort in Belgrad einmarschiert – die Manövertruppen standen ja Gewehr bei Fuß –, und hätte es Genugtuung gefordert und erhalten, dann hätte sich der Konflikt vielleicht nicht hochgeschaukelt. Freilich hätte man ihn wirklich fürchten und nicht heimlich wünschen müssen. Kontrafaktische Entwürfe, die den Handelnden unhistorische moralische Eigenschaften zumuten, sind realitätsfern.

Und es kam, wie es kam. Wien stellte Belgrad Forderungen, deren Erfüllung man nicht ernsthaft erwarten konnte und die dort im Vertrauen auf Rückendeckung durch Rußland nicht geleistet wurden. Wien erklärte Serbien den Rachekrieg, und Zar Nikolaus sah jetzt seine slawischen Brüder bedroht, er machte mobil. Der Krieg Rußlands gegen die Mittelmächte stand bevor. Denn Kanzler Bülow in Berlin hatte die Österreicher 1909 der »Nibelungentreue« versichert. Hätte sich das Beistandsversprechen Berlins auf die Verteidigung Deutsch-Österreichs beschränkt, so wäre der nationalen Gefühlspolitik Genüge geleistet gewesen und Petersburg hätte keinen Anlaß gehabt, gegen Deutschland mobil zu machen. Bismarck hatte dem Frieden mit Rußland den Vorrang eingeräumt; er wollte, so sagte er auf dem Berliner Kongreß 1878, den Balkaninteressen Wiens die gesunden Knochen nicht eines einzigen pommerschen Musketiers opfern. Ohne den Krieg mit Deutschland und die Niederlage bei Tannenberg im August 1914 wäre es den Russen vermutlich gelungen, die West- und Südslawen zu befreien, am Ende gar die heißbegehrten Meerengen zu gewinnen. Hätte eine siegreiche russische Armee die Revolution der Bolschewiki hingenommen? Wohl kaum. Deren Sieg war in dreifacher Hinsicht eine Folge deutscher Politik: zum einen durch die Zermürbung der russischen Armee, sodann durch den Transport Lenins mit der Reichsbahn aus der Schweiz durch Deutschland nach dem damals russischen Finnland; und zum dritten durch die fehlende Hilfeleistung 1918 für die »Weißen«, als nach dem Urteil von Kurt Riezler, dem Botschaftsrat in Moskau, der Bürgerkrieg gegen die »Roten« auf der Kippe stand und durch Eingreifen Deutschlands hätte gewonnen werden können.

Ein Vorstoß der Russen ans Mittelmeer hätte London alarmiert und die Kriegsbereitschaft gegen Deutschland vermindert, zumal ein fortdauernder Friede mit Rußland die gesamte deutsche Wehrkraft an der Westgrenze verfügbar gemacht hätte. Frankreich allein hätte keinen Angriff riskiert. Der Konflikt zwischen England und Deutschland wäre vertagt worden und hätte sich am

Ende mit der sich abzeichnenden Veränderung der weltpolitischen Gesamtsituation überhaupt erübrigt. Denn der wahre Konkurrent der Briten auf See war ja nicht Deutschland, sondern Amerika. Die USA befanden sich bereits damals auf dem Wege zur führenden Weltmacht. Hat man das in London nicht gesehen oder im Zeichen angloamerikanischer Solidarität in Kauf genommen? Aber der in Deutschland ebenso gefühlsbestimmte Pakt mit der Donaumonarchie veranlaßte, daß die Nibelungentreue ein zweites Mal zum Untergang führte, wie Kriemhilds Rache lehrt.

Als der Angriff der Russen auf Österreich bevorstand, erklärte Berlin dem Zaren und dann auch Frankreich den Krieg, nachdem dort gleichfalls die Mobilmachung angelaufen war. Die höchst unerwünschte Kriegserklärung aus London folgte. Sie war nicht unbedingt vorauszusehen, da England seit dem Krimkrieg als Gegner Rußlands galt und zwischen Paris und London ein förmlicher Beistandspakt ebensowenig bekannt war wie ein solcher zwischen London und Washington. Es gab eine Kettenreaktion. Jeder Schritt hätte, anders gewählt, den Ausbruch der Feindseligkeiten verzögert, wo nicht verhindert. Das aber war drüben wie hüben nicht gewollt. Ein Vermittlungsangebot aus Washington vom Sommer 1914, das im November wiederholt wurde, schien in Berlin mit der Souveränität des Kaisers unvereinbar. Es war unerwünscht.

## *Deutsche Kriegsziele*

Alternativen zum Geschehen boten sich während des Krieges. Solange die Sache für Deutschland gutstand, tauchten ehrgeizige Pläne für die Nachkriegszeit auf. Selbst Köpfe wie Stresemann, Rathenau und Thomas Mann träumten von der Hegemonie eines vergrößerten Deutschland in Europa. Die alldeutsche Phantasie einer Annexion der ehemals habsburgischen Niederlande, genauer: Belgiens und Frankreichs bis zur Somme, wird man wohl als hybride Idee außer acht lassen dürfen und erst recht den geopolitischen Vorschlag des schwedischen Staatsrechtlers aus Uppsala Rudolf Kjellén, der den Deutschen 1914 empfahl, über den Balkan hinaus die Levante nebst Ägypten zu gewinnen und dann die afrikanischen Kolonien zu einem Block zusammenzufassen.

Aber der Entwurf Max Webers von 1916 sollte in Erinnerung bleiben. Weber erklärte es als die »verdammte Pflicht und Schuldigkeit vor der Geschichte, das heißt vor der Nachwelt«, daß Deutschland sich der »Überschwemmung der ganzen Welt« durch die »Reglements russischer Beamter einerseits und die Konventionen der angelsächsischen *society*« entgegenstemme und den Europäern eine dritte, eigene Lebensordnung anbiete. In der dafür erforderlichen Kriegsbereitschaft zum Zweifrontenkrieg – Weber selbst war dienstuntauglich – sah er die »Tragik der historischen Pflichten eines nun einmal als Machtstaat organisierten Volkes«. Weber empfahl eine Revision der kleindeutschen Lösung von 1871, forderte einen militärisch, wirtschaftlich, zoll- und finanzpolitisch geeinten »ewigen, unzerreißbaren Staatenbund« mit Österreich-Ungarn, dem sich Polen anschließen sollte. Als »letzten, entscheidenden Kriegsgrund« sah Weber die schiere Stärke des vereinten Deutschland. Ohne das Werk Bismarcks und die Reichseinigung aber, so meinte er, wäre der Krieg gleichwohl gekommen, und zwar zwischen den westdeutschen, Frankreich verpflichteten »Rheinbundstaaten« und einem als russische »Satrapie« organisierten Osten. Weber imaginierte ein zwischen West und Ost halbiertes Europa mit einem geteilten Deutschland als Glacis der Flügelmächte – eine Vision des Zustands nach 1945! Er bekannte sich zu 1871 und zu 1914, der »inneren Wiedergeburt Deutschlands«. Das Ja zum Kriegsausbruch teilte er mit Rilke, Thomas Mann, Friedrich Meinecke und Sigmund Freud. Sie alle wurden spontan von der Hochstimmung erfaßt. Sie galt weder der Aussicht auf Bereicherung des einzelnen noch einer Machterweiterung des Staates, sondern der erzieherischen Wohltat vom Krieg als »Stahlbad«, in dem aller kleinliche Egoismus entfällt, allgemeine Verbrüderung stattfindet und die höchste Leistungs- und Opferbereitschaft für Volk und Vaterland zum Ausdruck kommt. Denn »im Felde, da ist der Mann noch was wert, da wird das Herz noch gewogen«.

## *Die Rolle Amerikas*

Als Weber Obiges schrieb, stand die Wende des Krieges noch bevor. Sie kam mit der Kriegserklärung der USA am 6. April 1917. Schon die Versenkung der britischen *Lusitania* am 7. Mai 1915 – sie hatte Passagiere und, wie die seit 1986 einsehbaren Ladelisten bestätigen, Munition für England an Bord – durch ein deutsches U-Boot ließ die deutschfeindliche Stimmung hochkochen, die seit Kriegsbeginn in den Staaten vorherrschte. Der Propaganda-Effekt der *Lusitania*-Episode war enorm. Der aus Kursänderungsbefehlen abgeleitete Verdacht, daß die britische Admiralität die Versenkung bewußt in Kauf genommen, vielleicht sogar provoziert hat, um Deutschland in der Welt anzuprangern, wird dadurch genährt, daß die Unterlagen im *British Naval Intelligence Department* noch immer geheimgehalten werden.

Danach drohte Präsident Wilson mit der Kriegserklärung, falls der uneingeschränkte U-Boot-Krieg nicht eingestellt würde. Daraufhin gab Kanzler Bethmann-Hollweg im September 1915 nach. Aus Furcht vor Amerika wurde die Schlinge um den Hals der Briten gelockert. Das aber scheint nach der Analyse von Robert O'Connell ein Fehler gewesen zu sein. Er hat 2001 gezeigt, daß die USA damals auf einen Kriegseintritt noch nicht vorbereitet waren, England hingegen, von der Zufuhr über See abgeschnitten, vor der Hungerkatastrophe stand. Bevor die USA wirksam hätten eingreifen können, wäre durch einen nachhaltigen Einsatz der Torpedowaffe London 1916 gezwungen gewesen, Frieden zu schließen, der dann auch den Eingriff Washingtons erübrigt hätte. Die von O'Connell angenommenen innenpolitischen Voraussetzungen für einen maßvollen Verständigungsfrieden mit Deutschland auch durch Frankreich und Rußland – Rücktritt der Regierungen aufgrund von Unruhen im Lande – stehen auf schwachen Füßen, doch wenn wir die Annahmen akzeptieren, faszinieren die Folgen. Die Turbulenzen der anschließenden Jahrzehnte in Europa entfielen, aber die Spannungen zwischen den USA und Japan und das Aufbegehren der Kolonialvölker blieben bestehen.

Ein Sieg über Frankreich nach dem Schlieffen-Plan in der Marne-Schlacht hätte den Krieg nicht beendet, wohl aber hätte ein Verzicht der USA auf den Kriegseintritt dies bewirkt. Ohne die massive moralische, materielle und zuletzt auch militärische Unterstützung der Entente durch Washington wäre es vermutlich so wie mit den Russen im Osten bei Brest-Litowsk auch mit den Gegnern im Westen nach der Schlacht um Verdun zu einem Erschöpfungsfrieden gekommen. Das im Dezember 1916 unterbreitete Friedensangebot von Bethmann-Hollweg wäre angenommen worden – so meinte jedenfalls später Churchill. Man hätte im wesentlichen die Vorkriegslage wiederhergestellt, aber einräumen müssen, daß die Kriegsopfer nichts gebracht haben. Die Verluste durch eine Fortsetzung des Krieges, Versailles und alle Folgen wären unterblieben. Dies erfordert allerdings die Zusatzannahme, daß jenes Patt die Entscheidung nicht einfach vertagt hätte, die 1914 gesucht worden war. Ein erneuter Ausbruch des Konfliktes wäre denkbar, so wie er 1939 ja tatsächlich stattgefunden hat.

Aber auch eine günstigere Folge jenes damals möglichen, aber unterbliebenen Friedens kommt in Frage. Deutschland hätte eine konstitutionelle Monarchie bleiben können – allerdings mit der unter Max von Baden 1918 durch den Krieg bewirkten, im Frieden wohl verzögerten Parlamentarisierung. Die Aussichten der Donaumonarchie wären weniger günstig gewesen. Sie hätte sich nach englischem Beispiel in ein Commonwealth verwandeln müssen. Die schon von Metternich gewünschten Zugeständnisse an das Selbstwertgefühl der nichtdeutschen Völker waren in Wien nicht durchzusetzen, hätten gleichwohl deren Streben nach Eigenstaatlichkeit nicht abgefangen. Das Recht des Kaisers hätte sich darauf beschränken müssen, die Briefmarken der endlich emanzipierten Nationen zu zieren. Hätten nicht die bereits Anfang 1917 immensen Verluste durch die Materialschlachten jene Friedensbereitschaft wecken können, die nach 1945 weitere Waffengänge in Europa erübrigt hat?

## *Versailles 1919*

Weitgehende kontrafaktische Überlegungen knüpfen sich schließlich an den Friedensschluß, das »Diktat« von Versailles 1919. Es war zu milde, um das Erstarken Deutschlands zu verhindern, und zu hart, um den Wunsch nach einer Revision zu ersticken. Dies galt einer Änderung der These von der deutschen Alleinschuld, einer Ermäßigung der Reparationen und dem Rückerwerb deutschsprachiger Randgebiete, die an die Nachbarstaaten gefallen waren. Zu einer Besetzung Deutschlands wie nach 1945 wären Engländer und Franzosen allein kaum imstande gewesen, wohl aber hätten die Friedensbedingungen nach amerikanischem und nicht nach französischem Willen formuliert werden müssen, wenn die Friedensbereitschaft in Deutschland hätte gesichert werden sollen. Washington hat zwar den Krieg entschieden, sich dann aber aus der Verantwortung für den Frieden gestohlen. Der Kongreß hat den Vertrag von Versailles nicht unterzeichnet. Immerhin unterblieben die von der französischen Generalität geforderte Aufteilung Deutschlands in seine Bundesstaaten, die Auslieferung der Generale als »Kriegsverbrecher« und die Deportation Kaiser Wilhelms nach Curaçao, wo das Quartier für ihn bereitstand.

Das Reizwort »Versailles« war die zugkräftigste Wahl- und Kriegsparole Hitlers. Die unbezahlbaren Reparationen überforderten nicht nur die Wirtschaft, sondern, schlimmer noch, sie belasteten die Regierung und das Weimarer System überhaupt, das in den Augen seiner Gegner von rechts wie von links zum schändlichen Erfüllungsgehilfen Frankreichs wurde. So stand die Demokratie auf schwachen Füßen, zumal auch die führenden Staatsmänner nicht jene Rückendeckung im Westen erhielten, die Bonn nach 1949 dort genoß. So ist die Weimarer Zeit gekennzeichnet durch die doppelte Spannung einerseits zwischen Links- und Rechtsextremisten, die sich allerdings im Kampf gegen Versailles einig waren, und andererseits in der Ablehnung der parlamentarischen Demokratie durch die Aktivisten auf beiden Flügeln des politischen Spektrums und die kaisertreuen Konservativen.

Hätten die führenden Politiker vor 1914 alle in den anschließenden dreißig Jahren eingetretenen Folgen des Krieges vorausgesehen oder wenigstens als Möglichkeit ernst genommen, so wäre er vermieden worden. Kaum einer würde, wenn es möglich wäre, ein zweites Mal so gehandelt haben wie damals. Deutschland hätte vor 1914 außenpolitisch maßhalten, Österreich das »Völkergefängnis« öffnen, Rußland seine inneren Spannungen abbauen müssen, statt Serbien und die Meerengen im Visier zu haben. Die durch den Krieg beschleunigte Verselbständigung der Kolonien und der Aufstieg der USA zur ersten Seemacht lagen gewiß nicht im Interesse Londons. Die Stunde des Empire hatte geschlagen. Zwar hätten sich diese Vorgänge sowie die Demokratisierung der Industriestaaten in jedem Falle wenig später auch ohne den Ersten Weltkrieg vollzogen, aber bei mehr Einsicht mit weniger Gewalt und geringeren Verlusten.

*Wer zu Grund gehen soll,*
*der wird zuvor stolz,*
*und Hochmut kommt vor dem Fall.*
Salomon

# 15. Hitler erliegt einem Attentat

»Männer machen Geschichte«, heißt es bei Heinrich von Treitschke 1879. Der Satz richtete sich gegen die damals aufkommende Ansicht, daß es im Gegenteil die allgemeinen Verhältnisse seien, die sozialen Zustände und die ökonomischen Entwicklungen, die den Gang der Dinge bestimmen. Nach dieser zumal von Sozialisten vertretenen Doktrin müßte es heißen: »Die Geschichte macht die Männer«, denn die handelnden Personen wären lediglich die Exponenten anonymer Umstände und kollektiver Kräfte, die sich auf anderem Wege auch dann durchgesetzt hätten, wenn die tatsächlich leitenden Figuren – aus welchen Gründen auch immer – ausgefallen wären. Dies ist eine hypothetische Konstruktion kontrafaktischer Geschichte im positiven Sinne, wie sie im negativen Sinne ebenso dem Wort Treitschkes zugrunde liegt, da es unterstellt, daß es ohne die großen Männer auch keine nennenswerte Geschichte gäbe.

Treitschkes Diktum beruht auf der Geschichtsphilosophie Hegels, der die namhaften Staatsmänner und Kriegsherren als Geschäftsführer des Weltgeistes betrachtete, als Auftragnehmer bei der Verwirklichung der Freiheit, als Vorkämpfer des Fortschritts. Die damit verbundenen Opfer und Kosten, die Hegel bagatellisiert, ja ironisiert hat, weckten berechtigten Widerspruch gegen seine Heldenverehrung. Doch trifft dieser eher die Verehrer als die Helden, problematisiert allein das Werturteil über ihre Wirkung, nicht diese selbst. Sie ist unbestreitbar, aber ambivalent. Denn es gibt nicht nur eine heroische, sondern auch eine dämonische Größe, die sich an den Begleitumständen und an den Folgen ablesen läßt.

Die Großen der Politik: Staatsmänner, Kriegsherren und Gewalthaber, sind selten, sind daher nicht beliebig ersetzbar, weder in Wirklichkeit noch in Gedanken, und die größten sind es am wenigsten. Das Zusammentreffen ihres Erscheinens mit den Umständen, die ihnen ihr Wirken ermöglichten, ist Zufall – darüber hat schon Friedrich der Große in seinem Brief an die Kurfürstin von Sachsen vom 10. Januar 1767 philosophiert und überlegt, was wohl geschehen wäre, wenn Alexander der Große nach dem zweiten Punischen Krieg, wenn Oliver Cromwell unter Elisabeth I oder wenn Papst Hildebrand, das heißt Gregor VII, in der Gegenwart gelebt hätte. Sie wären zur falschen Zeit geboren. Nicht jeder Mann findet seine Stunde, nicht jede Stunde findet ihren Mann. Trifft beides zusammen, dann gibt es einen Ruck.

Es ist nicht anzunehmen, daß die Geschichte auch ohne Friedrich und Napoleon, ohne Metternich und Bismarck, ohne Lenin und Hitler, ohne Stalin und Mao genauso oder doch sehr ähnlich verlaufen wäre, wie sie verlaufen ist. Gewiß nutzten sie alle eine gebotene Gelegenheit, bedienten sich einer vorgefundenen Bewegung; sie verstanden aber wie keiner ihrer Konkurrenten, den Gang der Dinge zu beschleunigen und zu lenken. Daher stellt sich die Frage, wie sich die Geschichte denn entwickelt hätte, was unterblieben, was geschehen wäre, wenn tatsächlich einer dieser Männer vorzeitig ausgefallen wäre – oder länger gelebt hätte.

## *Zwanziger Jahre: Sozialismus*

Der Name Hitler ist unlösbar mit dem Zweiten Weltkrieg verbunden. Dessen ungeheure Auswirkungen fordern Überlegungen heraus, wo der Weg in den Abgrund begonnen hat. Gehen wir zurück bis 1933, bis 1919 oder 1914? Liegt der Anfang des Abwegs bei Bismarck, bei Friedrich dem Großen oder bei Luther? Am Ende bei Arminius? Alle diese Ereignisse wurden bis 1945 als Stufen des Aufstiegs zum Großdeutschen Reich verstanden. Aber die Kette wird je länger desto dünner. Und überhaupt: Ein großer Sprung bedarf eines langen Anlaufs, für einen tiefen Sturz aber genügt ein falscher Schritt.

Beschränken wir uns daher auf die Frage, welche Nebenwege hätten an Hitler vorbeiführen können. Dazu ein Blick auf die Erfolgsaussichten der seit dem frühen 20. Jahrhundert aufgetretenen totalitären Systeme überhaupt! Hätten sie sich vermeiden lassen? Und wenn, wie? Sodann: Hätten sie sich behaupten können? Und wenn, wie lange? In welcher Form? Unter welcher Bedingung? Meine Vermutung: Sie waren, wenn auch nur schwer, vermeidbar, waren aber nicht haltbar. Es waren allesamt zum Scheitern verurteilte politische Experimente: Versuche vermeintlicher Modernisierung im Falle des Kommunismus, vermeintlicher Selbstverwirklichung im Falle des Nationalsozialismus. Auf dem Wege zum Erfolg haben sie sich gegenseitig hochgeschaukelt. Hitler profitierte von der Angst vor dem Bolschewismus, Stalin von dem Sieg über Hitler. Dieser scheiterte am unerwarteten, kaum vorhersehbaren Bündnis der kommunistischen und demokratischen Mächte außerhalb Deutschlands. Moskau instrumentalisierte den westeuropäischen gegen den zentraleuropäischen Kapitalismus; London den osteuropäischen Totalitarismus gegen den zentraleuropäischen. – Zunächst aber: Welche Alternativen zeigen sich zur Hitlerherrschaft? Drei grundsätzliche Möglichkeiten kommen näher in Betracht: zum ersten ein Sieg des Sozialismus nach 1918, zum zweiten ein Überleben der Weimarer Demokratie nach 1933 und zum dritten ein Fortbestand des Nationalsozialismus ohne Hitler, ohne den Weltkrieg oder nach einem Sieg über die Alliierten.

Betrachten wir vorab den unbegangenen Weg in einen deutschen Sozialismus! Als Karl Liebknecht am 9. November 1918 vom Balkon des Berliner Stadtschlosses die »freie sozialistische Republik« ausrief, konnte er auf die Zustimmung von vielen Tausenden rechnen. Sein Versuch, gemeinsam mit Rosa Luxemburg und dem Spartakusbund einen von Arbeiterräten geleiteten deutschen Sowjetstaat zu schaffen, scheiterte zwar rasch, doch gab es einen Moment, wie Harry Graf Kessler am 20. Januar 1919 in

Berlin notierte, wo die »Sache auf des Messers Schneide« stand. Während der Straßenkämpfe gegen den Rat der Volksbeauftragten am 13. Januar hätte seiner Meinung nach das bewaffnete Proletariat unter Liebknecht die Macht erringen und den »Gegenstaat« errichten können. Ein weitreichendes Projekt! Wäre nach Rußland auch Deutschland dem Bolschewismus zugefallen, »wäre«, so meinte Kessler, »der weltgeschichtliche Umschwung nicht mehr ausgeschlossen«.

Nach dem Sieg der Regierung war die Aussicht auf eine an Moskau angelehnte deutsche Räterepublik deutlich gedämpft, indes keinesfalls verbaut. Unter allen kommunistischen Parteien, so Leo Trotzki 1921, stehe die deutsche, die KPD, als »eine der stärksten und theoretisch reifsten« in der »Revolutionsreihenfolge jedenfalls an erster Stelle«. Auch Lenin setzte auf Deutschland, das »am weitesten entwickelte Land Europas«, und Trotzki prophezeite: Hat sich Deutschland der Föderation von Sowjetrepubliken angeschlossen, so werden »Sowjetitalien und Sowjetfrankreich einen Monat früher oder später hinzukommen«.

In den Arbeiterunruhen nach der Besetzung des Ruhrgebiets durch die Franzosen 1923 schien für die Komintern der Sieg des deutschen Proletariats nochmals zum Greifen nahe. Er wurde von Rußland im welthistorischen Zusammenhang gesehen. Am 30. Juni forderte Trotzki in der »Prawda« die »Vereinigten Staaten von Europa«. Schon im Ersten Weltkrieg hatte Lenin sie unter sozialistischen Vorzeichen konzipiert und zur Durchsetzung auch kriegerische Mittel vorgesehen. Trotzki erklärte, angesichts der Unfähigkeit der Bourgeoisie, Europa aus der »Sackgasse« der nationalen Konflikte herauszuführen und die drohende Unterjochung des Kontinents durch das Kapital der USA zu verhindern, sollten Arbeiterregierungen die innereuropäischen Zollschranken brechen, Europa in engem Verbund mit Rußland wirtschaftlich widerstandsfähig machen und Asien den Weg nach Westen öffnen. Trotzki verstand dies als »Etappe zur Diktatur des Proletariats« weltweit. In klarer Frontstellung gegen den sozialdemokratisch-revisionistischen Pazifismus im Klassenkampf nahm er die Herausforderung durch Amerika auf und imaginierte einen eurasischen Block zur Realisierung der künftigen »sozialistischen Weltwirtschaft«. Trotzkis Diagnose war hellsichtig, seine Therapie jedoch allzu kühn.

Stalin unterstützte die revolutionäre Bewegung. Er schrieb am 20. September 1923 an den Herausgeber der »Roten Fahne«: »Der Sieg des deutschen Proletariats wird ohne Zweifel das Zentrum der Weltrevolution von Moskau nach Berlin versetzen.« Als am Ende des Jahres Stalins Hoffnung dahin war, entwarf Trotzki kontrafaktische Geschichte: »Wenn die deutsche Revolution siegreich verlaufen wäre, hätten sich die Kräfteverhältnisse auf der Erde vollständig verändert.« Der deutsch-russische Bund hätte einen »unschlagbaren Block« geschaffen, der für die Entwicklung der Welt bestimmend geworden wäre, so las man am 19. April 1924 in der »Prawda«.

Die politische Lage in Deutschland und Westeuropa ließ eine ostorientierte Entwicklung denkbar erscheinen. Sympathie für den Sozialismus war europaweit verbreitet – denken wir nur an die Frühzeit Mussolinis, an die Volksfront in Frankreich und an die Anarchosyndikalisten Spaniens. Durch die planmäßige Zusammenarbeit der »Internationalen« in den Ländern Europas konnte eine Machtübernahme gelingen. Die Vereinigten Staaten von Amerika hätten sich auf die Monroe-Doktrin zurückgezogen und sich auf den Schutz des britischen Parlamentarismus, auf ihren Einfluß in England beschränkt. Der Isolationismus war in den USA zwischen den Kriegen ohnedies dominant. Ein kommunistisches Eurasien vom Pazifik zum Atlantik in den zwanziger Jahren hätte die Weltrevolution vorweggenommen.

Ein herrschender Sozialismus in Europa ist innenpolitisch doppelgesichtig denkbar. Zunächst die finstere Variante: Bei einem siegreichen Bürgerkrieg gegen die konservativen Kräfte hätte es in einer deutschen Sowjetrepublik unter der Diktatur des Proletariats eine Massenflucht der sozialen und intellektuellen Elite gegeben. Wer nicht ging oder mithielt, wäre durch einen Polizei- und Überwachungsapparat tschekistischen Zuschnitts interniert oder liquidiert worden. In Deutschland hätte es, ähnlich wie in Rußland, zu einer parteibürokratischen Planwirtschaft, einem totalitären Freiheitsentzug, einer parteiamtlichen Zensur und einer ideologischen Indoktrination kommen können, ja zu einer Kulturrevolution und einem flächendeckenden Vandalismus der militant atheistischen Kirchenfeinde. So etwas gab es in Spanien. Die Aktionen der *Frente Popular* unter Azaña 1936 wirken wie ein Vorspiel zu Maos Roten Garden dreißig Jahre später. Gravierender indes ist der Gedanke an die Millionen von Menschen, die Stalin hat sterben lassen – und wäre er nicht der große Bruder einer deutschen Sowjetrepublik gewesen?

Wer dies verneint, wird innenpolitisch ein milderes Gegenbild nicht ausschließen. Denn bei einer nicht völlig unmöglichen Öffnung der bürgerlichen Schichten gegenüber dem Sozialismus hätte dieser unterwandert werden und ganz andere Züge annehmen, vielleicht sogar »menschliches Antlitz« gewinnen können. Vorkämpfer der deutschen Arbeiterbewegung wie Ferdinand Lassalle und August Bebel genossen weit über die Arbeiterschaft hinaus verdienten Respekt. Sogar die radikale Rechte teilte Ideen mit der extremen Linken: Preußentum und Sozialismus kombinierte Oswald Spengler 1919.

Außenpolitisch wäre eine Allianz mit Rußland zu erwarten gewesen, ein Rapallo in großem Stil. Die militärische Zusammenarbeit der Reichswehr mit der Roten Armee schien ausbaufähig. Trotzki erklärte schon 1921 die vorbehaltlose Unterstützung Sowjetrußlands zur »hervorragenden Pflicht der Kommunisten aller Länder«. Die deutsch-russische Freundschaft hätte floriert. Bekanntlich wurde in den zwanziger Jahren von allen Studenten Rußlands eine einzige Fremdsprache gefordert: Deutsch. Der eurasische Block hätte Front gemacht gegen den anglo-amerikanischen Kapitalismus. Die Gefahr eines zweiten Weltkriegs wäre akut geworden, wenn es zur Einmischung in die inneren Verhältnisse des jeweils anderen Blocks gekommen wäre. Damit aber war zu rechnen, spätestens bei einem Arbeiteraufstand in England während der Weltwirtschaftskrise 1930. Ein Hilferuf der dann entstandenen beiden britischen Bürgerkriegsparteien einerseits nach dem kontinentalen Sozialismus und andererseits nach dem kapitalistischen Amerika hätte Interventionen von beiden

Seiten bewirken und den Krieg auslösen können. Denn beide Ideologien beanspruchten weltweite Menschheitsbeglückung: die Demokratie im Namen der Freiheit und der Menschenwürde, der Sozialismus im Namen von Gleichheit und Gerechtigkeit. Die Auswirkungen eines solchen Universalkonflikts über den Atlantik hinweg wären wohl andere gewesen als die von 1939.

Wäre ein kommunistisches Europa entstanden, so ist zu fragen, wie lange sich ein solcher stalinistischer Zwangsstaat gehalten hätte. Dabei müssen wir uns daran erinnern, was ihn tatsächlich überwunden hat. Es ist sehr zweifelhaft, ob der Sowjetblock 1990 allein aus inneren Gründen gescheitert ist, oder ob nicht vielmehr die Kosten der Rüstung gegen den Klassenfeind und das Wissen vom Goldenen Westen die rote Doktrin untergruben. Unübersehbar waren doch der technische Vorsprung und die ökonomische Konsumflut im Kapitalismus, die Möglichkeiten des Reisens und Redens, die das Volk drüben entbehrte, Vorzüge an Lebensqualität, die der Sozialismus nicht liefern oder zulassen konnte. Neidisch auf das Glück des Westens, haderte man mit dem Regime, das zunehmend auf Kredite vom Gegner angewiesen war. Das System wurde unglaubwürdig, weil es hinter der Entwicklung im Kapitalismus hoffnungslos zurückblieb. Das Tauwetter im Osten wurde bewirkt durch die Sonne aus dem Westen. In schwächerem Maße hätte sie vermutlich auch über den Atlantik in ein um 1925 entstandenes rotes Europa herübergeleuchtet und das kommunistische System in Frage gestellt.

Die Verführung durch den beziehungsweise die Belehrung aus dem reichen Westen war natürlich nicht die einzige Ursache für die seit Andropow und Gorbatschow zunehmende Abkehr der Öffentlichkeit im Osten vom realen Sozialismus. Die historische Anthropologie erweist den Wunsch nach Freiheit als Grundbedürfnis, das mal schwächer, mal stärker in Erscheinung tritt, aber aus der europäischen Geschichte nicht wegzudenken ist. Hegels Annahme einer welthistorischen Entfaltung des Freiheitsbewußtseins als Grundprinzip der Geschichte war gewiß allzu optimistisch, aber als Basso ostinato ist die Freiheitsidee in der Geschichte Europas überall nachweisbar. In diesem Sinne, so vermute ich, hätte auch ein zunächst europaweit siegreicher Kommunismus sich langfristig gelockert und verbürgerlicht. Man wäre irgendwann zu einer Wiederherstellung der Privatinitiative gelangt und zu einem Sozialdemokratismus übergegangen, der sich von unserem jetzigen System nicht grundlegend unterschieden hätte. Der moderne Industriestaat in der europäischen Tradition ist auf diesem oder jenem Wege früher oder später überall zum Parlamentarismus übergegangen. Zu bedenken bleibt allerdings die Zahl der Opfer, die eine solche kommunistische Experimentierphase gekostet hätte; dafür bieten die geschätzten 40 Millionen russischen Toten, die Stalin auf dem Gewissen hat, einen ungefähren Richtwert.

## *Weimar dauert*

Näher als ein Sieg des Sozialismus liegt die zweite Alternative zur Hitlerherrschaft, ein Fortbestand der Weimarer Republik. Hätte sie sich nicht behaupten können? Dafür hätte es außen- wie innenpolitisch anderer Verhaltensweisen bedurft. Die Entente hätte die für die Friedensordnung vorgesehenen 14 Punkte Präsident Wilsons vom 8. Januar 1918 und seine maßvollen, für die deutsche Friedensbereitschaft grundlegenden Ausführungen vom 27. September 1918 einhalten müssen, insbesondere um bei der Grenzregulierung durch die vorgesehene Selbstbestimmung der Bevölkerung den Irredentismus zu vermeiden. Deutsche unter der Herrschaft der Nachbarstaaten – das war Zündstoff. Schon 1918 prophezeite Max Weber, daß Gebietsverluste beim Friedensschluß deutsche Arbeiter zu Chauvinisten machen würden. Auch die Sach- und Geldforderungen der Franzosen hätten vermindert werden müssen. Die Hypothek von Versailles lastete schwer auf der jungen Republik.

Die hoffnungsvollste Zeit der Weimarer Republik bildete die Ära Stresemann. Als Vorsitzender der Deutschen Volkspartei wurde er 1923 Reichskanzler und Außenminister und blieb letzteres bis zu seinem Tod 1929 mit 51 Jahren. Hätte er nicht zwanzig Jahre länger leben und bis 1949 regieren können? Er leistete Wesentliches zur inneren Stabilisierung und erstrebte durch seine Freundschaft mit Aristide Briand eine Aussöhnung mit Frankreich, gewissermaßen in Vorwegnahme der Politik Adenauers. Stresemanns Tod wurde in Paris und London mit Bestürzung aufgenommen.

Zukunftweisend war ebenso der seit 1923 durch den Wiener Grafen Coudenhove-Kalergi propagierte Europagedanke, den schon 1713 der Abbé Castel Saint-Pierre ausgeführt, den Herder 1795 in seinen »Briefen zur Beförderung der Humanität« aufgegriffen und den Varnhagen 1850 als Hoffnung formuliert hatte. Coudenhove wünschte die »Vereinigten Staaten von Europa«. Sein Pan-Europa war als Bollwerk gegen Sowjetrußland gedacht und fand Anklang in Berlin und Paris. Die Idee wurde insbesondere durch Briand in seinem Memorandum von 1930 vehement unterstützt. Auch sein Konzept der »Vereinigten Staaten Europas« unterschied sich – wen wundert's? – von demjenigen Lenins und Trotzkis, fand aber ebensowenig die erforderliche Unterstützung. Europa befand sich noch im pränatalen Zustand. Waren die schrecklichen Geburtswehen des Zweiten Weltkriegs unvermeidlich?

In seiner letzten Zeit geriet Stresemann zunehmend in Gegensatz zu den nationalen Kräften selbst in seiner eigenen Partei. Der Konflikt zwischen der extremen Rechten und der radikalen Linken eskalierte. In dieser Situation hätten die demokratischen Parteien zusammenhalten, die Sozialdemokraten als die stärkste Fraktion im Reichstag sich glasklar von den moskauhörigen Kommunisten unter Ernst Thälmann absetzen müssen. Sie hätten den Bürgerkrieg gegen die extreme Linke nicht den Nationalsozialisten überlassen dürfen. Das hätte ihnen im bürgerlichen Lager weiten Anhang verschafft. Denn das Nein zum Bolschewismus ist, wie Ernst Nolte 1986 gezeigt hat, als Grund für das Ja zu Hitler nicht zu unterschätzen.

Aus deutscher Sicht höhere Gewalt freilich war die Weltwirtschaftskrise. Ohne die durch den Bankenkrach der New Yorker Börse am 25. Oktober 1929, dem »schwarzen Freitag«, auf die

Hälfte geschrumpfte Industrieproduktion und die auf ein Drittel der berufstätigen Familienväter gestiegene Arbeitslosigkeit wäre die Weimarer Republik mit oder ohne Präsidialdiktaturen irgendwann in die parlamentarische Normalität zurückgekehrt, zumal der Wirtschaftsaufschwung nach 1933 auch außerhalb Deutschlands stattfand und hier keineswegs ausschließliches Verdienst des Hitler-Regimes war. Die Krise von 1929/30, die als Produkt des Kapitalismus Wasser auf sozialdemokratische Mühlen hätte sein können, wurde erfolgreicher von Hitler propagandistisch genutzt. Am 24. Februar 1933 erklärte er: »Wir sind das Resultat des Elends, für das die anderen verantwortlich sind.«

Als Heinrich Brüning am 30. Mai 1932 vom Reichspräsidenten Hindenburg als Kanzler entlassen wurde, glaubte er sich »hundert Meter vor dem Ziel«, mit anderen Worten: Hätte er diese letzte Durststrecke noch zurücklegen können, wäre seiner Meinung nach die Weimarer Republik erhalten geblieben. Seinen letzten Trumpf entriß Brüning – er starb 1970 in Vermont – ein Zufall, den Harry Graf Kessler überliefert. Der Sehnsucht nach einem uniformierten Retter in der deutschen Öffentlichkeit wollte Brüning – so er selbst gegenüber Kessler am 20. Juli 1935 in Paris – dadurch nachkommen, daß er den Hohenzollernprinzen Louis Ferdinand zum Staatsoberhaupt kürte. Das aber habe General Schleicher trickreich verhindert. Die lebensuntüchtige Republik stand einen Augenblick vor der Alternative: zurück zur Monarchie oder voran in die Diktatur? Letztere siegte. Denn Hitlers Sturmabteilung marschierte, »die Reihen fest geschlossen«.

## *Die Attentate auf Hitler*

Als dritte realistische Variante zur deutschen Geschichte des 20. Jahrhunderts bietet sich ein früher Tod Hitlers an, am ehesten durch ein erfolgreiches Attentat. Alle Versuche dazu eingerechnet, kommt man auf nicht weniger als 42. Eine solche Folge von Fehlschlägen konnten seine Anhänger nur mit dem Willen der von Hitler so oft beschworenen »Vorsehung« erklären.

Die Auswirkungen eines Tyrannenmordes wären um so größer gewesen, je früher er erfolgt wäre. Die geringsten Resultate waren zu erwarten, wenn der Anschlag vom 20. Juli 1944 gelungen wäre. Er scheiterte an einem Zufall, den ein Selbstmord-Attentäter russischer oder arabischer Art ausgeschaltet hätte. Stauffenberg verließ den Raum, in dem die Bombe tickte. Sie riß vier Männer in den Tod, nicht aber Hitler. Jemand hatte die Tasche mit der Bombe ahnungslos beiseite gestellt. Hitlers Tod sollte den Krieg beenden. Wäre das gelungen, so hätte es keinen »Nerobefehl« gegeben, die in den letzten Monaten noch zerstörten Städte wären erhalten geblieben, Tausende hätten überlebt.

Eine düstere Gegenposition sieht das anders. Aufgeben, bevor der Feind auf deutschem Boden stand? Der Fehler von 1918 war zu vermeiden! Der von den Verschwörern als Nachfolger Hitlers vorgesehene Generaloberst Ludwig Beck wäre als deutscher Badoglio von den systemtreuen Verbänden als Vaterlandsverräter gebrandmarkt worden. Sie hätten gegen ihn und seine Anhänger Front gemacht, es hätte zusätzlich einen Bürgerkrieg gegeben. Die Abwehr gegen die Russen wäre geschwächt worden, ihnen wären Hunderttausende von Ostflüchtlingen in die Hände gefallen. Vielleicht wäre die Rote Armee noch vor der Konferenz von Jalta im Februar 1945 bis zum Rhein vorgestoßen und dort stehengeblieben. In jedem Falle wäre eine neue Dolchstoßlegende entstanden und hätte die Verschwörer vom 20. Juli für die Niederlage verantwortlich gemacht.

Das Attentat hätte zwei Jahre früher gelingen müssen, jedenfalls vor Casablanca, wo im Januar 1943 die bedingungslose Unterwerfung Deutschlands beschlossen wurde. Die Formel *unconditional surrender* stammt von General Grant aus dem amerikanischen Sezessionskrieg. Sie zwang alle, die *Lewer dod as Slav* gesungen hatten und »eher den Tod als in der Knechtschaft leben« wollten, wie es bei Schiller heißt, zum Durchhalten und mobilisierte die letzten Reserven in Deutschland; denn wer ergibt sich schon auf Gnade oder Ungnade, solange er noch kämpfen kann? Vor Casablanca wäre ein Friede mit einem Deutschland ohne Hitler noch möglich gewesen. Mit einem Ludwig Beck oder

Erwin Rommel an der Spitze der Deutschen hätten die Alliierten vermutlich verhandelt.

Sehr viel weiter reichende Folgen hätte ein früheres Ende Hitlers gehabt. Wäre der »Trommler« vor dem 30. Januar 1933 durch einen Flugzeugabsturz während einer Wahlkampfkampagne oder bei seinem Autounfall 1930 umgekommen, so wäre einem Gregor Strasser oder einem Hermann Göring die Machtergreifung kaum gelungen. Vielmehr hätte sich das autoritäre Präsidialregime im Einvernehmen mit der Reichswehr unter Schleicher und anderen rechtsgerichteten Kräften gefestigt und die Gefahr einer Sowjetisierung Deutschlands abgewehrt. Eine Rückkehr zum Parlamentarismus der Weimarer Zeit wäre vorerst kaum erfolgt. Autoritäre Systeme und Tendenzen, die sich sowohl gegen den östlichen Sozialismus als auch gegen den westlichen Kapitalismus wandten, waren ja weit verbreitet, denken wir an Italien und Spanien, an die Türkei und Rumänien, an Ungarn und Polen. Ein auch ohne Hitler anzunehmender Aufschwung Deutschlands nach der Weltwirtschaftskrise in den dreißiger Jahren hätte eine allmähliche Rückkehr von der Präsidialdiktatur zu bürgerlich-demokratischen Verhältnissen erlaubt.

Wäre Hitler nicht, wie eben angenommen, vor der Machtübernahme, sondern in den ersten Jahren danach umgekommen, so wäre das inzwischen etablierte nationalsozialistische System nicht sofort ins Wanken geraten. Daß ein Anschlag damals ein innenpolitisches Chaos ausgelöst hätte, wie Golo Mann meinte, ist wenig wahrscheinlich. Deutsche sind ordentlich. Nach den unvermeidlichen, aber wohl verdeckten Diadochenkämpfen unter Hitlers Paladinen hätte sich das Regime bald wieder stabilisiert, allerdings hätte es unterschiedlich ausgesehen, je nachdem ob sich der vergleichsweise gemäßigte Hermann Göring oder ein Radikaler wie Goebbels oder Himmler durchgesetzt hätte. Letzterem war seine SS nicht ganz sicher, wo er den Spitznamen »Reichsheini« trug. Jedenfalls hätte das verblaßte Charisma an der Spitze des Systems die straffe Struktur von Befehl und Gehorsam verloren.

Die außenpolitische Lage hätte sich mit dem Tode Hitlers verändert, als mit dem Ausbruch des Zweiten Weltkriegs, so wie geschehen, nicht zu rechnen gewesen wäre. Der Wunsch nach der Wiedergewinnung von Oberschlesien und der nach einem Korridor durch Polen nach Danzig und Ostpreußen hätten kaum hingereicht, um einen deutschen Angriff zu motivieren. Der Kriegsausbruch wäre wahrscheinlich auch dann verhindert worden, wenn Chamberlain und Daladier 1938 in München den Absichten Hitlers auf die Tschechoslowakei energisch entgegengetreten wären. Hitler wollte keinen Zweifrontenkrieg. Nichts hat ihn so ermutigt wie die Zustimmung von London und Paris zu seinem nächsten Schritt auf dem Weg zur Expansion, insbesondere sein Nichtangriffspakt mit England vom 29. September 1938.

Hitlers diplomatischer Erfolg in München hatte noch eine weitere Konsequenz: den Zerfall der Widerstandsgruppe in der Obersten Heeresleitung. Ihr war seit der Sudetenkrise klar, daß Hitler auf einen Krieg abzielte, der schließlich England und damit Amerika auf den Plan rufen würde. Um Ludwig Beck als Chef des Generalstabs hatte sich bereits damals eine Opposition mit seinem späteren Nachfolger Halder sowie den Generalen Oster und Witzleben gebildet, die einen Staatsstreich planten. Dafür entfiel jetzt mit dem *Appeasement* durch Chamberlain der wichtigste Grund. Der Friede schien gesichert.

Eine neue Wegscheide bot der Attentatsplan des britischen Militärattachés Sir Noël Mason-Macfarlane zum 20. April 1939. Er wurde von *Whitehall* in London als *unsportsmanlike* verworfen, aber – so unterstelle ich einmal – gegen den ausdrücklichen Befehl des britischen Außenministeriums ausgeführt. Was wäre geschehen? Zu der mit olympischem Pomp zelebrierten Totenfeier des Führers wären die Staatsoberhäupter Europas angereist, selbst ein tiefempfundenes Beileidstelegramm aus dem Kreml hätte nicht gefehlt. Hitler wäre unter die großen Deutschen aufgenommen worden, seine Büste stünde in der Walhalla über der Donau. Die Untaten der ersten Jahre wären als »Kinderkrankheiten« dem Regime verziehen worden. Mit dem Hitlerkrieg wäre der Massenmord an den Juden unterblieben. Die Mehrzahl allerdings wäre aus Deutschland verdrängt worden, aber der Staat Israel wäre ohne den Holocaust nicht entstanden. Denn der wachsende Bedarf an Erdöl hätte eine araberfreundliche Haltung des Westens begünstigt und den Zionismus blockiert. Er hatte es ohnedies schwer mit den Briten. Wäre Hitler 1939 umgekommen, so hätte man ihm den wirtschaftlichen Aufstieg nach 1933 zugute gehalten, und Österreich wäre bei Deutschland verblieben. Nur das Diktat der Entente hatte ja die 1919 in Wien und Berlin einstimmig beschlossene Vereinigung der beiden Staaten untersagt. Sogar der selbstgewählte Staatsname »Deutsch-Österreich« wurde von Paris verboten. An ihn erinnern die Briefmarken der Zeit.

Wäre der Krieg durch eine Hitler ersetzende Militärregierung seiner Paladine vermieden worden, so hätte das dennoch dem NS-System keine lange Dauer beschert. Organisation, Propaganda und Polizei können ein substantielles Defizit an Humanität zwar unter dem Ausnahmezustand eines äußeren Krieges eine Weile kaschieren, aber auf die Länge nicht ersetzen. Entfällt der Druck oder der Rückhalt von außen, klärt sich die Lage im Inneren. Der vom Nationalsozialismus erträumte Neue Mensch war ein Hirngespinst. Die Idee stammt aus dem Epheserbrief des Apostels Paulus und wurde im 19. Jahrhundert unter darwinschen Vorzeichen säkularisiert und politisiert. Leo Trotzki träumte 1924 vom »Übermenschen« der sozialistischen Zukunft, einem »höheren gesellschaftlich-biologischen Typus über dem Niveau von Aristoteles, Goethe und Marx«. 1920 ist bei Harry Graf Kessler die Rede vom Neuen Menschen, den zu schaffen die »Hauptaufgabe« des Völkerbundes sei, und am 9. Dezember 1922 propagierte der Graf im Haag vor dem internationalen Frauenkongreß den »unerläßlichen Neuen Menschen als Träger eines Neuen Friedens«. Und noch 1983 erkannte Konrad Lorenz im Homo sapiens nicht die Krone der Evolution, sondern bloß eine biologische »Entwicklungsstufe auf dem Wege zum wahrhaft humanen Wesen«.

Weder mit Rassenpolitik, wie sie Lorenz 1940 als Professor in Königsberg empfahl, noch mit Erziehung läßt sich alles machen. Die Zahl der in den nationalpolitischen Eliteschulen systemkonform dressierbaren Jugendlichen hätte kaum ausgereicht, um die monolithische Geschlossenheit der Partei nachhaltig zu festigen und das Regime dauerhaft an der Macht zu halten. Es steht zu vermuten, daß über eine Bildung von Splittergruppen dann doch eine Opposition, ja ein Mehrparteiensystem, eine Demokratie wiedererstanden wäre, wenn auch vielleicht erst in den fünfziger oder sechziger Jahren. Militärstaaten hatten in Europa nirgends eine Zukunft. Sie sind aus inneren oder äußeren Gründen überall zusammengebrochen, denken wir an Spanien, Portugal, Griechenland und die Türkei sowie an die Staaten des ehemaligen Ostblocks. Deutschland hätte da keine Ausnahme gemacht und einer Demokratisierung von außen nicht bedurft. Der europäische oder europäisch geprägte Industriestaat wird vom Bürgertum getragen, das Mitsprache fordert und eine freiheitlich-demokratische Grundordnung voraussetzt. Das lehrt die innenpolitische Entwicklung der europäischen Staaten seit der Französischen Revolution.

## *Stalins Krieg?*

Ob der Verzicht auf einen Angriff deutscherseits aber die Grenzen der Weimarer Republik erhalten und zu einer dauerhaft friedlichen Koexistenz mit dem Sowjetimperium geführt hätte, ist fraglich. Hätte das durch den Tod Hitlers geschwächte Deutschland den Herrn im Kreml nicht ermutigt, seinerseits anzugreifen? Die politischen Ziele des Diktators sind nicht weniger klar als diejenigen Hitlers. Als Auftakt erstrebten beide Landgewinn, zunächst in Polen. Nachdem Hitler am 1. September 1939 dort einmarschiert war, tat Stalin sechzehn Tage später ein Gleiches. Das Land wurde gemäß dem Geheimabkommen vom 23. August geteilt. Mit dem unprovozierten Angriff auf Finnland und dann mit der Annexion von Ostpolen und dem Baltikum, der Besetzung Bessarabiens und der Bukowina hat Stalin seine anfängliche Beschränkung auf den »Sozialismus in einem Lande« aufgegeben und den von Trotzki ihm vorgeworfenen Verrat an der Weltrevolution widerlegt. Lenins Langzeitstrategie, die bereits einen Zweiten Weltkrieg mit dem Sieg des Sozialismus in ganz Europa vorsah, war keineswegs endgültig ausgemustert. Als England und Frankreich, die Schutzmächte Polens, Hitler am 3. September den Krieg erklärten, merkwürdigerweise Stalin dann aber gestatteten, seinen Teil Polens zu behalten, konnte dieser hoffen, daß sich die Großmächte des europäischen Kapitalismus gegenseitig zermürben und ihm als dem lachenden Dritten erlauben würden, Lenins Vermächtnis zu erfüllen. Entscheidend hierfür wäre der Besitz Deutschlands gewesen, der Schlüssel zur Weltrevolution.

Seit Beginn der dreißiger Jahre hatte Stalin in gigantischem Umfang aufgerüstet. Er rechnete fest mit einem Krieg gegen Deutschland, das er keineswegs vernichten, sondern dem Sozialismus nutzbar machen und als Rammbock gegen den Kapitalismus einsetzen wollte. Ob dies nach einem gelungenen Verteidigungskrieg hätte geschehen sollen – wie es dann ja wirklich kam – oder ob er selbst wenig später angegriffen hätte, bleibt offen. In seinen Äußerungen ist das Wort »Angriff« mehrfach gefallen. Als Mann der Tat – Hitler nannte ihn respektvoll einen »Tiger« – hätte er den Verteidigungsfall nicht abwarten, dem Feinde die Initiative nicht überlassen dürfen. Angenommen, Deutschland hätte nicht angegriffen, hätte Stalin dann frei nach Jesaja 2,4 die Schwerter in Pflugscharen verwandelt? Hitler jedenfalls war von Stalins Angriffsplan persönlich überzeugt und bemerkte am 18. Mai 1942 in der Wolfsschanze stolz, dem zuvorgekommen zu sein. Das klingt nach einem subjektiven Präventivkrieg. Freilich spricht nichts dafür, daß Hitler auf den Krieg verzichtet hätte, wenn er Stalins Offensive nicht fürchten mußte. Er wollte den Bolschewismus vernichten und Land gewinnen. Das spricht für einen objektiven Eroberungskrieg. Die Frage Entweder-Oder ist hier falsch gestellt.

Nun sind wir davon ausgegangen, daß Hitler am 20. April 1939 umgekommen wäre und sein Tod die Drohung Stalins verstärkt hätte. Da diese aber nicht den Deutschen allein, sondern dem Kapitalismus insgesamt gegolten hätte, bestand die Chance einer Solidarisierung mit dem Westen. Das war Stalins *cauchemar des coalitions*. Die deutsche Regierung hätte schon damals das tun müssen, was Adenauer zehn Jahre später getan hat. Wäre das ohnehin stets anglophile *Germany* nicht der ideale Festlandsdegen für London gewesen? Diese Chance hätte auch Hitler gehabt, wenn er nicht losgeschlagen hätte. 1938 in München war die Lage noch offen, 1940 beim Angriff Stalins auf Finnland brodelte die Stimmung in London gegen Rußland; nur die rasche Niederlage der Finnen verhinderte eine britische Hilfsexpedition, wie wir von Liddell Hart wissen. England 1940 im Krieg mit Stalin, bot das nicht die Chance einer Allianz mit Deutschland? 1944 war es, anders als Goebbels wähnte, für einen Zusammenschluß Deutschlands mit Angloamerika gegen die Bolschewisten zu spät. Aber ein seit 1939 hitlerloses Großdeutschland im Bunde mit den Westmächten, einen derart militärisch geeinten Kapitalismus hätte Genosse Dschugaschwili schwerlich attackiert. Die Lorbeeren aus dem Großen Vaterländischen Krieg wären ihm entgangen, der bereits damals begonnene Kalte Krieg hätte die Lebensdauer der Sowjetunion verkürzt, und Breslau, Danzig und Königsberg wären unzerstört und deutsch geblieben.

## *Andere Niederlagen*

Der Weg von 1939 nach 1945 scheint uns mehr oder weniger festgelegt durch die objektiven Gegebenheiten, das heißt die militärischen Kräfteverhältnisse, die eine Niederlage Deutschlands unausweichlich gemacht haben. Dennoch war die Art des Endes bestimmt durch eher variable subjektive Faktoren, das heißt die Charaktere der Entscheidungsträger. Letztere eröffnen in bestimmten Momenten Aussichten auf einen anderen Ausgang, eine andere Form der deutschen Niederlage, die entweder den Osten oder den Westen stärker begünstigt hätte, als es wirklich der Fall war, jedenfalls das schließlich erreichte Gleichgewicht der beiden Seiten deutlich verschoben hätte.

Die These vom möglichen Triumph Stalins vertrat der Halifax-Biograph Andrew Roberts 1991 und 2001. Er konstruierte einen Friedensschluß Londons mit Berlin nach dem Desaster von Dünkirchen Anfang Juni 1940, als Hitler das britische Expeditionskorps von 340 000 Mann in seine Gewalt bekommen konnte, das er dann aber über den Kanal entweichen ließ, wohl in der Hoffnung, mit England zum Ausgleich zu kommen. Aus seiner anglophilen Grundhaltung gegenüber der »germanischen Schwesternation« hat er ja keinen Hehl gemacht. Da er damit aber bei Churchill nicht auf Gegenliebe stieß, setzt Roberts den Fall, daß damals Lord Halifax als Nachfolger Chamberlains Premierminister gewesen wäre. Halifax hatte am 9. Mai 1940 zugunsten Churchills auf die Anwartschaft verzichtet.

Hätte Halifax damals mit Hitler Frieden geschlossen, wäre der Eintritt Amerikas in den Krieg entfallen und Hitler hätte den Rücken frei gehabt zum Angriff auf Rußland. Dort aber hätte ihn, so heißt es, letztlich das Schicksal Napoleons von 1812 ereilt. Der Vormarsch der Roten Armee hätte sodann, vielleicht später als 1945 geschehen, Berlin erreicht, wäre dort aber nicht stehengeblieben. Da Stalin keine Westalliierten gegenüberstanden, hätte er bis zum Atlantik durchstoßen und Mitteleuropa seinem Machtblock einverleiben können. Ausgeblendet wird hier die Tatsache, daß Stalins historischer Sieg über die deutsche Wehrmacht ganz wesentlich auf der Waffenhilfe durch die Westalliierten und auf Hitlers Zweifrontenkrieg beruhte, so daß in dem angenommenen Szenarium mehr für eine Art Wiederholung von Brest-Litowsk, einen Teilsieg Hitlers im Osten, spricht.

Die zweite, prowestliche Variante hat eine höhere Wahrscheinlichkeit für sich. Sie geht zurück auf Liddell Hart und wurde 2001 von Caleb Carr ausgeführt. Ausgangslage ist der Aufmarsch der Amerikaner nach der Landung im Sommer 1944 an der deutschen Westgrenze. Eisenhower als Oberkommandierender bremste damals das Vordringen, um den Nachschub zu optimieren und durch einen Angriff auf breiter Front allen Generalen Chancen für Lorbeeren einzuräumen. Das ermöglichte den Aufbau einer deutschen Gegenstellung mit den verlustreichen und zeitraubenden Kämpfen um Arnheim. Dagegen stellte Liddell Hart eine versäumte andere Strategie. Sie ergab sich aus dem raschen Vordringen von Generalmajor Wood, dem »Rommel der amerikanischen Streitkräfte«. Sein Erfolg sprach für einen gezielten Vorstoß mit gebündelten Kräften auf Berlin zu, um die deutschen Heeresverbände im Westen von Hitler abzuschneiden und zur Übergabe zu zwingen. Es war das Blitzkrieg-Konzept, mit dem General Guderian 1940 Frankreich bezwungen hatte. Auf diesem Wege hätte der Krieg im November 1944 beendet sein können. Die unsäglichen Verluste der letzten Kriegsmonate hätten sich erübrigt und der Stalin zugefallene Teil Deutschlands wäre erheblich kleiner ausgefallen, als 1945 auf der Konferenz in Jalta beschlossen.

## *Hitlers Kriegsziele*

Da für die Frage nach unverwirklichten Möglichkeiten vorrangig die bezeugten Pläne der Handelnden in Betracht kommen, geht es im Falle Hitlers um dessen nicht erreichte Kriegsziele. Der Historiker ist hier als Psychologe gefordert, denn Absichten und Motive fallen in den Bereich des Fremdseelischen, das aus Worten und Taten nicht eindeutig zu erschließen ist und oft genug auch gar nicht feststeht. Wünsche sind wandelbar. Was mit dem, was gesagt wurde, gemeint war, ist oft ebenso unklar wie das, was mit dem, was getan wurde, bezweckt werden sollte. Es kommt immer darauf an, was wir dem Betroffenen zutrauen, und unter dieser psychologischen Vorgabe interpretieren wir die Befunde.

Hitler hat sich über seine Kriegspläne mehrfach geäußert. Klar ist seine, in der Geschichte der Politik ja seit Urzeiten geläufige, expansive Absicht mit militärischen Mitteln. Sie steht im krassen Widerspruch zu seinen bis zum Überdruß wiederholten Friedensschwüren. Kein deutscher Staatsmann hat so dreist gelogen wie Hitler. Zwei Kriegsziele werden genauer angegeben: Gewinnung von Lebensraum im Osten und Bannung der bolschewistischen Gefahr. Wie und wie weit dies aber erreicht werden sollte, hing ab von der jeweiligen Lagebeurteilung, die sich immer wieder änderte.

Eine erste Frage lautete, mit welchen Kriegszielen sich ein militärisch erfolgreicher Hitler vorläufig begnügt hätte; und die zweite heißt, unter welchen Umständen bei den Gegnern mit einer Bereitschaft zum Frieden zu rechnen gewesen wäre. Unter welchen Bedingungen hätte Churchill auf seinen alten Plan verzichtet, Deutschland aus der Weltpolitik auszuschalten? Dafür hätte der große Bruder im Westen ausfallen müssen, etwa infolge eines Sieges Japans über die USA. Es hätte eines Verzichts Washingtons auf Waffenhilfe für England bedurft, auf die Sir Winston angewiesen war.

Nach der Besetzung der Tschechei wäre der bescheidenste Erfolg Hitlers die Behauptung des Korridors nach Danzig gewesen, den er am 24. Oktober 1938 gegen eine Grenzgarantie von Polen gefordert hatte. Doch dabei blieb es nicht. Weiter ging die erwünschte Wiedergewinnung der Grenzen von 1918. Für ein solches Ziel aber, so heißt es schon im Kampfbuch, würde sich ein Krieg nicht lohnen. Hitler wollte mehr als Wilhelm. Es folgte die Einnahme Westpolens gemäß dem Teilungsabkommen mit Stalin. Diese vierte Teilung Polens hatte General Brussilow schon vor 1920 ins Auge gefaßt, als er den polnischen Angriff auf Rußland (der kam) und die Niederlage der Polen (die ausblieb) erwartete. Der General plädierte für ein deutsch-russisches Bündnis zur Revision von Versailles. Hitler ging ein solches ein, meinte es aber nicht ernst. Für seinen Krieg gegen Rußland hätte er keine besseren Bundesgenossen haben können als die Polen. Doch er behandelte das Land als Beute, denn er träumte von »Lebensraum« für 100 Millionen Deutsche im Osten, von einem Befehlsraum bis zur deutsch-persischen Grenze im Kaukasus. Hätte Stalin die Ukraine angeboten, vielleicht für die Rückgabe von Moskau oder Leningrad, deren Eroberung ja einmal kurz bevorstand? Dann hätte Hitler den Bolschewismus als totalitäres System in Restrußland wohl akzeptiert und mit Stalin Freundschaft geschlossen. Er sah ganz richtig, daß Nationalsozialismus und Bolschewismus ideologisch und organisatorisch mehr miteinander gemein hatten als einer von ihnen mit den liberalkapitalistischen Demokratien des Westens.

Im Ersten Weltkrieg war es um die Seegeltung gegen England gegangen, im Zweiten ging es um Landgewinn von Rußland. Ein den Krieg lohnender Erfolg wäre in Hitlers Augen Neuland im Osten gewesen, aber ein Frieden auf dieser Basis hätte außer dem Verzicht Rußlands ein Einlenken der Westalliierten erfordert. Doch war das zu erwarten? Nicht nur Sir Winston wußte: Frieden hieß bei Hitler Waffenstillstand. Je größer Hitlers Macht im Osten geworden wäre, desto größer hinwiederum die Furcht vor ihm im Westen, und sie hätte – wie Hitler selbst vermutete – die Akzeptanz eines Großdeutschen Reiches verhindert. Um sie zu erzwingen, hätte Hitler ein Monopol auf Atomwaffen haben müssen. Das aber konnte nicht einmal das *Federal Bureau of Investigation* für die USA bewahren.

Hitlers Nachkriegspläne für den erstrebten Lebensraum im Osten bezeichnete Franz Halder, Chef des Generalstabs, in seinem Kriegstagebuch – noch zu milde – als »Teufelswerk«. Deutsche Städte sollten entstehen, verbunden mit Autobahnen von elf Metern Breite und Eisenbahnen mit einer Spurweite von vier Metern. Die slawischen Landarbeiter in den Dörfern sollten zwangsweise geistig auf niederstem Niveau gehalten werden, nur eine beschränkte Gesundheitsfürsorge genießen und wie mittelalterliche Hörige leben. Von einer russischen Intelligenz ist nicht mehr die Rede – man ahnt warum.

Der Umgang mit den deutschen Siedlern sollte kaum weniger rigoros ausfallen. Millionen von Kleinbauernfamilien seien »in kürzester Zeit nach dem Osten umzusiedeln«. Die Krim wollte Hitler mit Südtirolern bevölkern, um Mussolini zu erfreuen. Skeptikern gegenüber solchen Plänen begegnete der Führer mit dem Hinweis auf die gelungene Expansion der Angelsachsen in Nordamerika und die anhaltende Herrschaft der Engländer in Indien, die er sonst für hinfällig erachtete. Himmlers Vorschlag, nach dem Vorbild assyrischer Völkerverschleppung oder osmanischer Knabenlese systematisch arische Franzosen aufzugreifen und im »Ostland« als Wehrbauern einzudeutschen, schien Hitler unsicher; er zweifelte nicht ohne Grund, ob sie dabei zu guten Nationalsozialisten würden.

Angesichts der Brutalität dieses menschenverachtenden Programms erübrigt es sich, einen Gedanken auf dessen Durchsetzbarkeit zu verschwenden. Überboten wurde es noch durch den »Generalplan Ost« des höllischen Himmler, der sogar die Verfügung über Sibirien als Ort der Verbannung für rassisch Minderwertige voraussetzt. Hier kann man nur mit Polonius sagen: *Though this be madness, yet there is method in it.* Schon ökonomisch war Hitlers romantische Vorliebe für das Bauerntum nostalgisch, denn längst hatte die Industrietechnik die Landwirtschaft weit überflügelt. In seinem Kampfbuch hatte er die Alternative formuliert: Wenn Deutschland auf seine Technik setze, müsse es die Konkurrenz Englands fürchten und sich mit dem Agrarland Rußland gutstellen. So es aber seine Zukunft in der Landwirtschaft sehe, müsse es sich mit England vertragen und Fruchtland im Osten erwerben. Dafür entschied er sich. Im Osten griff er an, im Westen wurde er angegriffen.

Nachdem der Krieg ausgebrochen war, hatte Hitler keine Chance mehr, mit den Gegnern Frieden zu schließen – nicht einmal, beziehungsweise erst recht nicht auf dem Höhepunkt des militärischen Erfolgs im Spätsommer 1942. Schon Rudolf Heß als Friedensengel im Mai 1941 landete im Tower. Daher beschränken sich alle Überlegungen zu den vermutlichen Folgen eines erträumten deutschen Sieges auf das von Hitler Erhoffte und das von seinen Feinden Befürchtete. Nahziel des Führers war neben dem Lebensraum im Osten eine Hegemonie über das kontinentale Europa. Das entsprach der Großraumtheorie seines Kronjuristen und Staatsrechtlers Carl Schmitt. Dieser interpretierte 1939 die Führerrede vom 28. April jenes Jahres, in der Hitler Roosevelt angesprochen und ihm die Monroe-Doktrin von 1823 zugestanden hatte. Amerika den Amerikanern, das heißt denen der Vereinigten Staaten! »Genau die gleiche Doktrin vertreten wir Deutsche nun für Europa, auf alle Fälle aber für den Bereich und die Belange des Großdeutschen Reiches.« Schmitt aber zeigte nun, daß die Monroe-Doktrin längst einer »überstaatlichen und übervölkischen Weltideologie« gewichen sei, indem Washington im Interesse des Weltmarkts und des Kapitals einen »Welt-Einmischungsanspruch« erhebe und sich die »Rolle eines Weltenrichters« anmaße. Das war ja nicht ganz falsch. Schmitt mißtraute jedem Universalismus: »Wer Menschheit sagt, will betrügen.« Gegen den liberalkapitalistischen Imperialismus mit seinem Expansionsdrang stellte er den Großraumgedanken als »ordnendes Rechtsprinzip« in festen Grenzen, eine so viel bescheidenere Maxime, gemäß deren die Japaner für »Asien den Asiaten« kämpften. Hier gehe es laut Schmitt nicht um schnöden Gewinn, sondern um »politisches und wirtschaftliches Lebensrecht und Lebensraum«, um »natürliches Wachstum lebendiger Völker«.

## *Der Siegfrieden*

Umfassende Spekulationen knüpfen sich an die Frage, welche Folgen ein Sieg Hitlers im Zweiten Weltkrieg gehabt hätte. Sie sind aus äußeren und inneren Gründen schwer plausibel zu konstruieren. Die äußeren Schwierigkeiten liegen in den vagen Anhaltspunkten, die inneren in dem unverminderten Entsetzen, das die Erinnerung an Hitlers Gewaltpolitik auslöst. Es hat sich niedergeschlagen in mehreren Science-fiction-Romanen, Schreckensbildern und Horrorvisionen von einer Weltherrschaft Hitlers, die das Wort Hugenbergs bestätigen: »Der tote Hitler ist stärker als der lebende.« All diese grauenvollen Szenarien haben gewiß ein *fundamentum in re*. Sie rechtfertigen die gegen die Macht Hitlers eingesetzten Kriegsmittel, insbesondere den Bombenkrieg, beruhen aber auf einer Voraussetzung, die alle Wahrscheinlichkeit gegen sich hat: einem *unconditional surrender* der Alliierten, sozusagen die spiegelbildliche Umkehr des 8. Mai 1945. Ein totaler Sieg Hitlers und eine Nazifizierung Westeuropas lag zu keinem Zeitpunkt im Rahmen des Wahrscheinlichen, darum dienen die darauf aufgebauten braunen Phantasmagorien eher einem Sensationsbedürfnis der Leser als der Einsicht in mögliche Geschichte.

Nehmen wir trotzdem einmal an, Hitler hätte die Hegemonie über Europa erreicht, so wäre sie ebenso wie die Herrschaft Napoleons kein zukunftfähiges Ergebnis gewesen. Hitlers Reich war aus einer vorgegebenen Krise entstanden und ist in seiner selbstgeschaffenen Krise untergegangen. Es hätte irgendwann doch eine Art 1945 gegeben. Denn abgesehen von dem zu erwartenden inneren Widerstand in Europa hätte die endgültige Auseinandersetzung mit den Vereinigten Staaten gedroht. Dieses unausweichliche Duell, so meinte Hitler selbst noch drei Monate vor seiner Kriegserklärung an die USA, werde erst nach seinem Tode ausgefochten, und zwar, wie er hoffte, Seite an Seite mit England. Noch ahnte Hitler nichts von Kernwaffen. Hätte seine Wehrmacht ein Vierteljahr länger durchgehalten, so wären München, Frankfurt und Berlin verglüht. Die Atombombe, von Einstein am 2. August 1939 dem Präsidenten Roosevelt empfohlen, von Oppenheimer am 16. Juli 1945 in New Mexico gezündet, war ursprünglich für Deutschland bestimmt.

Die Kontrolle Ostasiens und des Pazifiks hätte ein siegreicher Hitler den Japanern als den »Preußen des Ostens« überlassen. Sie wären dann der allerletzte Gegner gewesen – doch wiederum bis auf weiteres. Denn den Glauben einiger Anhänger an den Frieden eines »Tausendjährigen Reiches« und ein damit erreichtes Ende der Geschichte lehnte Hitler emphatisch ab. Marx hatte in der Weltrevolution einen Endkampf, eine Art Harmagedon, gesehen, wodurch mit dem Ende des Klassenkampfes und der Ausbeutung der Krieg überwunden wäre. Hitler hingegen glaubte mit Darwin an das ewige Naturgesetz vom Kampf ums Dasein. Er werde nur durch Zwischenkriegszeiten unterbrochen, terminiert durch die Erschöpfung vom vergangenen Krieg und durch die Rüstung für den kommenden. »Das Recht auf den Boden steht nach ewigem Naturgesetz dem zu, der ihn erringt«, so der Führer am 28. Januar 1941. Die Erde sei ein »Wanderpokal« und habe das Bestreben, immer in die Hand des Stärksten zu kommen, so sagte Hitler am 8. Mai 1942. Ein prophetisches Wort! Genau drei Jahre später war es soweit.

Lassen wir den mißglückten Irrweg nach Osten beiseite und fragen nach der einstmals möglichen Zukunft Deutschlands unter dem Hakenkreuz. Die überwiegende Mehrzahl der Deutschen hat sie erwartet. Wie aber hätte die deutsche Öffentlichkeit nach einem Siegfrieden auf das Bekanntwerden des Völkermords in den Konzentrationslagern reagiert? Deren fast perfekte Geheimhaltung war nur durch den Vollzug fern im Osten außerhalb des Reichsgebietes, nur unter kriegsbedingter Nachrichtensperre möglich. Nicht einmal in der Wolfsschanze bei Hitlers Tischgesprächen mit seinen engsten Mitarbeitern kam das offen zur Sprache. Auch unter ihnen gab es Angehörige des »sogenannten Bürgertums«, das über jeden nach Osten abgeschobenen Juden »lamentiere« und ihm »Krokodilstränen« nachweine, so Hitler. Er blieb bei der Rede von einem künftigen Judenstaat auf Madagaskar.

Ein solches Projekt hatte kaum mehr Realitätsgehalt als ältere Vorschläge für eine Umsiedlung der Juden nach Uganda, Cypern oder Argentinien, die von Theodor Herzl, dem Vater des Zionismus, propagiert worden waren. Nicht aussichtslos hingegen war Herzls Bitte, die er 1898 Kaiser Wilhelm II in Konstantinopel vortrug, den Judenstaat in Palästina unter deutschem Protektorat mit deutscher Staatssprache einzurichten. Es kam zu einer zweiten Begegnung vor den Mauern Jerusalems. Wilhelm zeigte sich nicht abgeneigt, beugte sich dann aber dem Einspruch von Abdul Hamid, dem Sultan. Der Kaiser hätte die Macht gehabt, Herzls Idee gegenüber dem »kranken Mann am Bosporus« durchzusetzen. Was hätte er damit verhindert!

An der Frage, wie die Deutschen nach einem Sieg die Kenntnis des Massenmords an den Juden aufgenommen hätten, scheiden sich die Geister. Manche meinen, man hätte den Schuldigen alles verziehen und wäre achselzuckend zur Tagesordnung übergegangen. Ich aber glaube, wir hätten ähnlich reagiert, wie wir nach der Niederlage des Regimes auf die Schauernachrichten tatsächlich reagiert haben, und hätte mit Carl Friedrich Goerdeler einen »Aufschrei der Empörung« erwartet; zwar keinen »Volksaufstand« wie jener, wohl aber eine Spaltung im Volk und in der Partei in Jasager und Neinsager. Es ist mir schlicht unvorstellbar, daß ein Wissen um diese beispiellos verbrecherische Schandtat ohne politische Folgen für die Verantwortlichen geblieben wäre. Die

Zahl der für solche Schergendienste verfügbaren Bürger war doch gewiß begrenzt und der Umfang der zu erwartenden Akzeptanz erst recht. Das Entsetzen, die Scham und die Reue der Deutschen über dieses Geschehen sind kein alliiertes Implantat, sondern die unausweichliche Reaktion aller Rechtschaffenen und das moralische Fundament der Bundesrepublik.

*Glück und Frieden sei beschieden*
*Deutschland, unserm Vaterland!*
J. R. Becher

# 16. Deutschland steht auf dem Spiel

»Vor fünfzig Jahren erlebte Europa das Ende des Dreißigjährigen Krieges von 1914 bis 1945«, erklärte der britische Premierminister John Major am 8. Mai 1995 in Berlin. So kann man das sehen, denn der 1914 ausgebrochene Konflikt wurde in den Jahren 1919 bis 1939 nur ausgesetzt, er schwelte unter der Decke weiter. Die 1945 zu beklagenden Verheerungen waren kaum geringer als 1648, aber größer war nach dem Ende des Mordens der Einfluß auswärtiger Mächte auf die innerdeutschen Angelegenheiten. Eine Neuordnung stand an. Auf mehreren Konferenzen – Casablanca und Teheran 1943, Jalta und Potsdam 1945 – entwickelten die siegesbewußten Alliierten Konzepte für die Nachkriegszeit. Am gravierendsten war die von Stalin mit Churchill und Roosevelt vereinbarte Vertreibung der Deutschen aus den Gebieten östlich von Oder und Neiße und die Fixierung dieser neuen Grenze gegen Polen. 14 Millionen Deutsche aus Schlesien, Pommern, Danzig und Ostpreußen verloren ihre Heimat im Land ihrer Vorfahren. Das deutsche Staatsgebiet schrumpfte um ein Viertel gegenüber 1937.

## *Alliierte Nachkriegspläne 1945*

Schon seit den ersten Kriegsjahren ventilierten die Alliierten unterschiedliche Nachkriegspläne bezüglich der näheren und ferneren Zukunft Deutschlands. Ein breites Spektrum an Möglichkeiten tat sich auf. Die leitende Absicht war, Deutschland als Militärmacht und Gefahr für seine Nachbarn endgültig auszuschalten. Gegen Kriegsende wurden drastische Maßnahmen erwogen. Churchill und Eisenhower waren für kurzen Prozeß. Sie wollten jeden Nazi ab Majorsrang erschießen lassen, viele Tausende von wirklichen oder angeblichen Kriegsverbrechern sollten sterben. Roosevelt plädierte mehrmals für eine Massenkastration der Deutschen. Das Nürnberger Tribunal war nicht von Anfang an vorgesehen, doch hatten die Vertreter der neun Exilregierungen in London schon 1943 ein Gerichtsverfahren gegen die *War Crimes* verlangt.

Sehr weit im Sinne eines harten Friedens ging der Morgenthau-Plan. Der Autor Henry Morgenthau, Finanzexperte und Großagrarier, war auf seiner *apple farm* in *Dutchess County N. Y.* Nachbar und Freund von Roosevelt, wurde 1934 Finanzminister und gilt als Philanthrop und Gründer der Weltbank. Sein Vorschlag auf der Konferenz von Quebec im September 1944 lautete, Deutschland, von wo sein Vater 1865 ausgewandert war, zu entmilitarisieren und zu verkleinern, im Osten wie dann geschehen, im Westen durch Abtretung des Saargebiets an Frankreich und Ostfrieslands bis zur Weser an die Niederlande. Deutschland sei sodann aufzulösen in einen protestantischen Nord- und einen katholischen Südstaat. Die Bevölkerung könne von der Landwirtschaft leben, da die Städte ohnedies in Trümmern lagen. Das Ruhrgebiet sollte internationalisiert werden, die Fabriken, Versorgungs- und Industrieanlagen anderenorts seien abzubauen. Kein Deutscher sollte ein Flugzeug führen dürfen. Das Memorandum wurde am 15. September 1944 von Roosevelt und Churchill unterzeichnet. Es wurde in Deutschland bekannt und bot der Kriegspropaganda von Goebbels ein Argument, die letzten Reserven zu mobilisieren, damit Deutschland nicht »in die Steinzeit zurückversetzt werde«. Diese Befürchtung war übertrieben, denn eisernes Werkzeug sollte statthaft bleiben, zum Beispiel Hammer und Sichel.

Gegen den Morgenthau-Plan wandte sich neben anderen Harry S. Truman, seit 12. April 1945 Nachfolger Roosevelts. Das Projekt wurde aus guten Gründen nicht weiterverfolgt. Bismarck definierte die Aufgabe der Politik einmal als die »möglichst richtige Voraussicht dessen, was andere Leute unter gegebenen Umständen tun würden«. Wäre der Morgenthau-Plan angelaufen, so hätte es einen Massenexodus gegeben. Die deutsche Intelligenz hätte nach allen Himmelsrichtungen aus dem Lande gestrebt, viele hätten Zuflucht bei Stalin gesucht. Denn mit seiner Zustimmung zur Vernichtung der deutschen Industrienation war nicht zu rechnen. Er brauchte sie als Wellenbrecher gegen den westlichen Kapitalismus. Ganz anders Churchill. Er hatte den Krieg nicht gegen die Nazis, sondern wie schon 1914 gegen die Deutschen geführt; den Männern vom 20. Juli hatte er die kalte Schulter gezeigt. Stalin hingegen kämpfte nicht gegen das Volk von Marx und Engels, sondern gegen das faschistische Regime. Daher gab es in Moskau das prosowjetische Nationalkomitee Freies Deutschland mit Ulbricht, Pieck und dem General Paulus, eine Art Exilregierung. Im Westen fehlte ein Pendant. Warum wohl?

Ernsthaft diskutiert wurde schon früh ein *dismemberment of Germany*. Das *Foreign Office* in London sah eine Zerstückelung in 16 Staaten vor, die eine *German Confederation* bilden könnten. Diese Einheiten wurden dann auf fünf reduziert: Süddeutschland um München, Rheinland-Westfalen um Köln, Niedersachsen um Hamburg, Obersachsen um Leipzig sowie Preußen um Berlin, bestehend aus Brandenburg, Mecklenburg, Pommern und Schlesien. In einer weiteren Vorlage der Briten aus dem Frühjahr 1943 gab es nur noch drei Gebiete: Süddeutschland, Westdeutschland und Ostdeutschland. Dieses Konzept ging über in die Sektoreneinteilung der Besatzungsmächte, aus denen sich die Zweiteilung Deutschlands entwickelte. Der senkrechten Nord-Süd-Grenze prophezeite Churchill keinen Bestand. Seine Lieblingsidee war die von Morgenthau: eine waagerechte Ost-West-Grenze entlang der Mainlinie, ein Rückgriff auf die Zeit vor 1866 mit zwei selbständigen Staaten, denen er Dauer verhieß. So gab es für ein Nachkriegsdeutschland mehrere Möglichkeiten, ehe sich die Verhältnisse 1949 so konsolidierten, wie sie dann vierzig Jahre Bestand hatten.

Die deutsche Sicht auf die künftige Nachkriegszeit war geprägt von Befürchtungen, die sich nicht bestätigten, und von Hoffnungen, die sich nicht erfüllten. Mit der Blockade Berlins 1948/49 versuchte Stalin einerseits (erfolglos), die von Bürgermeister Ernst Reuter geforderte und erreichte Anbindung der Stadt an das Währungsgebiet der Deutschen Mark zu verhindern, und andererseits (erfolgreich) abzulenken von seinen Atombombenversuchen, die dann den Dualismus mit den USA begründeten. Die Entscheidung Trumans für die Versorgung der Stadt über eine Luftbrücke wollte das Risiko des von General Clay vorgesehenen gewaltsamen Durchbruchs auf dem Landweg vermeiden, stand aber unter dem Wagnis, daß der erste Rosinenbomber abgeschossen würde. Das hätte dann einen Gegenschlag des Pentagons zur Folge haben können, der den kalten Krieg in einen heißen verwandelt hätte.

## *Kanzler und Hauptstadt*

Nach Beilegung der Berlin-Krise zeigt die Geschichte der beiden deutschen Staaten im Rückblick eine gewisse Folgerichtigkeit in den dominanten Tendenzen. Für die Bundesrepublik sind dies die gelungene Integration der Ostflüchtlinge, das damit zusammenhängende Wirtschaftswunder und die immer festere Einbindung in die ökonomischen, militärischen und politischen Systeme des Westens. Umgekehrt wurde die Deutsche Demokratische Republik stärker und stärker in den Ostblock einbezogen, während der Wohlstand dort nur langsam wuchs, zumal Hunderttausende in den Westen gingen. Die innerdeutsche Grenze wurde dann aber dichter, die überwiegende Mehrheit der Bevölkerung zweifelte an ihrer Überwindbarkeit und an der doch so ersehnten Wiedervereinigung.

Ein durchaus anderes Bild entsteht, wenn wir einzelne Etappen auf diesem Weg näher in Augenschein nehmen, an denen sich Möglichkeiten zu einem vom späteren Verlauf abweichenden Gang der Dinge anboten. Dieser verliert damit den Charakter der

Selbstverständlichkeit, mit der er im Nachhinein betrachtet zu werden pflegt. Weitreichende Folgen hatte Ende 1949 die Wahl des Bundeskanzlers und die des Regierungssitzes. Am 15. September wählte der Bundestag den 73jährigen Konrad Adenauer zum Kanzler. Die im ersten Wahlgang erforderliche absolute Mehrheit für ihn hing an einer einzigen Stimme, seiner eigenen.

Mit der Wahl Adenauers war eine außenpolitische Grundsatzentscheidung gefallen: die Anlehnung der Bundesrepublik an Frankreich, England und die Vereinigten Staaten, die ja als Besatzungsmächte ohnehin kaum politischen Spielraum gestatteten. Die Parole hieß: Westbindung vor Wiedervereinigung. Als Sitz der Bundesregierung kam Berlin einstweilen nicht in Betracht. Ein Trostpflaster war der Artikel 23 des Grundgesetzes, der dieses auch für »Groß-Berlin« gültig erklärte, sodann die symbolische Anerkennung als deutsche Hauptstadt durch Beschluß des ersten Bundestags und die Vergabe der Postleitzahl Eins an die Stadt. Bei der Wahl des als provisorisch deklarierten Regierungssitzes entschied sich der neue Bundestag am 3. November 1949 mit 200 gegen 176 Stimmen für Bonn anstelle von Frankfurt.

Die alte Reichs- und Messestadt am Main, wo sich 794 unter Karl dem Großen die Kirchenfürsten Westeuropas über die Bilderfrage geeinigt hatten, wo nach der Goldenen Bulle 18 römisch-deutsche Kaiser gewählt, zehn gekrönt worden waren, wo 1815 der Bundestag, 1848 die Nationalversammlung tagte, dieses Frankfurt war Sitz des amerikanisch-britischen Zweimächtekontrollrats, der höchsten alliierten Behörde im Westen, und wäre historisch, wirtschaftlich und verkehrstechnisch für den Sitz der deutschen Regierung prädestiniert gewesen. Ihr protestantisch-sozialdemokratischer Charakter aber mißfiel Adenauer. Er erreichte eine Mehrheit für Bonn, die Lieblingsresidenz der in Köln nicht sonderlich beliebten Erzbischöfe, und gewann die Wahl durch eine manipulierte Agenturmeldung und »Handsalben« in Höhe von zwei Millionen Mark, nachdem ein Teil der CDU-Abgeordneten zuvor mit Frankfurt sympathisiert hatte. Auch die Amerikaner waren überzeugt, daß Frankfurt Regierungssitz würde, und bestimmten daher Wiesbaden zur Hauptstadt von Hessen. Dabei blieb es.

Adenauers Argument gegen die Wahl Frankfurts, daß damit die künftige Rückkehr nach Berlin gefährdet sei, war gewiß nicht sein Motiv, aber sachlich zutreffend. So sah das auch Ernst Reuter, der für Kassel als Regierungssitz eintrat, weil die Stadt der Zonengrenze näher lag. Kassel aber war zerstört. Wäre Frankfurt Regierungssitz geworden, so wäre es bis heute Hauptstadt geblieben – gegen die pulsierende Rhein-Main-Metropole hätte Berlin fern im Osten bei der Abstimmung des Bundestags vom 20. Juni 1991 keine Chance gehabt. Das Ergebnis war ohnedies knapp: 338 Stimmen für Berlin gegen 320 für das liebliche Städtchen am Rhein. Es gehört zur Ironie der Geschichte, wenn es Adenauer, der ein unterkühltes Verhältnis zu Berlin hatte, zu danken ist, daß die Regierung an die Spree zurückkehrte.

## *Die Stalin-Note von 1952*

Bei einem anderen Ausgang der Kanzlerwahl hätte Adenauers Gegner Kurt Schumacher mit der SPD einen anderen Kurs eingeschlagen: Er hätte die Einbindung in den Westen zugunsten einer gesamtdeutschen Politik hintangestellt. Hier eröffnet sich der Ausblick in eine politische Richtung, die wenig erfolgversprechend war und schließlich auch gescheitert ist, aber von großer Hoffnung getragen wurde: den Nationalneutralismus. Seit der Herausbildung der weltpolitischen Bipolarität zwischen Amerika und Rußland gibt es die geopolitische Idee einer notwendigen Mittelmacht. Schon Wilhelm II vertrat sie 1901 gegenüber dem britischen Kriegsminister Lord Midleton. Der Kaiser erklärte, daß nur ein starkes Deutschland die Aufteilung der Welt zwischen Amerika und Rußland verhindern könne. Gefragt, ob das denn in den nächsten zwanzig Jahren zu befürchten sei, meinte er: vielleicht nicht, wohl aber in fünfzig. Max Weber griff den Gedanken 1916 in seiner Kriegsrede auf.

Mit der Hinterfütterung der machtpolitischen West-Ost-Spannung durch den ideologischen Gegensatz zwischen Liberalismus und Kommunismus, ökonomisch zwischen Markt- und Planwirtschaft zeigte sich in Deutschland die wiederholt aufflakkernde innenpolitisch ausgerichtete Idee von einem dritten Weg zwischen West und Ost. Er verband sich in der Zeit des Kalten Krieges mit der Vorstellung einer blockfreien Mitte zwischen den Großmächten. Keine der politischen Parteien hat diese Linie konsequent verfolgt, doch gab es breite Sympathie für die Grundidee in der Öffentlichkeit und prominente Anhänger nicht nur in der SPD, so bei Schumacher und Heinemann, in der FDP bei Dehler und Augstein, sondern sogar in der CDU bei einem Kopf wie Jakob Kaiser mit seiner Metapher von Deutschland als Brücke zwischen den Blöcken sowie schließlich bei Männern der Kirche wie Martin Niemöller und Heinrich Albertz. Abgesehen von dem Basiskonsens gingen die Anschauungen freilich weit auseinander, sie betrafen die Fragen der Ostgrenze, der Bewaffnung, der gesellschaftlichen und wirtschaftlichen Binnenstruktur. Konjunktur hatten die Neutralisten in den fünfziger und nochmals in den achtziger Jahren; sie meldeten sich zuletzt, als der Niedergang der DDR eine Wiedervereinigung in Aussicht stellte und an der Klippe der NATO-Zugehörigkeit zu scheitern drohte. Das fürchteten vor allem die Grünen.

Höhepunkt der Auseinandersetzung um die Frage der Neutralität aber war die Stalin-Note vom 10. März 1952. Nach diversen Überlegungen der Siegermächte über die Zukunft des deutschen Provisoriums, das doch nur ein Friedensvertrag abschließen konnte, überraschte Moskau den Westen mit einer konkreten Offerte. Stalin schlug die Einberufung einer Viermächtekonferenz vor, die über die Wiedervereinigung eines neutralen Deutschland verhandeln sollte. Dazu bot er ein Konzept an. Zwischen den Kriegsteilnehmern und einer gesamtdeutschen Regierung sollte ein Friedensvertrag ausgearbeitet und in Kraft gesetzt werden. Die 1945 in Potsdam als vorläufig bezeichnete Ostgrenze sei festzuschreiben. Alle fremden Streitkräfte sollten abgezogen werden. Ein Mehrparteiensystem, Handels-, Presse- und Versammlungsfreiheit seien gewährleistet. Die Entnazifizierung werde beendet.

Deutschland dürfe kein Bündnis eingehen, das sich gegen eine der Siegermächte richtet. Eine Wiederbewaffnung zur Verteidigung sei statthaft. In der zweiten Note vom 9. April konzedierte Stalin sogar freie Wahlen.

Stalins Angebot weckte in Deutschland große Hoffnungen. Es fand verbreitete Zustimmung, zumal bei der SPD. In diesem Sinne empfahl auch Ernst Reuter, auf das Angebot behutsam einzugehen. Anders dachte der frankophile Adenauer, der 1923 die Lostrennung des Rheinlands von Preußen betrieben hatte. Berlin wäre nach Stalins Plan 1952 wieder Hauptstadt geworden. Bei den avisierten gesamtdeutschen Wahlen war mit einem Sieg der Sozialdemokraten zu rechnen, und überhaupt schien dem Kanzler wohl ein Zuwachs an Preußen und Protestanten unsympathisch. Gleichwohl verleugnete Adenauer das Ziel einer Wiedervereinigung nicht geradewegs, verstand sich dazu aber erst nach erfolgter Westbindung der Bundesrepublik und einer Umwälzung in Osteuropa. Damit war er seiner Zeit allzu weit voraus. Zunächst wollte Adenauer verhindern, daß seine Politik in Gefahr geriet, was Stalin in aller Offenheit bezweckte. Denn der Vertrag über die Europäische Verteidigungsgemeinschaft stand unmittelbar vor dem Abschluß. Er wurde dann jedoch nicht durch Moskau, sondern – eine Ironie der Geschichte – durch Paris torpediert. Erst drei Jahre später erfolgte der Beitritt der Bundesrepublik zur NATO.

Adressat der Stalin-Note war nicht Adenauer. Seine Meinung fiel nicht wesentlich ins Gewicht. Gefragt waren die Westmächte. Washington war zunächst uneins. Es gab Fürsprecher, die völlig richtig eine antikommunistische Tendenz Gesamtdeutschlands voraussahen und im offensiven Sinn eines George F. Kennan Signalwirkung auf die osteuropäischen Satellitenstaaten erhofften. Eine wirtschaftliche Anbindung an den Westen war ja nicht ausgeschlossen. Freilich setzte diese Haltung eine friedliche Absicht der Russen voraus. Denn für Stalin hätte sich die strategische Position verbessert, da seine Divisionen dann an der Oder standen, während die Franzosen den amerikanischen Bombern kaum ein dauerhaftes Gastrecht eingeräumt hätten. Aber konnte eine Eroberung Deutschlands Stalins Absicht gewesen sein? Immerhin gab es Mutmaßungen, daß der Angriff der Nordkoreaner 1950 auf den Süden von Moskau ferngesteuert sei – was sich inzwischen bestätigt hat. War ähnliches nicht für Deutschland zu befürchten?

Um diese Frage, um den Hintergedanken Stalins bei der Aktion drehte sich die ganze Diskussion. Dabei setzte sich schließlich bei Truman das Mißtrauen gegen die friedliche Absicht des Diktators und eine Ablehnung seines Vorschlags durch. Gestützt wurde sie durch Bedenken in London und die Angst in Paris vor einem vereinten Deutschland. Washington sah sich im Kalten Krieg. Die amerikanischen Divisionen in Westdeutschland waren die Speerspitze gegen einen eventuellen Angriff aus dem Osten – das Bollwerk Westdeutschland durfte man nicht aufgeben! Und die CDU war stolz auf den angeblich unentbehrlichen atomaren Schutzschild des Pentagons, unter dem die Bundesrepublik aufblühte. Als die Sowjets sich dann 1955 unter friedlichen Vorgaben aus Österreich zurückzogen, stellte sich die Frage erneut.

Eine Verhandlung über die Stalin-Note wurde von Washington keineswegs offen abgelehnt, aber auf Druck von Paris, London und Bonn bewußt an Bedingungen gebunden, die für Stalin unannehmbar waren, nämlich an die vorab eingeräumten Möglichkeiten einer Revision der Oder-Neiße-Grenze und eines Beitritts Gesamtdeutschlands zur NATO. Damit war die Chance verspielt, festzustellen, ob Stalins Angebot gutwillig war. Wäre die von ihm entworfene Lösung zustande gekommen, so hätte sich der wirtschaftliche Aufschwung Westdeutschlands verzögert, aber es hätte sich auch das unendliche Leid erübrigt, das in den Folgejahren das SED-Regime verschuldet und die fortdauernde Teilung Deutschlands mit sich gebracht hat. Das, was schließlich 1990 mühsam errungen wurde, wäre bereits 1952 erreicht gewesen. Um diese schmerzhafte Konsequenz einer versäumten Gelegenheit zu vermeiden, empfahl sich der Ausweg, zu bestreiten, daß eine solche Gelegenheit tatsächlich bestand, und die Stalin-Note für bloßes Störfeuer, für Bluff zu erklären. Da der Westen sich aber weigerte, dies durch Verhandlung aller Welt vor Augen zu führen, so kann das nur aus der Besorgnis erklärt werden, daß Stalin es am Ende doch ernst meinte. Aber man wollte das von Moskau vorgesehene Resultat nicht. Daher erübrigte sich der Test, ob Stalin wirklich bereit gewesen wäre, die DDR aufzugeben.

Die neuere Aktenlage zeigt, daß Stalins Vorstoß nur ein propagandistisches Manöver war. In engster Tuchfühlung mit Ulbricht ging es darum, die immer stärkere Bindung der DDR an den Kreml dadurch zu rechtfertigen, daß man dem Westen einen Vorschlag zur Wiedervereinigung unterbreitete, von dem Stalin völlig klar war, daß er abgelehnt werden würde. Damit sollte die Schuld an der Spaltung auf die Westmächte geschoben werden. Diese haben mit ihrer Absage den Wunsch Stalins erfüllt. Der Westen hat Stalin nicht durchschaut, sonst hätte man nicht versäumt, ihn zu entlarven. Das wäre möglich und zu wünschen gewesen. Denn bei den Durchführungsverhandlungen des Projekts wäre die Unlauterkeit des Diktators zutage getreten und hätte dem Gerücht einer verschenkten Chance das Ende bereitet.

Nachdem der Wiedervereinigungsvorschlag von 1952 *ad acta* gelegt war, haben die Sowjets, wie geplant, ihre Macht im Osten militärisch gefestigt. Russische Panzer rollten nach dem 17. Juni 1953 in Ostdeutschland und drei Jahre später in Ungarn. 1958 kam es zur Berlinkrise, als Chruschtschow den Viermächtestatus der Stadt aufkündigte und mit dem geplanten Abschluß eines Friedensvertrags die Westmächte ultimativ zur Räumung der Stadt aufforderte. Er drohte mit Krieg. Das aber war wieder einmal bloß Bluff. Zehn Jahre danach besetzten die Russen die Tschechoslowakei. Das war kein Bluff. Die Frage nach einer möglichen Alternative stellte sich jedesmal im Hinblick auf die Chancen einer aktiven Hilfe durch den Westen. Er beschränkte sich auf die Ausstrahlung von Durchhalteparolen. Die Vermutung ist nicht abzuweisen, daß Moskau zurückgesteckt hätte, wenn Washington als die haushoch überlegene Militärmacht glaubhaft für die Demokratie im Osten eingetreten wäre. Dieselbe Frage stellt sich beim Bau der Berliner Mauer 1961. Die Alliierten waren unterrichtet, sahen ihre Rechte nicht berührt und beschränkten sich auf flammende Proteste. Die fortan sehr erschwerte Abwanderung hatte allerdings ironischerweise die gute Folge, daß der Osten nicht völlig ausgeblutet ist und die Kraft bewahrte, das rote Joch 1989 zu brechen.

## *Die Kuba-Krise 1962*

Die Reihe der nicht eingetretenen Eventualitäten unserer Geschichte umfaßt auch eine vermiedene globale Katastrophe: die möglichen, für Europa gefährlichen Folgen der Kuba-Krise. Am 22. Oktober 1962 erfuhr die Welt aus einer aufwendig inszenierten Rede von Präsident Kennedy, daß die Sowjets auf der Insel einen Militärstützpunkt aufgebaut hatten, dessen nukleare Mittelstreckenraketen die USA bedrohten. Luftaufnahmen hatten festgestellt, daß die Basen kurz vor der Einsatzbereitschaft standen. Fidel Castro erhoffte sich dadurch Schutz gegen eine Wiederholung der im Vorjahr abgewehrten, von der *Central Intelligence Agency* unterstützten Landung bewaffneter Exilkubaner in der Schweinebucht; Chruschtschow ging es um einen strategischen Vorposten im Kalten Krieg. Kennedy verlangte von Moskau unverzüglichen Abzug der Raketen und den Abbau der Basen, rief den Sicherheitsrat der Vereinten Nationen an und verkündete eine Seeblockade über Kuba. Unverhüllt drohte er mit einem Gewaltakt, bei dem er auch den atomaren Erstschlag nicht ausschloß.

Seit 1901 proklamierte und praktizierte Washington ein Interventionsrecht auf Kuba, erneut seit der Machtübernahme Castros 1959. Mit dessen Hinwendung zu Moskau war er für das amerikanische Selbstbewußtsein ein Dorn im Auge. Aber alle Versuche der Regierung, die Kubaner durch ein Embargo (seit Februar 1962) auszuhungern oder den *Máximo Líder* mit Mafia-Methoden (seit 1960) umzubringen, scheiterten. Schon Anfang 1962 begann in gigantischem Umfang der Aufmarsch der *Army* für einen Panthersprung nach Kuba zum Sturz Castros. Ein fingierter Vorwand – die Kuba zur Last gelegte Selbstversenkung eines amerikanischen Schiffes – sollte nach Robert Kennedy nationale Empörung auslösen und die Aktion vor dem Fernsehpublikum rechtfertigen. Mit Finten – amtlich: »ungeklärten Zwischenfällen« zur See – hatte Washington schon 1898 den amerikanisch-spanischen Krieg in der Karibik inszeniert (Versenkung des Linienschiffs *Maine*), 1915 den Krieg gegen Deutschland vorbereitet (Opferung der *Lusitania*) und 1964 den Vietnamkrieg eröffnet (Tonkin-Zwischenfall). *Mundus vult decipi.* Nun drängte das Pentagon zum Krieg gegen Kuba, zumal seit dem 15. Oktober die ersten Fotos der Abschußrampen vorlagen. Senat und Repräsentantenhaus hatten Kennedy schon am 3. Oktober freie Hand gegeben. Gegen die Forderung der »Falken« begnügte er sich vorerst mit einer Seeblockade durch 200 Kriegsschiffe.

In den folgenden dreizehn Tagen wurde hoch gepokert. Die *US-AirForce* stand bereit, 3500 Atomwaffen gegen 1077 Ziele in der UdSSR und der Volksrepublik China einzusetzen. Unmittelbar nach der Kennedy-Rede hatte Castro mobil gemacht. Moskau befahl indessen, jede Provokation zu vermeiden. Dennoch wurde am 27. Oktober, dem »Schwarzen Samstag«, ein Aufklärungsflieger vom Typ U 2 über Kuba vom Himmel geholt, und auf See kam es zu Konfrontationen mit Blockadebrechern, atomar bestückten Unterseebooten der Sowjets. Eigenmächtigkeiten auf der unteren Ebene drohten Castros laut geäußerten Wunsch nach einem Atomkrieg gegen den Imperialismus zu erfüllen.

Im Weißen Haus suchte man durch ein Ausgleichsangebot den Russen den Rückzug zu erleichtern. In Frage kamen ein urkundlicher Verzicht auf eine Invasion in Kuba und die Rücknahme der fünfzig 1959 installierten Jupiter-Raketen aus der Türkei und Italien. Ersteres wurde ausgesprochen, letzteres sollte geheim bleiben und blieb es. Die amerikanische Öffentlichkeit hätte es übel vermerkt. Am 28. Oktober gab Chruschtschow nach. Er brüstete sich als Retter des Weltfriedens, aber zwei Jahre später wurde er als Bramarbas und Schwächling gestürzt. Sein Nachfolger Breschnew suchte das eklatante Rüstungsdefizit gegenüber den Vereinigen Staaten mit hohem Kostenaufwand auszugleichen und trieb damit sein Land dem wirtschaftlichen Ruin entgegen. Der Vorsprung Amerikas war nicht einzuholen. Das Pentagon verfügt mittlerweile über 18 000 atomare Sprengköpfe.

Der Rückzug aus Kuba war nicht die einzige Blöße, die sich Chruschtschow gegeben hatte. Schon das sang- und klanglos verhallte Berlin-Ultimatum von 1958 hatte seine Großsprecherei bloßgestellt. Und Berlin war auch während der Kubakrise mehrfach im Gespräch, wenn nicht gar in Gefahr. Dreimal hatte Chruschtschow mit einer Eskalation wegen Berlin gedroht, am 5., 11. und 28. September 1962. In Washington rechnete man mit sowjetischen Repressalien gegen Berlin, und wieder war vom Einsatz der Nuklearmacht die Rede, wenn auch Kennedy dies als eine »wahrlich tolle Alternative« kennzeichnete. Henry Kissinger hatte 1957 den Einsatz von Atomwaffen befürwortet und war damit der einzige nicht.

Am 18. Oktober warf der sowjetische Außenminister Gromyko im Weißen Haus das Berlinthema in die Debatte, war doch die Stadt dem Ostblock ein Pfahl im Fleisch so wie Kuba dem Westen. Eine Invasion dort, so fürchtete man in Europa, hätte den Verlust Westberlins zur Folge; das wurde im Kreml diskutiert, und für den amerikanischen Verteidigungsminister McNamara war bei einem Angriff auf Kuba ein Gegenschlag der Russen in Europa so »sicher wie das Amen in der Kirche«.

Ein dritter Weltkrieg war befürchtet worden, so wie nochmals 1968 beim Einmarsch der Russen in Prag und wiederum 1991 bei dem Angriff der Amerikaner auf den Irak. Aber der globale Konflikt wurde vermieden, weil angesichts der voraussehbaren Zerstörungen keine Seite sich Hoffnung auf einen erstrebenswerten Kriegsgewinn machen konnte. Man mag daher die 1962 abgewendete Gefahr im Hinblick auf ihre Wahrscheinlichkeit gering einstufen; im Blick auf die Größe des möglichen Schadens aber sollte sie nicht übersehen werden. Denn das Instrumentarium stand bereit. Es steht noch immer bereit.

Die gegen Ziele in Westeuropa, namentlich in der Bundesrepublik gerichteten atomaren Mittelstreckenraketen der Sowjets lagern seit 1959 in Kaliningrad, dem alten Königsberg. Die Gegenstellung befindet sich in der Eifel. In den Katakomben des Fliegerhorsts Büchel schlummerten – und tun dies noch heute – für den Einsatz im Ernstfall zwanzig Atombomben vom Typ B 61 mit der jeweils 26fachen Sprengkraft der Hiroshima-Bombe. Sie unterstehen der *US Air Force* und werden auf Befehl des amerikanischen Präsidenten durch deutsche Maschinen vom Jagdbombergeschwader 33 auf russische Ziele im Hinterland angesetzt. Die Rechtsgrundlage bietet die »nukleare Teilhabe« der Bundeswehr an der militärischen Abwehr der NATO. Unmittelbar vor der Kuba-Krise, am 28. August 1962, waren die ersten Starfighter in Büchel eingeflogen.

Die Planspiele der Generalstäbe sind zu gruselig, um als mögliche Geschichte im einzelnen eine Wiedergabe zu verdienen. Atomare Gefechtsfeldwaffen auf deutsche Ziele standen bereit. Daß es dabei um reale Optionen ging, gilt für den Westen wie für den Osten. Das bezeugt ein kurioses Detail: Am 13. Oktober 1965 stiftete Walter Ulbricht den Blücher-Orden für die Nationale Volksarmee. Er erinnert an den berühmten Rheinübergang des »General Vorwärts« am Neujahrsmorgen – natürlich nicht in der Nacht – 1814 bei Kaub und war geplant als Auszeichnung für die Militärs, die in dem kommenden Krieg mit dem Westen als erste siegreich den Rhein überqueren würden. Der Orden wurde in drei Ausfertigungen geprägt. Ein Exemplar der Stufe in Silber ist im Militärhistorischen Museum zu Dresden ausgestellt. Was aber wäre das Kriegsziel gewesen?* In jedem Fall wäre mit dem Vorstoß nach Westen die Sowjetisierung Deutschlands oder gar Westeuropas nicht besiegelt gewesen, denn der Gegenschlag der NATO wäre nicht ausgeblieben. Nachdem die Kriegswalze den

* Fraglos hätten sich die Volksarmisten auf die Kaufhäuser gestürzt, als erstes die Baumärkte geplündert, sodann für ihre Frauen die Regale bei C&A geräumt und die Beute unter dem Siegel »Geschenksendung, keine Handelsware« etwa nach Karl-Marx-Stadt geschickt. Am Ende hätte der Konsumrausch den Glauben der Armisten an die Überlegenheit des Sozialismus untergraben und damit die Kriegsmoral erschüttert.

Atlantik erreicht hätte, wäre sie zurückgerollt, und am Ende hätte sich die Grenze wieder am Eisernen Vorhang, sozusagen unserem 38. Breitengrad, befunden. Das Schicksal des geteilten Korea im Krieg 1950/51 hätte auch Deutschland treffen können.

## *Die Wiedervereinigung 1990*

Je länger die Spaltung währte, desto geringer wurden die Aussichten auf eine Wiedervereinigung. Die Jugend, so hieß es, die ein vereintes Deutschland nie gekannt hat, habe sich an das geteilte gewöhnt und sich mit dem Sozialismus abgefunden. Die Teilung wurde sogar moralisiert und als hinzunehmende Strafe des Schicksals für 1939 gerechtfertigt – so nicht nur von Karl Jaspers 1960. Der am 21. Dezember 1972 von Willy Brandt unterzeichnete Grundlagenvertrag brachte mit der Anerkennung der DDR als gleichberechtigter Staat neben der BRD den roten Teppich in Bonn für den Vorsitzenden des Staatsrats und die scheinbar endgültige Teilung Deutschlands. Erich Honecker kassierte den Text seiner Nationalhymne. »Glück und Frieden sei beschieden Deutschland, unserm Vaterland!« wurde hinfort nicht mehr gesungen – nur die Melodie blieb statthaft.

Der politischen Stabilisierung aber entsprach keine ebensolche auf wirtschaftlichem Gebiet. Zwar rühmte sich die DDR, den höchsten Lebensstandard im gesamten Ostblock zu besitzen, doch beruhte dies bereits seit 1978 auf gigantischen Zuwendungen aus Bonn. Die dortigen Regierungen aller Couleur unterließen nichts, um durch das moralisch gutgemeinte *Appeasement* der Entspannungspolitik das Regime zu entlasten und am Leben zu erhalten. Als der wachsende Schuldenberg die Aussicht auf den Staatsbankrott für 1991 erkennen ließ, bot der Devisenbeschaffer Schalck-Golodkowski am 6. November 1989 der Bundesregierung an, für eine weitere Zusage von 12 bis 13 Milliarden D-Mark die Berliner Mauer zu öffnen. Dies wurde verweigert. Drei Tage später fiel die Mauer ohne einen weiteren Heller Bruderhilfe.

Hätte es auch anders kommen können? *Communis opinio* war vierzig Jahre lang: Es wird so bleiben, wie es ist. Von wenigen Außenseitern abgesehen, hat niemand mit dem Niedergang des Kommunismus und der Wiedervereinigung gerechnet. Den Glauben an sie nannte Willy Brandt noch 1988 die »Lebenslüge der zweiten deutschen Republik«. Glänzend bestätigte dieses Prognosedebakel das Wort Friedrichs des Großen an den Marquis d'Argens von 1762: »Unsere Spekulationen über die Zukunft und alle politischen Mutmaßungen sind nichts als Possen.«

Die wachsende Verschuldung der DDR führt zu der Frage, ob das System ohne die wiederholten Kredite vom Klassenfeind nicht schon vorher zusammengebrochen wäre. Einiges spricht dafür. Umgekehrt wüßte man gern, was den Arbeiter- und Bauernstaat hätte retten können. Da ist guter Rat teuer. Hätte das Zentralkomitee die Schraube angezogen, die Kontrollen verschärft und Unmut mit Gewalt unterdrückt, so hätte sich der Widerstand und damit die Fluchtwelle verstärkt. Hätte man die Schraube gelockert, Privatinitiativen gestattet, Westliteratur zugelassen und Ausreise ermöglicht, so hätte das gleichfalls die Abwanderung gefördert. Jede Reform hätte das System weiter unterhöhlt. Je mehr Freiheiten gewährt worden wären, desto mehr wären gefordert worden. Was immer das Regime tat, war falsch, weil es selbst falsch war, so falsch wie die Wahlergebnisse, auf die es sich stützte. Als dann Gorbatschow Glasnost und Perestroika ausrief und der gesamte sozialistische Ostblock ins Wanken geriet, entfiel auch die Existenzgrundlage für den SED-Staat.

Unklar bis zuletzt blieb, ob das Regime kampflos abtreten würde. Als die Massenflucht über Ungarn und die Großdemonstrationen in den Städten die Agonie des Systems einleiteten, bestand begründete Furcht vor einer Panikreaktion der SED, wie sie beispielshalber Peking im Mai 1989 erlebte und Ceauşescu sie in Rumänien vorführte, als er im Dezember 1989 den Schießbefehl erteilte. Russische Panzer rollten im Baltikum und in Georgien, auf sie hofften auch die hohen Herren der SED. Höhepunkt der Spannung war die Montagsdemonstration um die Leipziger Nikolaikirche am 9. Oktober 1989. Achttausend Soldaten der

Nationalen Volksarmee hatten die Altstadt umstellt. Für die Krankenhäuser waren Sonderschichten angeordnet, die Blutkonserven aufgestockt, die Kühlräume der Schlachthäuser für die erwarteten Leichen freigeräumt. Das »Neue Deutschland« hatte das Vorgehen der chinesischen Ordnungskräfte gegen die Konterrevolutionäre auf dem Platz des Himmlischen Friedens mit seinen Aberhunderten von Toten beifällig kommentiert. War in Leipzig nicht ein Gleiches zu erwarten?

Die Geschichte stand am Scheideweg, und sie nahm nach 1962 ein weiteres Mal den erhofften Gang. Das Blutbad an der Nikolaikirche unterblieb. Was hätte es auch genützt? Den Bruch mit Bonn und eine Verzögerung des Endes mit sinnlosen Opfern! Deren gab es doch wahrlich schon genug. Moskau hatte den Herren vom Staatsrat die militärische Unterstützung entzogen. Tief enttäuscht, waren sie nun klug genug, es nicht zum Äußersten kommen zu lassen. Sie gaben zwar nicht freiwillig, aber kampflos auf, was auch gewaltsam nicht auf Dauer zu halten gewesen wäre. Durch das, was damals nicht geschah, war Leipzig eine Sternstunde.

Eine Serie von Entscheidungssituationen ergab sich danach im Zusammenhang mit der Wiedervereinigung 1990. Nachdem sich der Zusammenbruch der SED-Herrschaft abzeichnete, hieß die Grundfrage: eine reformierte DDR oder Wiedervereinigung? Für die erste Variante plädierte die Gruppe »Demokratie Jetzt« am Runden Tisch. Auf der Basis einer Zweistaatentheorie ging es nochmals um einen dritten Weg zwischen West und Ost. Diesmal allerdings nicht außenpolitisch zwischen den Blöcken, sondern innenpolitisch zwischen den Systemen: zwischen westlichem Kapitalismus und östlichem Sozialismus, wie ihn zuvor in je eigener Form national und sozialistisch Alexander Dubček gesucht und Adolf Hitler verkündet hatte. Die doppelte Abwehr des angloamerikanischen Liberalismus und der russischen Bürokratie kennen wir schon von Max Weber 1916. Die Konstellation resultiert aus der deutschen Mittellage zwischen den Blöcken.

Diese optimistische Idee einer reformierten DDR erwies sich als unausführbar. Das Volk wollte die zweite Variante, die Vereinigung mit der Bundesrepublik und keine neuen Experimente. Mit dem Fall der Mauer war das Ende der Spaltung zum Greifen nahe, aber ohne das Placet aus Moskau nicht erreichbar. Dort war man grundsätzlich zu einer Zustimmung bereit, allerdings unter der Bedingung, daß Gesamtdeutschland neutral sei. Eine Mitgliedschaft in der NATO wurde zunächst nicht akzeptiert. Es bedurfte langer zäher Verhandlungen und erheblicher materieller Zuwendungen, deren Höhe – angeblich acht Milliarden – sowohl Gorbatschow als auch Helmut Kohl in ihren Memoiren schamhaft verschweigen, bis endlich am 12. September 1990 der Zwei-plus-Vier-Vertrag unterzeichnet und die Westbindung der erweiterten Bundesrepublik anerkannt und dingfest war.

Das aber hätte anders kommen können, falls Moskau schneller gehandelt hätte. Wenn Gorbatschow sofort nach dem Mauerfall sein Einverständnis zur Wiedervereinigung unter der Voraussetzung eines Austritts aus der NATO angeboten hätte, also das heißersehnte Zugeständnis gemacht hätte, solange sein mögliches *Njet* noch eine glaubhafte Drohung war, so hätte ihm eine Woge der Euphorie entgegengeschlagen, der Bonn kaum erfolgreich hätte Widerstand leisten können. So sah das jedenfalls Kohl 1996. Zweifelhaft bleibt, ob Washington mitgespielt hätte, vielleicht unter Beibehaltung des Militärstützpunkts Büchel. Moskau hat die Gelegenheit jedenfalls versäumt.

Eine zweite Wegscheide bezog sich auf die staatsrechtliche Form der Wiedervereinigung. Darüber hatte die am 18. März 1990 gewählte Volkskammer der DDR zu befinden. Es war die letzte Wahl und zugleich die erste freie. Zwei Wege standen zur Diskussion. Der eine führte über einen gesamtdeutschen Volksentscheid nach Artikel 146 des Grundgesetzes zum Ziel. Dies wurde im Osten wie im Westen von vielen als das juristisch korrekte Verfahren favorisiert, hätte aber Zeit gebraucht. Der zweite Weg war der Beitritt nach dem Schlußsatz des Artikels 23, der eine solche Prozedur nicht erforderte und nur einen Regierungsbeschluß voraussetzte. Wer die Alternative zwischen den beiden Verfahren hätte entscheiden dürfen, blieb offen und mußte offen bleiben, weil die Entscheidung über die Zuständigkeit eben diese

Entscheidung vorausgesetzt hätte. Eine höchste Instanz, die einen Streitfall zwischen Volk und Legislative hätte schlichten können, gab es nicht.

Angesichts der übermächtigen Stimmung nahm die Regierung in Ostberlin das Votum des Volkes vorweg und wählte den allseits erwünschten kürzeren Weg zur Einheit. Ihn eröffnet zu haben war eine Glanzleistung politischen Weitblicks des Parlamentarischen Rats. Er hat bereits 1949 eine Möglichkeit ins Auge gefaßt, die gegen alle Erwartung vierzig Jahre später Wirklichkeit wurde. Das war Zukunftspolitik! Nach der Wiedervereinigung wurde der Artikel 23 europapolitisch umgewidmet, vielleicht um den Beitrittsgelüsten von Ländern entgegenzuwirken, die ehedem zum Heiligen Römischen Reich Deutscher Nation gehört haben, wie zum Beispiel das Fürstentum Liechtenstein.

Im Zusammenhang mit der Wiedervereinigung tauchte die Forderung nach einer neuen Verfassung auf, die nun vom gesamten deutschen Volk zu beschließen sei, wie der Artikel 146 es als Möglichkeit erlaubt, aber nicht fordert. Dabei wurde an den angeblichen Geburtsmakel des Grundgesetzes erinnert, das ja, bedingt durch die Zeitumstände, durch den Parlamentarischen Rat geschaffen und von der Mehrheit der Landesregierungen angenommen worden war. Wer daraus ein Legitimationsdefizit des Grundgesetzes ableitet, muß auch den Paragraphen 23 alter Fassung und damit die Rechtsgültigkeit der Wiedervereinigung bestreiten. Sie wäre mithin rückgängig zu machen. *Quod absit.* Ebensowenig kann man mit dem Artikel 146 des Grundgesetzes die Forderung nach einer neuen Verfassung begründen, wenn man die Rechtskraft des gesamten Grundgesetzes und damit auch die des Artikels 146 verneint.

Ein drittes Problem 1990 war wirtschaftlicher Natur. Es betraf die Festlegung des Umrechnungskurses der beiden deutschen Währungen. Hier stellte sich ein Dilemma, das die Grundstruktur unserer auf Wohlstand ausgerichteten Demokratie belastet. Es ging damals, und es geht immer wieder um die Priorität zwischen kurzfristiger Befriedigung von Konsumbedürfnissen und langfristiger Sicherung von Produktionsmöglichkeiten. Wie läßt sich das erforderliche Gleichgewicht sichern? Jede auf vier Jahre bestellte Regierung ist der Versuchung ausgesetzt, momentane Wünsche auf Kosten der Zukunft zu erfüllen, um für die erhoffte Wiederwahl ihre Wähler zu behalten, denen ja gleichfalls ihr eigenes Wohlsein meist wichtiger ist als die Vorsorge für die Enkel. Schließlich denken und handeln auch diese einstmals nicht so selbstlos, wie ihre Voreltern hätten tun sollen. Unsere Vorwürfe gegen die Früheren haben wir von den Späteren zu erwarten. Die Generationen sind quitt.

Am 3. Oktober 1990 war es mit dem SED-Staat vorbei. War er ein Irrweg der Geschichte? Der Eindruck liegt nahe, so wie das Dritte Reich uns als Irrweg erscheint. Aber Weimar? Und das Bismarckreich? Und der Deutsche Bund? Eine Sackgasse nach der anderen! Nicht anders das Heilige Römische Reich deutscher Nation oder die Fürstentümer des Absolutismus, ja schon das Imperium der Staufer, der Ottonen, das Reich Karls des Großen – nichts hatte Bestand. Wir spotten über die Phrase vom Tausendjährigen Reich und sitzen im Glashaus. Denn wer würde genau diese Dauer unserer Bundesrepublik nicht zutrauen oder wenigstens wünschen? Das Imperium Romanum hat sie erreicht.

Der Weg der Geschichte verläuft nicht zielgenau auf eine Endzeit zu, und das Frühere geschieht nicht um des Späteren willen, wie jede Teleologie meint: Das hat 1784 Kant irritiert. Der Mittag ist nicht der Zweck des Morgens, der Herbst nicht das Ziel des Frühlings, das Alter nicht der Sinn der Jugend. Das lehrt schon der Prediger Salomonis: »Ein Jegliches hat seine Zeit, und alles Geschehen unter dem Himmel hat seine Stunde.« Nicht alles ist jederzeit möglich und überall sinnvoll. Am 25. September 1854 bemerkte Leopold von Ranke zu König Max von Bayern: »Jede Epoche ist unmittelbar zu Gott.« Gewiß ist sie das! Aber sie ist ebenso unmittelbar zum Teufel. Mittelbar ist sie nur zum Papier, dafür muß sie durch das Hirn der Historiker.

*Socrates coniectabat, ea esse meliora,*
*quae casus dabat, quam quae animus adpetebat*
Symmachus

## V. HÄTTE ES ANDERS KOMMEN SOLLEN?

In seinen »Erinnerungen an Sokrates« erzählt Xenophon die Fabel von Herakles am Scheideweg: Als der Held zum Mann herangewachsen war, überlegte er, welchen Lebensweg er einschlagen solle. Da begegneten ihm zwei Frauen. Die eine, verführerisch gekleidet und geschminkt, verkörperte das Laster. Sie versprach ihm alle Lüste, allen Luxus dieser Welt, ein Leben ohne Mühe, ohne Sorgen, wenn er sie zur Freundin wähle. Die andere Frau, edel gewandet und mit ernster Miene, stellte die Tugend dar. Sie forderte Herakles auf, nicht jener, sondern ihr zu folgen, und verhieß ihm ein Leben voller Arbeit und Anstrengung, aber auch den wahren Genuß im Stolz auf seine Leistung und Ruhm bei der Nachwelt. Die Entscheidung des Helden war klar.

Diese auf den Sophisten Prodikos von Keos um 400 v. Chr. zurückgehende Fabel verdeutlicht die dauernde Notwendigkeit, zwischen mehreren Möglichkeiten zu wählen; eine Situation, die das Leben des einzelnen wie den Gang der Geschichte gleichermaßen kennzeichnet, wenngleich die Alternativen sich selten so schwarz-weiß darbieten wie in dem Lehrstück, vielmehr meist ein breites Farbenspektrum umfassen. Es ist nicht immer leicht, im vorhinein den richtigen vom falschen Weg zu unterscheiden, selbst wenn – selten genug – Klarheit und Einigkeit über das Ziel besteht. Denn auch darüber gehen die Meinungen auseinander. In diesen Fällen kommt es zu Spannungen, die sich nicht, wie bei Herakles, in der Brust des einzelnen abspielen, sondern zwischen Menschen, zwischen Gruppen und Völkern auftreten und ausgefochten werden. Die aus diesen Gegensätzen erwachsenen Ergebnisse wecken jedoch abermals Unzufriedenheit und Widerspruch, so daß sich die Entscheidungssituationen wiederholen und wie eine Perlenschnur aneinanderreihen.

## *Fataler Fatalismus*

Auch die deutsche Geschichte stand immer wieder am Scheideweg, und dies bereits, bevor es eine solche gab. Denn sie beruht auf Voraussetzungen, die keineswegs selbstverständlich gegeben waren, vielmehr sich ihrerseits ganz anders hätten gestalten können. Der Gang der Geschichte ist nicht präzise vorherbestimmt, sondern allenfalls so determiniert wie die Folge der Jahreszeiten: Der nächste Winter kommt gewiß, aber die Zahl der Schneeflokken ist offen. Sie entscheidet sich *ad hoc*. Die von Nonnos aus Panopolis beschriebenen Tafeln des Phanes, worauf dieser Urgeist alle künftigen Ereignisse mit roter Tinte präzise aufgezeichnet hat, gibt es nicht, obschon die Schicksalslehre vieler Völker derartiges behauptet und moderne Physiker im Anschluß an den Laplaceschen Dämon ähnlich denken.

Der Glaube an eine höhere Fügung im Geschehen, an die 1821 durch Wilhelm von Humboldt postulierte göttliche »Weltregierung«, soll und kann unterschiedliche Funktionen erfüllen. Handelt es sich um erreichte Erfolge, so steigert das Bewußtsein, im Einklang mit den himmlischen Mächten zu stehen, unseren Stolz, unser Selbstvertrauen. Betrifft es erlebtes Unglück oder begangene Fehler, so bietet uns der Fatalismus Trost und Entlastung. Für beides ein Beispiel: Bismarck erblickte 1892 trotz aller Enttäuschungen »in dem ganzen Gange, den uns Gottes Vorsehung geführt hat, doch nur eine besondere Vorherbestimmung«. Mochte auch die Niederlage bei Jena 1806 jedes preußische Herz zerreißen, so war sie – so der Altkanzler – doch notwendig für die Regeneration Preußens, insbesondere für die Heeresreform. »Wenn Jena nicht gewesen wäre, wäre vielleicht Sedan auch nicht gewesen.« Dieses »vielleicht« verrät eine unterdrückte Ahnung, daß sich der Sieg über Napoleon III unter Umständen auch ohne die Niederlage gegen seinen größeren Onkel hätte erzielen lassen. Bismarcks Glaube an die »göttliche Führung der deutschen Nation« beruht auf der positiven Bilanz, in der die negativen Faktoren als Betriebskosten verschwinden.

Anders dachte nach der Katastrophe von 1945 Friedrich Meinecke. Er räsonierte 1949 über den »deutschen Irrweg«, den er teils bestritt, teils bestätigte. Schon 1946 hatte er ihn einer »höheren geschichtlichen Notwendigkeit« zugeordnet, damit als schicksalhaft, als unvermeidbar hingenommen. Schicksal ist das, worein wir uns schicken, ein Wort für Verlierer. Den Schmerz, geschehenes Unheil nachträglich nicht ändern zu können, lindert die Annahme, es habe auch vorsorglich nicht verhütet werden können, es habe keinen Ausweg gegeben, es habe so kommen müssen. Dieser Glaube ist Selbstbetrug, freilich zu einem guten Zweck, nämlich zugunsten des seelischen Gleichgewichts beziehungsweise des christlichen Gottvertrauens.

Wem der Glaube fehlt, der hält sich, wie noch in der Spätantike Symmachus, an den alten Sokrates, der vermutete, wenn nicht das geschah, was wir wünschten, dann brachte das Schicksal das, was besser war. Wäre das eingetretene Unglück ausgeblieben, hätte sich ein größeres ereignet.

Fest steht allein, was hinter uns liegt. Die Vergangenheit vergeht nicht. Die Zukunft aber bietet Spielraum, der in der Vergangenheit ausgeleuchtet, in der Gegenwart ausgenutzt zu werden verdient. Daher fordert die intellektuelle Redlichkeit, sich Rechenschaft darüber abzugeben, was an Plusvarianten versäumt, was an Minusvarianten vermieden wurde, welche Irrealitäten einmal reale Möglichkeiten gewesen sind. »Aus der Grundanschauung des Fatalismus«, schrieb Friedrich der Große 1770, »ergeben sich die unheilvollsten Folgen für die menschliche Gesellschaft.«

## *Deutsche Wendepunkte*

Die für die politische Geschichte Deutschlands bedeutsamen Wendepunkte, die wir betrachtet haben, zeigten Alternativen von unterschiedlicher Tragweite, verschiedener Wahrscheinlichkeit und meist ambivalentem Charakter. Die griechische, die römische und die christliche Komponente unserer Kultur standen jeweils mindestens einmal auf der Kippe. Was dadurch verlorengegangen wäre, ist einigermaßen deutlich. Es ist das, was wir an zivilisatorischen Errungenschaften, künstlerischen Vorbildern und geistigen Anregungen aller Art den antiken Kulturen verdanken. Aber was an deren Stelle getreten, etwa aus dem Germanischen entwickelt, aus dem Orient übernommen worden wäre, läßt sich nur erahnen. Die Verwendung des Rades, die Zähmung des Pferdes und die Technik der Metallgewinnung waren über den Donauweg nach Mitteleuropa gelangt, lange bevor die Römer die Lehrmeister der Germanen wurden.

Die vermutlichen Folgen einer Niederlage des Arminius und einer Romanisierung Germaniens sind in Umrissen erkennbar, allerdings gehen hier die weiteren Wege auseinander; es gibt mehrere Perspektiven, je nachdem, ob sich die germanische Energie oder die römische Dekadenz durchgesetzt hätte. Im Mittelalter hätte sich eine Vorherrschaft der Alamannen anstelle der Franken, eine Islamisierung anstelle einer Christianisierung und eine nationale anstelle einer imperialen Politik herausbilden können. Allerdings waren das Potentiale, hinter denen nur vergleichsweise schwache Kräfte standen, so daß sie zwar möglich, aber wenig wahrscheinlich waren.

In der Neuzeit tut sich dann eine dichte Folge von Entscheidungssituationen, ein weites Feld an unbegangenen Wegen auf. Das beginnt mit der Kaiserwahl Karls V und den Chancen der Reformation, es folgen der Ausbruch, der Verlauf und der Ausgang des Dreißigjährigen Krieges und nicht zuletzt der riskante, aber folgenreiche Aufstieg Preußens. Hier hätte vieles anders kommen können. Auch im süddeutschen Raum konnte sich das Kraftzentrum bilden. Ein Sonderfall ist der Bauernkrieg, dessen Ziele der

Zeit weit vorauslagen und erst im 19. Jahrhundert in greifbare Nähe rückten. Nun endlich vollzog sich die von den Bauern geforderte Entmachtung der Landesherren, die Einrichtung eines Mitspracheforums für das Volk, sozusagen der Übergang vom Absolutismus zum Konstitutionalismus und der Zusammenschluß der Fürsten zu einem staatlich vereinten Deutschland. Dies geschah im Wechsel von Fortschritt und Stillstand, so daß sich immer dann, wenn sich der Vorgang beschleunigte, verlangsamte oder eine neue Richtung zu nehmen schien, die Frage einstellt, ob und wie es anders hätte gehen können.

Seit dem 19. Jahrhundert erspart ein reiches Angebot an Denkschriften mit Verbesserungsvorschlägen und Zukunftsentwürfen seitens der Zeitgenossen dem Geschichtsklitterer die Suche nach weiteren unverwirklichten Entwicklungen. Die Pläne füllen eine breite Palette vom Spätabsolutismus eines Metternich rechts außen über viele Zwischenstufen zur Diktatur des Proletariats bei Marx ganz links. In vielen Fällen handelt es sich um partielle Vorwegnahmen späteren Geschehens, so daß der historische Verlauf durch Hemmschwellen behindert worden zu sein scheint. Der Weg verlief nicht glatt. Borniertheit und Eigensucht stellten sich allzuoft quer. Der Vorkämpfer des deutschen Zollvereins und Pionier des Eisenbahnbaus Friedrich List nahm sich verzweifelt 1846 das Leben. Die immer wieder sich auftürmenden Hindernisse bedauern wir in unserer Ungeduld – vielleicht zu Unrecht laut Jesaja (55,8): »Eure Wege sind nicht meine Wege, spricht der HERR.« Im übrigen gilt: Umwege erschließen die Landschaft.

Im 20. Jahrhundert geht es um die Weltkriege, um die beiden, die stattgefunden haben, aber hätten unterbleiben sollen, und um den dritten, der nicht stattfand, aber 1962 sehr wohl hätte ausbrechen können. Hier bietet sich eine Fülle von Ungeschichte, die im Hinblick auf Wahrscheinlichkeit und Wünschbarkeit stärkeren Kontroversen ausgesetzt ist als ältere Bifurkationen auf dem Weg der Geschichte. Denn hier kommen unweigerlich persönliche Menschenbilder und politische Präferenzen zur Geltung, über die mit Argumenten kaum Einigung zu erreichen ist. Doch verdienen nicht nur Erkenntnisse, sondern auch Bekenntnisse, aufgezeichnet zu werden. Bemerkte doch Goethe am 1. November 1829 zu Zelter: »Wenn man der Nachwelt etwas Brauchbares hinterlassen will, so müssen es Konfessionen sein.«

## *Politik und Kultur*

Die politische Geschichte Deutschlands, die wir betrachtet haben, hat nicht auf dem einfachsten, kürzesten, am wenigsten schmerzhaften Weg zu unserem heutigen Zustand, zu »unserem Zimmer«, wie Burckhardt schrieb, geführt. Den Königsweg, den man ihr wünschte, hat sie verfehlt. Denn immer wieder hat es aus unserem Blickwinkel unnötige Hindernisse und Rückschläge gegeben. Aber gibt es eine normale, sozusagen eine natürliche Entwicklung im politischen Leben? Ist eine ideale Geschichte überhaupt denkbar? Schon Kant bemerkte 1784: »Aus so krummem Holze, als woraus der Mensch gemacht ist, kann nichts ganz Gerades gezimmert werden.« Und das gilt nicht nur für seine deutschen Landsleute. Die innere Entwicklung anderer europäischer Staaten ähnlicher Größenordnung zeigt keinen wesentlich glatteren Verlauf, denken wir an die blutigen Konvulsionen in Frankreich und Rußland seit der frühen Neuzeit, an die Bürgerkriege in Spanien und Italien.

Als Muster an politischer Stabilität gilt das schon von Friedrich dem Großen gelobte England, bewundert durch Metternich und den Freiherrn vom Stein, hochgeschätzt von Ranke, Bismarck und Hitler. An der vergleichsweise konsequenten Entwicklung – von den *ironsides* Cromwells abgesehen – ist allerdings eine äußere Gegebenheit nicht unbeteiligt: die Insellage. Sie ermöglichte den Briten die Konzentration auf den Flottenbau, die Herrschaft über Irland und den Aufbau eines in der Weltgeschichte singulären Kolonialreiches, das innere Spannungen durch Einkünfte und Tätigkeitsfelder in Übersee abzufedern erlaubte und somit Ausweichmöglichkeiten bot. Auf dem Kontinent war ähnliches unmöglich.

Viele der politischen Mißhelligkeiten unserer Geschichte müssen wir bedauern, aber selbst die ärgsten bereichern unsere Erfahrung. Keine der sympathischen unverwirklichten Möglichkeiten, die sich auf den Nebenwegen aufzeigen ließen, hätte mit Sicherheit verhindert, daß Unfälle in der Art, wie sie auf dem Hauptweg tatsächlich vorgekommen sind, dennoch eingetreten wären. Keine Alternative hätte die Gewähr geboten, daß die Katastrophen, die nun glücklicherweise hinter uns liegen, uns am Ende noch bevorstehen. Das gilt zuvörderst für die verspielten Chancen des Rechts- und des Linksradikalismus, die sich gründlich desavouiert haben, sodann für den Dritten Weltkrieg, den der Zweite verhindert hat. Noch nie war der Friede in Europa so anhaltend, so aussichtsreich wie heute. Ihn hat uns die Geschichte, so wie sie nun einmal verlaufen ist, beschert. Und ein Zweites, Größeres ist ihr zu danken: das kulturelle Erbe.

Politik als die Kunst, das Zusammenleben in einem Gemeinwesen zu regeln, war stets ein Ergebnis streitender Interessen mit Gewinnern und Verlierern. Die jeweilige Ordnung spiegelt ein momentanes Kräfteverhältnis, das sich in einem dauernden Geschiebe befindet und übermorgen schon wieder anders ausschaut als heute, während Kultur Schöpfungen hervorbringt, die Jahrtausende dauern können. Die Politik mit all ihren Haken und Ösen bietet dafür den Rahmen. Nicht mehr. Wenn wir Geschichte im Optativ schreiben und alle Um- und Irrwege der Vergangenheit wegwünschen, dann müssen wir ebenfalls die auf diesen Schlangenpfaden entstandenen kulturellen Leistungen wegdenken, alle Leistungen der Literatur und der Kunst, der Musik und der Wissenschaft, die ja nicht unter den uns vorschwebenden optimalen, sondern unter den jeweils herrschenden Bedingungen entstanden sind und nicht, so wie diese, durch bessere Varianten hypothetisch zu verbessern sind.

Während wir die politischen, sozialen und ökonomischen Verhältnisse gedanklich durch günstigere, unseren Vorstellungen gemäßere Alternativen ersetzen können, so versagt dieses Gedankenspiel, wenn wir es auf die kulturelle Ebene anwenden wollten. Der Innenpolitik Friedrichs des Großen kann man vorhalten, daß er sich mehr um die Städte als um die Bauern hätte kümmern sollen. Aber einem Johann Sebastian Bach anzukreiden, er hätte eher Opern als Oratorien komponieren sollen – was er gekonnt hätte, wenn er nicht als Thomaskantor in Leipzig, sondern für den sächsischen Hof in Dresden gearbeitet hätte –, dies zu wünschen wäre lächerlich. Die Ordnungen in Staat und Recht, in Wirtschaft und Gesellschaft sind aus unserer Sicht oft durch bessere Alternativen ersetzbar; die hohen Leistungen der Kultur und ihre Schöpfer sind es nicht. Ein DoppelDürer, ein MaxiGoethe, ein SuperKant – so etwas ist nicht denkbar. Die Werke dieser Männer gediehen unter den jeweils realen Rahmenbedingungen, die uns herzlich schlecht erscheinen mögen, jedenfalls uns die idealen nicht gewesen zu sein dünken. Das ist zu bedenken, wenn wir neunmalklug meinen, alles hätte anders kommen sollen. Weil dies nur für die Machtgeschichte, nicht aber für die Kulturgeschichte gelten kann, ist letztere eigentlich der würdigere Gegenstand historischer Reflexion. Er war hier kein Thema.

## *Wege in die Zukunft*

Die Vergangenheit des Menschen ist gekennzeichnet durch eine Kette von Entscheidungssituationen, die jeweils eine unter mehreren Möglichkeiten wirklich werden ließen, und dies gilt ebenso für die Gegenwart. Auch unsere Zukunft kann sehr unterschiedlich ausfallen, je nachdem, welche Maßnahmen ergriffen werden, welche Kräfte sich durchsetzen, welche Ereignisse eintreten. Im Jahre 1869 hat Eduard von Hartmann in seiner »Philosophie des Unbewußten« Zukunftsbilder für Deutschland und die Welt umrissen, die auch heute noch gelten können. Er skizziert zwei Modalitäten, die in ihrer Extremität an die Fabel von Herakles am Scheideweg erinnern. Leicht modifiziert und modernisiert, zeigen sie sich wie folgt:

Die optimistische Aussicht bietet uns einen weltweiten Sieg der Demokratie und der Humanität, eine Aufgliederung der Erde in freie Republiken mit einem weltweit anerkannten Zentralorgan, das Streitfälle regelt, Kriege verhindert und wirksam Rechtsschutz gewährt. Eine gleichmäßige Verteilung der Güter, ein besonnener Umgang mit den Naturgütern, ein Erfolg der Entwicklungshilfe und die Anerkennung von Grundrechten gestatten in diesem Panorama allenthalben ein menschenwürdiges Dasein, durch gezähmten Wettbewerb wächst der Wohlstand. Es ist der Grundgedanke der Vereinten Nationen und des Haager Strafgerichtshofs.

Die pessimistische Aussicht hingegen prognostiziert eine bald verdeckte, bald offene Auseinandersetzung zwischen den Völkern oder Kulturen, heute friedlich, morgen gewaltsam. Noch ehe eine spürbare Verknappung der Ressourcen eintritt, sorgt der kollektive Egoismus der Gruppen und der Fanatismus der Fundamentalisten für Konflikte, führt das Elend der Armen und das ewige Ungenügen selbst der Reichsten für Friktionen. Der Konkurrenzkapitalismus zwingt zur hemmungslosen Ausbeutung aller Bodenschätze ohne Rücksicht auf die kommenden Generationen. Es ist der unerbittliche Kampf ums Dasein, der »allen organischen Wesen gemeinsam« ist, den Pflanzen, Tieren und laut Darwin 1859 auch uns Menschen, ein Kampf aller gegen alle, der die Mächtigen immer mächtiger, die Schwachen immer schwächer macht und sie am Ende beseitigt – so wie die Naturgeschichte es uns vorführt. Weit über neun Zehntel der jemals entstandenen biologischen Arten sind auf der Strecke geblieben und ausgestorben. Diese Bilanz relativiert den Optimismus Darwins. Er begeisterte sich für die »Vollkommenheit« als Ziel der »natürlichen Zuchtwahl«. Doch der Historiker erschrickt über den Weg dorthin und denkt an die versunkenen Kulturen.

Es gibt keinen Punkt, keine Wegscheide, wo eine grundsätzliche Wahl zwischen den beiden genannten Optionen getroffen werden könnte. Vielmehr bezeichnen sie Richtungen, zwischen denen die bisherigen und die künftigen Entscheidungen hin und her pendeln. Überlassen wir die Zukunft den Politikern, und blicken wir auf die Vergangenheit! Hier stellt sich die Frage, wie und wo das wirkliche Geschehen in die Palette des Wünschenswerten einzusortieren sei. Wir fragen, ob es nicht anders hätte kommen sollen, da es doch anders kommen konnte. Wir grübeln: Wäre der gegenwärtige Stand der Dinge nicht auch ohne die erbrachten Opfer erreichbar gewesen? Hätte sich mit den aufgewandten Kosten nicht ein besseres Ergebnis erzielen lassen? Beide Fragen sind unabweisbar. Können wir die Opfer der Weltkriege als Preis für unser jetziges Glück verschmerzen? Kaum – die Kosten waren zu hoch. Oder können uns die aus den beiden Weltkriegen gewonnenen Einsichten mit dem Geschehenen versöhnen? Schwerlich – es war zu furchtbar. Die Lektüre des Thukydides hätte die 1945 gewonnene Erkenntnis bereits vermitteln können. Indes: Wer nicht lesen will, muß fühlen.

So hadern wir mit dem Schicksal, weil wir die Vorstellung nicht loswerden, daß alles hätte eher, leichter und besser kommen können, nicht bedenkend, daß unsere Ideale die der Nachgeborenen sind, nicht unbedingt die der Zeitgenossen waren. In jedem Fall ist einzuräumen, daß auch Schlimmeres möglich war. Die Neigung zur Kritik am Unabänderlichen ist selbst wieder eine Quelle für Unglück und daher seit alters ein Gegenstand philosophischer oder religiöser Antikritik. Sowohl die Lehre von der ewigen Vergeltung als auch die der höheren Vorsehung besagt, daß wir uns mit dem Geschehenen abzufinden hätten, daß es nicht unverdient oder unverschuldet eingetreten sei, daß Gott auch auf krummen Linien gerade schreibe. Aber kann das, darf das auch der Historiker?

Gottfried Wilhelm Leibniz nannte diese tröstliche Lehre 1710 »Theodizee«, abgeleitet von den griechischen Wörtern *theos*, Gott, und *dikaios*, gerecht. Leibniz zeigt, daß der Mensch, der sich von Gott betrogen glaubt, sich selbst betrügt. Die Fehler der höheren Gewalt zuzuschreiben wäre töricht. Sie liegen in uns selbst, bieten aber keinen Gegenstand zur Klage, da sie laut Leibniz integrale Bestandteile des göttlichen Weltplanes sind. Wir aber fragen, wie die Fehler zu erklären und ob, wann und wie sie zu beheben wären. Wenn sie anthropologischer Natur sind, ist nichts zu machen. Diese Haltung, die alle Tugenden und alle Laster als Auswirkungen eines gröberen oder feineren Egoismus betrachtet und den Menschen biologisch als nur durch Klugheit ausgezeichnetes Tier bestimmt, ihn theologisch als Opfer der Erbsünde betrachtet, ihn moralisch als unverbesserliches Mängelwesen ansieht – diese Meinung wird von ihren Gegnern als pessimistisch, von ihren Vertretern als realistisch bezeichnet. Wenn die Gründe für unsere Unzulänglichkeit hingegen historischer Natur sind, dann können wir aus den Fehlern anderer, aus der Geschichte lernen. Das erklärte Bismarck 1892 in Jena. Hat er es nicht bewiesen? Diese Einstellung, die an eine mögliche Minderung der Mängel glaubt, wird von ihren Vertretern als optimistisch, von ihren Gegnern als illusionär bezeichnet. Hier entscheidet jeder, vom Kanzler bis zum Karrenschieber, je nachdem, was für ein Mensch er ist. Ich glaube an die Perfektibilität des Menschen, aber zweifle, daß er von dieser Möglichkeit Gebrauch machen wird.

Am Ende seiner »Theodizee« dichtet Leibniz die Fabel des Laurentius Valla über den letzten römischen König weiter. Sextus Tarquinius will wissen, warum er vertrieben wurde. Es geschah, weil er ein Tyrann war. Nun will Tarquinius wissen, warum er ein Tyrann war. Er fragt den Juppiter im Heiligtum von Dodona, der ihn in seine Jugend zurückversetzt und auffordert, auf seine Macht zu verzichten und ein alternatives Leben zu wählen. Dies verweigert der Tyrann, und damit hat er die Antwort. So nimmt das Schicksal seinen Lauf. Der Priester aber will wissen, ob Tarquinius sich nicht anders hätte entscheiden sollen. Darauf schickt Juppiter den Priester im Traum nach Athen. Dort steht der »Palais des destinées«, gebaut in der Form einer Pyramide mit unendlich vielen nahtlos ineinander übergehenden Räumen. Das sind alle möglichen Welten, sie enthalten sämtliche denkbaren Schicksale. Diese ergeben sich aus den Folgen, die jede kontrafaktische Begebenheit gehabt hätte. Die Pyramide besitzt keinen Abschluß nach unten, denn die Zahl der möglichen Geschichtsverläufe ist unendlich. Hier verdient Leibniz Zustimmung. Im obersten und zugleich kleinsten Stockwerk liegt die wirkliche Welt, die unsrige, zugleich die »beste aller Welten«. Da weckt Leibniz beim Leser Zweifel. Nicht nur bei Candide.

# LITERATUR


Auerbach, Th., Vorbereitung auf den Tag X. Die geplanten Isolierungslager des Ministeriums für Staatssicherheit, 1995

Ball, H., Der Künstler und die Zeitkrankheit. Ausgewählte Schriften, 1984

Baumgarten, O., Bismarcks Glaube, 1915

Berthold, W., Die 42 Attentate auf Hitler, 1981

Brodersen, K. (Hg.), Virtuelle Antike, 2000

Burckhardt, J., Weltgeschichtliche Betrachtungen, 1868/1935

Burckhardt, J., Historische Fragmente, 1957

Burckhardt, J., Kulturgeschichtliche Vorträge, 1929

Carr, C., Die deutsche Kapitulation am 11. November 1944. In: Cowley 2006, 433 ff.

Cowley, R. (Hg.), Was wäre geschehen, wenn? Wendepunkte der Weltgeschichte, 1999/2006

Deighton, L., SS – GB., 1978 (Roman: Hitler erobert England)

Demandt, A. (Hg.), Deutschlands Grenzen in der Geschichte, 1990

Demandt, A., Statt Rom. Ein historisches Gedankenspiel. In: Salewski 1999, 69 ff.

Demandt, A., Ungeschehene Geschichte. Ein Traktat über die Frage: Was wäre geschehen, wenn ...?, 1984/2005

Demandt, A., Kontrafaktische Geschichte. In: S. Jordan (Hg.), Lexikon der Geschichtswissenschaft, 2002, 190 ff.

Duchhardt, H., Freiherr vom Stein. Preußens Reformer und seine Zeit, 2010

Ferguson, N. (Hg.), Virtuelle Geschichte. Historische Alternativen im 20. Jahrhundert, 1997/1999

Fuchs, W. P., Das Zeitalter der Reformation. In: B. Gebhardt, Handbuch der deutschen Geschichte II, 1955/56, S. 1 ff.
Gallus, A., Die Neutralisten. Verfechter eines vereinten Deutschlands zwischen Ost und West 1945 bis 1990, 2001
Gibbon, E., History of the Decline and Fall of the Roman Empire, 1776 ff.
Giordano, R., Wenn Hitler den Krieg gewonnen hätte, 1989
Greiner, B., Die Kuba-Krise, 2010
Haffner, S., Von Bismarck zu Hitler, 1987
Haller, J., Die Epochen der deutschen Geschichte, 1928
Hegel, G. W. F., Vorlesungen über die Philosophie der Geschichte, 1822/1831/1961
Heimann-Störmer, U., Kontrafaktische Urteile in der Geschichtsschreibung. Eine Fallstudie zur Historiographie des Bismarck-Reiches, 1991
Herder, J. G., Ideen zur Philosophie der Geschichte der Menschheit, 1784 ff.
Huch, R., Stein. Der Erwecker des Reichsgedankens, 1931
Kant, I., Idee zu einer allgemeinen Geschichte in weltbürgerlicher Absicht, 1784
Kissinger, H., Nuclear Weapons and Foreign Policy, 1957
Kromeyer, J., Hannibal als Staatsmann (1909). In: Christ, K. (Hg.), Hannibal, 1974, 241 ff.
Küenzlen, G., Die Idee vom neuen Menschen – Der Traum der Philosophen. Herrenalber Protokolle 113, Beiträge einer Tagung der Evangelischen Akademie Baden, 1996/1999, 7 ff.
Küenzlen, G., Der neue Mensch. Die säkulare Religionsgeschichte der Moderne, 1997
Lessing, Th., Geschichte als Sinngebung des Sinnlosen, 1927/62
Lewinsky, Ch.,/Morf, D., Hitler auf den Rütli, 1984
Meinecke, F., Probleme des Weltkriegs, 1917
Meinecke, F., Die Deutsche Katastrophe, 1946
Meinecke, F. Irrwege in unserer Geschichte? In: Ders., Werke IV, 1965, 205 ff.
Mühle, S., u. a. (Hg.), Die DDR im Blick. Ein zeitgenössisches Lesebuch, 2008

Musial, B., Kampfplatz Deutschland. Stalins Kriegspläne gegen den Westen, 2008
O'Connell, R., Die Torpedierung des Ersten Weltkriegs. In: Cowley 2006, 270 ff.
Parker, G., Martin Luther wird 1521 auf dem Scheiterhaufen verbrannt. In: Cowley 2006, 152 ff.
Picker, H., Hitlers Tischgespräche im Führerhauptquartier, 1941–1942, 1963
Ranke, L. von, Die großen Mächte, 1833/1916
Ranke, L. von, Deutsche Geschichte im Zeitalter der Reformation, 1847/1957
Rauschning, H., Gespräche mit Hitler, 1940
Roberts, A., Premierminister Halifax. Großbritannien schließt 1940 Frieden mit Deutschland. In: Cowley 2006, 359 ff.
Ruggenthaler, P., Stalins großer Bluff. Die Geschichte der Stalin-Note in Dokumenten der sowjetischen Führung, 2007
Salewski, M. (Hg.), Was wäre wenn. Alternativ- und Parallelgeschichte. Brücken zwischen Phantasie und Wirklichkeit, 1999
Schneider, F. (Hg.), Universalstaat oder Nationalstaat ... Die Streitschriften von Heinrich v. Sybel und Julius Ficker zur deutschen Kaiserpolitik des Mittelalters, 1941
Schulze, H., Kleine deutsche Geschichte, 1996
Shaw, B., Der gesunde Menschenverstand im Krieg, 1914/19
Siemann, W., Metternich. Staatsmann zwischen Restauration und Moderne, 2010
Squire, J. C. (ed.), If it had happened otherwise, 1932/1972
Srbik, H., Wallensteins Ende, 1952
Tellenbach, G., Ungeschehene Geschichte und ihre heuristische Funktion. In: Historische Zeitschrift 258, 1994, 297 ff.
Topitsch, E., Stalins Krieg, 1990
Turner, H. A., Geißel des Jahrhunderts. Hitler und seine Hinterlassenschaft, 1989
Uhle-Wettler, F., Höhe- und Wendepunkte deutscher Militärgeschichte, 1984
Weber, M., Politische Schriften, 1958
Zimmermann, W., Geschichte des Großen Bauernkrieges, 1841/1939

# REGISTER

Das Register enthält aus Platzgründen nur die wichtigsten Orts-, Personen-, Stammes- und Ländernamen sowie eine Auswahl von Sachbegriffen.

# Alexander Demandt
# Über die Deutschen

EINE KLEINE KULTURGESCHICHTE

496 Seiten | 70 Farbabbildungen
Gebunden mit Schutzumschlag
ISBN 978-3-549-07294-3

Wer sind die Deutschen? Wo kommen sie her, was hat sie geprägt, was unterscheidet sie von anderen Völkern Europas und der Welt? Alexander Demandt, einer der besten Kenner der deutschen Geschichte, hat sich die reizvolle Aufgabe gestellt, das Wissenswerte über die Deutschen und ihr Land in einer kompakten Kulturgeschichte zusammenzutragen. Eine faszinierende Reise in unsere Vergangenheit, die auf kurzweilige Art informiert, bildet, unterhält und zum Nachdenken anregt.

»Ein Werk von stupender Gelehrsamkeit, so etwas wie das summum opus eines der alten Geschichte gewidmeten Gelehrtenlebens.«

WELT AM SONNTAG

»Eine einerseits anspruchsvolle, umfassende und faktensatte, andererseits aber auch leichtfüßige, bisweilen sogar witzige und vorzüglich geschriebene Kulturgeschichte der Deutschen.«

JOHANNES WILLMS, SÜDDEUTSCHE ZEITUNG